Abitur 2020

Gesundheit und Pflege

Originalaufgaben und Lösungen

CLAUDIA BIGNION

Bignion, Claudia
Abitur 2020

Erste Auflage, 1. August 2019

Cover: Shutterstock
Lektorat: Klaus Wieland
Photographin: Ina Eisenmann
Verlag: CreateSpace Independent Publishing Platform

Bibliographische Information der Deutschen Nationalbibliothek
Die Deutsche Bibliothek verzeichnet diese Publikation in der Deutschen Nationalbibliographie; detaillierte bibliographische Daten sind im Internet über http://dnb.ddb.de abrufbar.

Über die Autorin:

Dr. Bignion wurde in Düsseldorf geboren. Sie hat einen Bachelor Abschluss in Dentalhygiene, ist Ärztin für Notfallmedizin und Stressmedizin, und arbeitet als Oberstudienrätin mit Schwerpunkt im Fach *Gesundheit* im SGG-G.

Bücher von Claudia Bignion:

- *Der Papst und der menschliche Körper (Dissertation)*
- *Alzheimer mit Leidenschaft. Vom Wissen zum Wohlbefinden*
- *Fehler, Frust, Freitod*
- *Medizinische Fachbegriffe, ein Vokabelheft*
- *Die Kladde, Kompaktes Wissen für das Profilfach „Gesundheit und Pflege", Eingangsstufe*
- *Die Kladde 1, Kompaktes Wissen für das Profilfach „Gesundheit und Pflege", Jahrgangsstufe 1*
- *Die Kladde 2, Kompaktes Wissen für das Profilfach „Gesundheit und Pflege", Jahrgangsstufe 2*
- *Acht Regeln für das perfekte Fazit.*

Inhaltsverzeichnis

Vorwort

Eine optimale Vorbereitung auf die Prüfungssituation führt zum Erfolg. Diesen wünsche ich allen Abiturienten.
Meinen Beitrag zu Ihrem Erfolg lege ich in Form dieses Repetitoriums mit mehr als
360 Fragen und einem ausführlichen Lösungsteil vor.

Das Beste kommt zum Schluss. Am Ende des Buches finden Sie die gesamten Abiturfragen aus den Jahren 2015, 2016, 2017, 2018 und 2019 mit ausführlichem Lösungsteil.

Weiterhin steht Ihnen die freie Nutzung meiner Homepage:
www.bignion.eu
zur Verfügung. Dort finden Sie Lernrvideos und Arbeitsblätter.

In Prüfungen werden generell drei Anforderungsbereiche abgedeckt:

◊ Anforderungsbereich I: Reproduktion von Wissen (z. B. nennen, erklären, definieren).

~ Anforderungsbereich II: Reorganisation und Transfer (z. B. interpretieren, analysieren, anwenden).

* Anforderungsbereich III: Problemlösendes Denken.

Während Ihrer Prüfungen werden Ihnen Transferfragen begegnen. Das sind Fragen zu Themen, die nicht explizit gelehrt wurden. Überlegen Sie in diesem Fall, wo Sie einer ähnlichen Thematik schon einmal begegnet sind und übertragen Sie Ihr Wissen vom Bekannten ins Unbekannte.

Zur Lösung der Rechenaufgaben in diesem Repetitorium dürfen Sie einen nicht programmierbaren Taschenrechner verwenden.

Ich wünsche Ihnen viel Erfolg und das nötige Quäntchen Glück!

Ihre Dr. med. Claudia Bignion

1. Dimension von Gesundheit und Krankheit

◊ Wissensfragen

1.1 Nennen Sie die WHO-Definition von Gesundheit.

„Zustand vollkommenen körperlichen, geistigen und sozialen Wohlbefindens und nicht allein das Fehlen von Krankheit und Gebrechen“. (1948).

1.2 Was ist ein Modell?

Ein Modell dient zur Reduzierung der Komplexität der Realität, z. B. das Bohr´sche Atommodell. Ein häufiger Fehler ist, dass ein Modell mit der Realität gleichgesetzt wird.

1.3 Zählen Sie drei Faktoren auf, welche die Gesundheit beeinflussen. Führen Sie Beispiele an.

1. Genetische Disposition: z. B. für Erkrankungen wie Mamma-Karzinom (Brustkrebs), Diabetes mellitus, arterielle Hypertonie und Schizophrenie.
2. Ernährung: Empfohlen werden z. B. ca. 2 Liter Wasser/Tag und eine ballaststoffreiche Ernährung zur Stuhlregulierung. Eine vitamin- und mineralstoffreiche Ernährung mit Obst und Gemüse dient der Stärkung der körpereigenen Immunabwehr. Eine kalziumreiche Ernährung fördert die Stärkung der Knochen und eine Ernährung mit essentiellen Aminosäuren dient dem Aufbau körpereigener Proteine.
3. Stress: Adrenalin und Cortisol sind Stresshormone. Sie verändern die Glukose Verwertung, den Mineralhaushalt und die Fettverteilung im Körper. Weiterhin schwächen sie das Immunsystem und bedingen eine erhöhte Infektanfälligkeit.

1.4 Erklären Sie den Begriff „Evidenz basierte Therapie“.	Auf empirische Belege gestützte Heilkunde. Klinische Studien dienen z. B. der experimentellen Prüfung eines Behandlungsverfahrens. Daraufhin erfolgt ein gewissenhafter und umsichtiger Gebrauch der aktuellen medizinischen Erkenntnisse zur individuellen Behandlung eines Patienten durch den Arzt.
1.5 Zählen Sie fünf Therapieformen auf.	Operativ, medikamentös, physikalisch, psychotherapeutisch, pflegerisch.
1.6 Erklären Sie das Biomedizinische Krankheitsmodell.	Dieses Krankheitsmodell geht davon aus, dass Krankheiten nur dann entstehen können, wenn die biologischen Funktionen des Körpers gestört sind; z. B. entsteht Diabetes mellitus, wenn Insulin produzierende Zellen zerstört sind.
1.7 Nennen Sie drei Arten der Rehabilitation.	Medizinische Rehabilitation, soziale Rehabilitation, berufliche Rehabilitation.
1.8 Definieren Sie die Selbsthilfegruppe und nennen Sie vier Beispiele.	Selbsthilfegruppen sind selbstorganisierte Zusammenschlüsse von Menschen, die ein gleiches Anliegen haben und gemeinsam etwas bewirken möchten. Typische Probleme sind der Umgang mit chronischen oder seltenen Erkrankungen, mit Lebenskrisen oder belastenden sozialen Situationen. Beispiele: Anonyme Alkoholiker, Parkinson Selbsthilfe, Mukoviszidose Selbsthilfe, Multiple Sklerose Selbsthilfe.

1.9 Unterscheiden Sie die Laienpflege von der professionellen Pflege.

Laienpflege ist die Erbringung von Pflegehandlungen durch Personen, die keine entsprechende berufliche Ausbildung haben. Sie wird durch Personen aus dem Familien-, Freundes- oder Bekanntenkreis des Patienten erbracht und basiert nicht auf materiellen bzw. finanziellen Zuwendungen.

Professionelle Pflege unterscheidet sich von Laienpflege dadurch, dass sie auf einer Wissensbasis beruht, die theoretisch überlegt, systematisch beschrieben, begründet und nachvollziehbar ist. Pflegestandards sind ein wichtiges Element der Qualitätssicherung in der professionellen Pflege.

10 Der Weltbund der professionell Pflegenden ist der „International Council of Nurses“ (ICN). In seiner Präambel werden fünf grundlegende Aufgaben zum Ziel gesetzt. Nennen Sie diese.

1. Gesundheit fördern
2. Krankheit verhüten
3. Gesundheit wiederherstellen
4. Leiden lindern
5. Achtung vor dem Leben und vor der Würde des Menschen zu haben.

1.11 Was sind Metaparadigmen in der Pflege?

Das Metaparadigma repräsentiert den breitesten Konsens einer Disziplin. Theorien, Modelle und Konzepte werden aufgrund dieses gemeinsamen Nenners beurteilt. Das Metaparadigma in der Pflege hält die Pflegenden dazu an, zusätzlich zu der körperlichen Pflege, die Seele und den Geist des Patienten und seine Interaktion mit der Umwelt zu berücksichtigen. Dies wird als ganzheitliche Pflege bezeichnet.

1.12 Nennen Sie drei Pflegetheoretische Modelle und jeweils eine Vertreterin.

Bedürfnismodell: Dorothea Orem, 1957 und Nancy Roper, 1976 und Monika Krohwinkel, 1993.
Interaktionsmodell: Hildegard Peplau, 1952.
Pflegeergebnismodell: Martha Rogers, 1970.

1.13 Beschreiben Sie die sechs Phasen des Pflegeprozesses.

1. Informationssammlung (nur zu Beginn: Pflegeanamnese)
2. Probleme und Ressourcen beschreiben
3. Pflegeziele festlegen
4. Maßnahmenplanung
5. Pflege durchführen
6. Evaluation der Pflege.[1]

1.14 Zu welchen Aspekten werden in der Pflege die Metaparadigmen angewendet?

1. Mensch
2. Umgebung
3. Gesundheit und Krankheit
4. Pflege.

[1] http://de.wikipedia.org/wiki/Pflegestandard. Letzter Zugriff: 2.7.2014.

***Problemlösungsfrage**

Frau Lotti Lindenschmitt, 76 Jahre, ist seit gestern Abend mit der Verdachtsdiagnose Pneumonie und Verschlechterung ihres Allgemein- und Ernährungszustandes auf der Station Sonnenschein im Seniorenheim. Sie hustet, hat ein blutiges Sputum und eine Körpertemperatur von 38,6°C. Stellen Sie sich vor, Sie seien Auszubildende(r) und die Stationsleitung erteilt Ihnen den Auftrag, bei Frau Lindenschmitt eine Informationssammlung mittels Basisassessment und den relevanten Fokusassessments zu erstellen, um daraus gültige Pflegediagnosen nach NANDA und dem PES-Format auszuformulieren, sowie bedeutsame Pflegeziele nach den SMART-Kriterien abzuleiten. Die Stationsleitung will sich vergewissern, ob sie die Anwendung des pflegediagnostischen Prozesses verstehen, anwenden und begründen können.

1. Welche Einstellung zur „Pflegediagnostik" äußern Sie gegenüber der Stationsleitung, um ihr zu beweisen, dass Sie diesen Begriff verstanden haben?

2. „Der pflegediagnostische Prozess trägt wesentlich zur Professionalisierung bei." Nehmen Sie Stellung zur Realisierbarkeit dieser Aussage.

3. Beurteilen Sie den Nutzen des Pflegeprozesses für die Patienten und die Pflegefachperson.

4. Wie gehen Sie damit um, wenn Sie gegenüber einem Patienten eine Antipathie fühlen und dennoch den pflegediagnostischen Prozess bearbeiten müssen? Entwickeln Sie einen alternativen Handlungsvorschlag.

Lösungen:

1. *Eine Pflegediagnose beschreibt ein Problem, welches überwiegend durch pflegerische Intervention gelöst oder vermieden werden kann. Pflegediagnosen sind die Voraussetzung für die Pflegeplanung und dienen dieser als Grundlage. Sie sind Teil des Pflegeassessments.*

2. *Standardisierungen, wie beim Pflegeprozess, sollen die Qualität verbessern und verfolgen einen wissenschaftlichen Ansatz. Der Begriff „Professionalisierung" bezeichnet die Entwicklung eines Berufs zu einer Profession. Als Profession wird ein akademischer Beruf mit hohem Ansehen betrachtet, der wegen der Herausforderung, die in der Aufgabe liegt, ausgeübt wird. Weitere Merkmale einer Profession sind ein hoher Grad an beruflicher Organisation z. B. Ärztekammer, persönliche und sachliche Gestaltungs- und Entscheidungsfreiheit in der Tätigkeit, sowie eine eigene Berufsethik. Die Profession wird gegen den kurzfristigen Job abgegrenzt und zum Beruf, der den Lebensunterhalt auf Dauer sichern soll. Zu den Professionen gehörten zunächst nur wenige Berufe wie Arzt, Jurist und Geistlicher. In der Pflege gibt es derzeit Bestrebungen zur Professionalisierung, doch die oben genannten Kriterien sind noch nicht erfüllt.*

3. *Der Pflegende baut zum Patienten eine Beziehung auf, befragt und beobachtet den Patienten und misst seine Vitalwerte. Das gibt beiden Seiten persönliche und fachliche Sicherheit. Durch die Bestimmung der Ressourcen durch die Pflegekraft, kann der Patient optimal gefördert werden, was zu seiner Selbstständigkeit beiträgt.*

4. *Antipathien gegen manche Menschen zu haben ist normal. Der professionelle Umgang mit Patienten lehrt, dass die Pflegekraft sich trotzdem neutral verhält. Ich mache mir bewusst, dass jeder Mensch zu jedem Zeitpunkt sein Bestes gibt und dass ich Unmutsäußerungen von Patienten nicht persönlich nehmen sollte.*
   Es spricht aber auch nichts dagegen, wenn ich die Bearbeitung dieser Aufgabe mit einem Kollegen tausche und mich dafür einem anderen Patienten zuwende.

2. Organisation des menschlichen Körpers

◊ Wissensfragen

2.1 Definieren Sie den Begriff „Gen".	Der DNA-Abschnitt auf einem Chromosom, der ein Protein (z. B. das Hormon Insulin) kodiert.
2.2 Zählen Sie die fünf Phasen der Mitose auf und unterstreichen Sie die Phase in der sich die Chromosomen in der Äquatorialebene anordnen.	Interphase, Prophase, <u>Metaphase</u>, Anaphase, Telophase . . .
2.3 Beschreiben Sie den Weg von der Zelle zum Organismus.	Zelle → Gewebe → Organ → Organsystem → Organismus.
2.4 Erklären Sie den Begriff „Seneszenz".	Seneszenz = Zellalterung. Als Seneszenz bezeichnet man das biologische Phänomen, dass die meisten menschlichen Zellen nach einer bestimmten Zahl von Zellteilungen (Mitosen) ihr Wachstum einstellen.
2.5 Was ist eine pluripotente Stammzelle?	Die pluripotente Stammzelle ist in der Lage sich zu verschiedenen Zellen zu entwickeln, z. B. Neuron (Nervenzelle), Muskelzelle, Knorpelzelle, Spermium, Drüsenzelle, Schleimhautzelle, Erythrozyt (rotes Blutkörperchen).
2.6 Erklären Sie das menschliche Karyogramm.	Das Karyogramm ist eine geordnete Darstellung aller Chromosomen einer Zelle. Menschen haben 23 Chromosomenpaare, also 46 Chromosomen. Ein besonderes Paar sind das X und Y Chromosom, die für das Geschlecht des Menschen verantwortlich sind. XX ist eine Frau, XY ist ein Mann.

2.7 Nehmen Sie eine Grobeinteilung des menschlichen Gewebes vor.

1. Epithelgewebe – Oberflächenepithel und Drüsenepithel
2. Muskelgewebe – glatte, quergestreifte- und Herzmuskulatur
3. Binde und Stützgewebe – Knorpel, Knochen-und Fettgewebe.
4. Nervengewebe.

2.8 Nennen Sie die wichtigsten Zellorganellen und beschreiben Sie deren Funktion.

- Nukleus – enthält Chromosomen / Erbinformation (DNA)
- Endoplasmatisches Retikulum – Transport-Kanäle
- Ribosomen – Ort der Eiweißsynthese
- Mitochondrium – Kernkraftwerk / Energiegewinnung (ATP und Körperwärme)
- Golgi-Apparat – Sekret- und Hormonbildung
- Diktyosomen – Transportvesikel für Stoffe, die im Golgi-Apparat gebildet werden
- Lysosom – Auflösung von Abfallstoffen
- Zentriolen – Wandern bei der Zellteilung (Mitose) zu den Polen.[2]

2.9 Erklären Sie den Bau und die Funktion der Biomembran einer menschlichen Zelle.

Die Zellmembranen des menschlichen Körpers bestehen aus einer Lipiddoppelschicht, die Proteine enthält. Die Proteine bilden Tunnel, durch welche Stoffe die Membran passieren können. Auf den Proteinen sitzen Kohlenhydratketten, die wie kleine Antennen aussehen. Diese dienen zur Stofferkennung und Kommunikation.

2.10 Was sind Telomere und weshalb sind sie für die Anti-Aging-Forschung von Interesse?

Telomere sind die DNA-Sequenzen, die sich am Ende jedes Chromosoms befinden. Im Alter wird das Enzym Telomerase, das normalerweise die Telomere erneuert, immer weniger aktiv, weswegen die Telomere bei jeder Zellteilung kürzer werden, bis der Organismus zugrunde geht. Hier setzt die Anti-Aging Forschung an.

---

[2] https://www.youtube.com/watch?v=PnUhaOBkzYs. Letzter Zugriff: 21.9.2014.

2.11 Unterscheiden Sie Procaryoten von Eucaryoten.

- Procaryoten sind zelluläre Lebewesen, die keinen Nukleus besitzen, z. B. Bakterien. Die DNA liegt frei im Zytoplasma. Die Zelle eines Procaryoten heißt Procyte.
- Eucaryoten sind alle Lebewesen, die einen Nukleus besitzen. Dies können einzellige und vielzellige Lebewesen sein. Die Zelle eines Eucaryoten heißt Eucyte.

3. Organsystem Haut als Beispiel für Gesundheitswissenschaftliche Zusammenhänge

◊ Wissensfragen

3.1 Nennen Sie die drei Schichten der Haut und zählen Sie die Strukturen der mittleren Schicht auf.

Epidermis, Korium, Subcutis.
Korium – mittlere Schicht. Besteht aus:

- Blutgefäße
- Lymphgefäße (Abtransport von Giftstoffen)
- Haare mit *musculus arrector pili*
- Talgdrüsen (zur Fettung)
- Schweißdrüsen (zur Kühlung)
- freie Nervenendigungen (zur Schmerzempfindung)
- Vater-Pacini-Körperchen (für die Vibrationsempfindung)
- Meißner-Tastkörperchen
- Schlingenkörperchen (für die Druckempfindung)
- Wärmekörperchen
- Kollagenfasern.[3]

3.2 Beschreiben Sie die Physiologie (Funktionsweise) der Haut.

1. Schutz vor Kälte – durch Vasokonstriktion (Blutgefäßverengung) und subcutanes Fettgewebe
2. Schutz vor Überhitzung des Körpers – durch Vasodilatation (Blutgefäßerweiterung) und Transpiration (Schwitzen).
3. Schutz vor UV-Strahlung durch Teilung der Melanozyten.
4. Schutz vor dem Eindringen von Mikroorganismen – durch den Säureschutzmantel, d. h. der Schweiß hat einen pH-Wert von 5,5 und ist somit leicht sauer.
5. Schutz gegenüber Druck, Stößen und Reibung – durch die Sinneswahrnehmung von Schmerz,

[3] https://www.youtube.com/watch?v=HYBiWUTu7rc. Letzter Zugriff: 21.9.2014.

Druck und Vibration, durch die Elastizität des Koriums und durch das subcutane Fettgewebe.

6. Perspiration (Hautatmung). Die Haut ist mit knapp 1 % am Gasaustausch bzw. an der äußeren Atmung beteiligt.
7. Für einige Medikamente, z. B. Morphium (Durogesic® Pflaster), ist eine Aufnahme der Inhaltstoffe über die Haut ins Blut möglich.
8. Unbewusste Kommunikation mit dem Sexualpartner – durch die Pheromone, die von den Schweißdrüsen gebildet werden.

3.3 Zählen Sie Maßnahmen zur Prävention von Hauterkrankungen auf.

1. Extreme Sonnenexposition meiden.
2. Sonnencreme benutzen.
3. Duschen statt Baden, schont den Säureschutzmantel.
4. Fettige und süße Speisen in Maßen essen.
5. Nikotinkarenz (Karenz = Verzicht).
6. Alkoholkonsum in Maßen.
7. Stress vermeiden, denn Cortisol fördert die Bildung von unreiner Haut.
8. Kleidung tragen, die hautfreundlich ist und den Schweiß abtransportiert.
9. Raumtemperatur von 22 Grad Celsius bevorzugen, ausreichend Lüften und, besonders im Winter, für genügend Luftfeuchtigkeit sorgen.

3.4 Definieren Sie die Neurodermitis und beschreiben Sie die Symptome dieser Erkrankung.

Schubweise aufretende atopische (allergische) Dermatitis, endogenes Ekzem (juckende Hautrötung).

- Trockene, juckende Haut
- Atopische Stigmata: dunkle Augenränder, Furchen unter den Augen, Risse an den Ohrläppchen, Juckreiz beim Schwitzen oder durch direkten Hautkontakt mit Wolle.
- Die Scham über das Aussehen untergräbt das Selbstwertgefühl der Betroffenen und mindert die Lebensqualität.

3.5 Erklären Sie den Begriff: „Tumor".

Der Begriff „Tumor" sagt nichts über die Dignität eines Gewächses aus, also ob es benigne (gutartig) oder maligne (bösartig) ist. Die meisten Patienten erschrecken, wenn sie „Tumor" hören, da sie glauben Krebs zu haben. Deshalb ist es ratsam von einer gutartigen Hautveränderung zu sprechen.

3.6 Erklären Sie den Begriff „semimaligne" an einem Beispiel.

Das Basaliom ist ein *semimaligner* Tumor,
d. h. es wächst infiltrierend und zerstört umliegendes Gewebe, metastasiert aber nicht.

3.7 Zählen Sie die Malignitätskriterien für einen Hautkrebs auf.

Fünf Malignitätskriterien:

- Unscharfe Begrenzung
- Wachstum
- Schwarze Verfärbung
- Pruritus (Juckreiz)
- Blutung.

3.8 Wie wird ein Spinaliom diagnostiziert?

- Inspektion (anschauen)
- Exzision (chirurgische Entfernung)
- Histologie (Gewebsuntersuchung).

3.9 Definieren Sie das Maligne Melanom.

Mutation der Melanozyten der Epidermis, extrem aggressiver Hauttumor. Wächst schnell und metastasiert bei einer Eindringtiefe von nur 0,5 cm.

3.10 Beschreiben Sie die Therapie, die verhindert, dass aus einem Furunkel ein Karbunkel wird.

- Zugsalbe, z. B. Ichtolan®
- Inzision (Aufschneiden)
- bei Fieber, Antibiotika.

3.11 Die flammende Rötung ist das Kardinalsymptom eines Exanthems. Nennen Sie die Diagnose, die Ursache und die Therapie.

Diagnose: Erysipel (Wundrose).
Ursache: Streptokokken in einer Hautwunde.
Therapie: Rivanol® Umschläge, Antibiotika i. v., Ruhigstellung der Extremität.

3.12 Beschreiben Sie die Ursache und die auslösenden Faktoren für Herpes simplex.

Ursache:
Herpes simplex Viren, 95% der Bevölkerung ist bereits in Kindergarten durchseucht. Die Viren „schlafen" in den Spinalganglien des Nervensystems.

Auslösende Faktoren:

- Stress
- Ekel
- Sonne
- Immunsystemschwäche
- Menstruation
- Schwangerschaft.

3.13 Warum sollte eine Pflegekraft, die noch nie an Windpocken erkrankt ist und auch nicht dagegen geimpft ist, einen Patienten mit einer Gürtelrose <u>nicht</u> pflegen?

Weil Sie sich mit Varizella zoster Viren anstecken kann und dann an Windpocken erkrankt.

3.14 Woran erkennen Sie eine Onychomykose und wie können Sie diese vermeiden?

Symptome:

- gelblicher, spröder, rissiger, verdickter Nagel.

Vermeidung:

- Eine Ansteckung im Schwimmbad kann durch das Tragen von Badeschuhen vermieden werden
- Socken täglich wechseln
- Zwei Paar Turnschuhe im Wechsel tragen.

3.15 Welche Menschen sind Mundsoor gefährdet?

Menschen mit

- schlechter Abwehrlage, z. B. durch Krebserkrankungen, AIDS, Alkoholabusus oder Diabetes mellitus
- Säuglinge mit noch unfertigem Immunsystem.

3.16 Nennen Sie das Kardinalsymptom der FSME und die Prophylaxemaßnahme, um die Erkrankung zu vermeiden.

Kardinalsymptom: Nackensteifigkeit.
Prophylaxe: FSME-Impfung, bestehend aus drei Teilimpfungen.

3.17 Beschreiben Sie mögliche Auswirkungen auf den Menschen, wenn er von einer Zecke gebissen wird, die mit Borrelia burgdorferi infiziert ist.

Die Borrellien Infektion verläuft meist in drei Stadien. Die Infektionskrankheit bricht meist 2 bis 3 Wochen nach der Infektion mit Borrelien, durch den Zeckenbiss, mit anfänglich grippeartigen Symptomen aus.

Symptome:

- 1. Stadium: Erythema migrans (Wanderröte), ein Fleck mit hellem roten Doppelring, wie bei einer Schießscheibe
- 2. Stadium: Arthritis (Gelenkschmerzen)
- 2. Stadium: Myokarditis (Herzmuskelentzündung)
- 2. Stadium: Herzrhythmusstörungen
- 3. Stadium: Encephalomyelitis

(chronische Gehirn- und Rückenmarkentzündung)

- 3. Stadium: Acrodermatitis atrophicans (Hände und Füße, die periodisch anschwellen und sich blaurot färben).[4]

3.18 Nennen Sie den Übertragungsweg und die Symptome einer Kopflausinfektion.	Übertragungsweg: Mensch zu Mensch. Symptome: Pruritus (Juckreiz) und Nissen.
3.19 Woran erkennt der Mediziner eine Scabies Infektion?	Tunnelgänge unter der Haut z. B. an Handgelenken, zwischen den Fingern oder in der Leiste, die von Krätzmilben gegraben werden.
3.20 Nennen Sie zwei Gründe, weshalb Antibiotika nicht auf der Haut angewendet werden sollen und eine sinnvolle Alternativbehandlung.	Gründe: Allergisierung und Resistenzbildung. Alternative: Desinfektionsmittel.

[4] Herold, Gerd. Innere Medizin, Köln, 2013, S. 883.

Medizinische Fachbegriffe

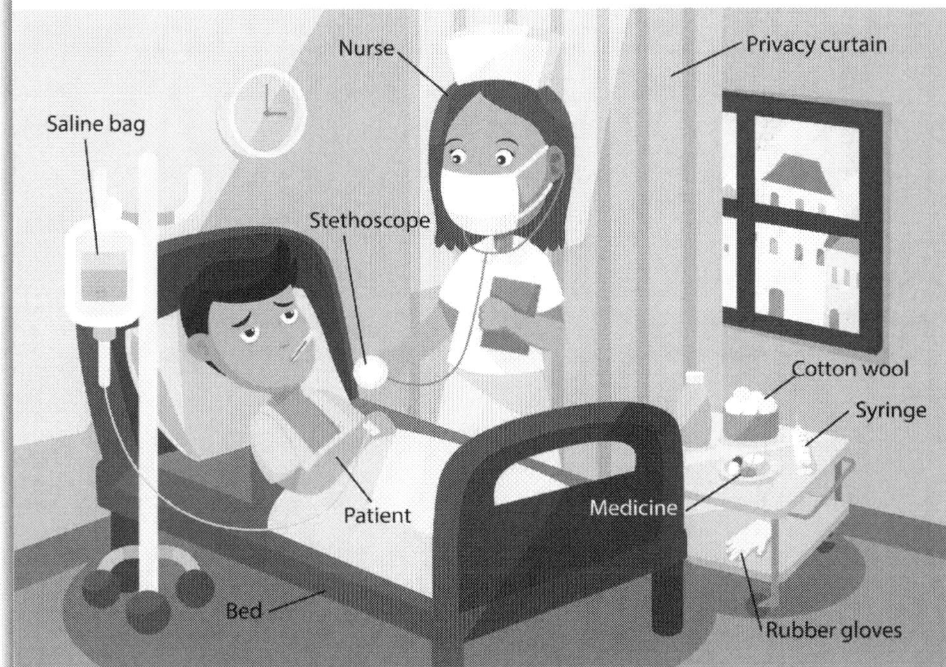

CLAUDIA BIGNION

***Problemlösungsfrage**

Das Basalzellkarzinom (BZK) ist mit einer Inzidenz von 70 bis > 80 Neuerkrankungen pro 100.000 Einwohner sehr häufig und stellt in etwa 80 % den größten Anteil an Fällen von hellem Hautkrebs dar. Eine Metastasierung ist extrem selten.

Eine Studie der Universität München ergab folgende Daten zu den Risikofaktoren:[5]

Risikofaktor	Risiko
Heller Hauttyp I und II	Odds Ratio 5,1
Intermittierende UV-Exposition (Sonnenbrände)	Odds Ratio 1,4
Basalzellkarzinom in der Eigenanamnese	3-Jahres-Risiko 44%
Therapeutische ionisierende Strahlung	Relatives Risiko 2,3
Chronische Arsenexposition	Keine Angaben
Immunsuppression	Keine Angaben

1. Vergleichen Sie die Odds Ratio von Menschen mit hellem Hauttyp und Menschen, die intermittierende Sonnenbrände haben.

2. Welche Art von Studie schlagen Sie für die Erhebung des 3-Jahres-Risikos bei Patienten mit Basalzellkarzinom in der Eigenanamnese vor? Begründen Sie Ihre Aussage.

3. Vergleichen Sie die Dignität des Basalzellkarzinoms mit der des Spinalioms und des Malignen Melanoms.

4. Erklären Sie das Relative Risiko für Patienten, die bereits einer Strahlentherapie unterzogen wurden. Ist das Relative Risiko mit der Odds Ratio vergleichbar? Begründen Sie Ihre Aussage.

5. Weshalb werden bei dieser Studie Menschen mit chronischer Arsenexposition und Menschen, die Immunsuppressiva eingenommen haben aufgeführt, wenn es dafür keine Angaben gibt?

[5] Deutsches Ärzteblatt, 30. Mai 2014.

Lösung:

1. *Die Odds Ratio ist das Chancenverhältnis. Es ergibt sich durch die relative Chance der Erkrankten, dividiert durch die Anzahl der Gesunden. Menschen mit hellem Hauttyp sind 5,1 Mal mehr gefährdet als Menschen mit dunklem Hauttyp. Intermittierende Sonnenbrände sind für Menschen mit einem dunklen Hauttyp deutlich weniger gefährlich, da die Odds Ratio nur das 1,4 fache im Vergleich zu Menschen, die sich im Schatten aufhalten, beträgt.*

2. *Kohortenstudie. Die Kohortenstudie ist eine quantitative Langzeitstudie und ist zur Erstellung von Prognosen gut geeignet.*

3. *Das Basalzellkarzinom ist ein semimaligner Tumor, d. h. es wächst invasiv, metastasiert aber in der Regel nicht. Das Spinaliom wächst invasiv und metastasiert. Das Maligne Melanom ist der aggressivste dieser drei Tumoren, da es sehr schnell die Basalmembran durchbricht und metastasiert.*

4. *Eine Strahlentherapie erhöht das Risiko an einem Basalzellkarzinom zu erkranken um das 2,3 fache. Nein, das Relative Risiko ist mit der Odds Ratio nicht vergleichbar. Beim Relativen Risiko wird die Strahlentherapiegruppe mit einer an Krebs erkrankten Gruppe die nicht strahlentherapiert wurde verglichen. Bei der Odds Ratio ist die Vergleichsgruppe eine gesunde Gruppe.*

5. *Der Forschungsprozess setzt eine Arbeitshypothese voraus. Offensichtlich führte diese Theoriebildung ins Leere.*

4. Grundlagen der Arzneimittellehre

◊ Wissensfragen

4.1 Definieren Sie den Begriff "Pharmakokinetik".	Resorption (Aufnahme), Abbau in der Leber mit First-pass-Effekt, Distribution (Verteilung) und Exkretion (Ausscheidung) von Medikamenten.
4.2 Erklären Sie den Begriff "Galenik" und nennen Sie fünf Beispiele.	Darreichungsform, Einbettung des Wirkstoffs eines Medikaments in Füllstoffe. Beispiele: Tabletten, Kapseln, Dragees, Salben, Suppositorien, Injektionslösungen.
4.3 Welche Botschaft soll der Patient, dem ein Placebo verabreicht wird, vom Arzt bekommen?	Jemand hört mir zu. Meine Krankheitssymptome sind erklärbar und kontrollierbar. Es gibt Menschen, die sich um mich kümmern.
4.4 Beschreiben Sie die hormonellen Veränderungen im menschlichen Körper, die durch die Einnahme eines Placebos ausgelöst werden.	Es werden mehr Endorphine ausgeschüttet. Es werden weniger Stresshormone, z. B. Adrenalin und Kortison ausgeschüttet.
4.5.1 Weshalb gibt es in der BRD zusätzlich zum Arzneimittelgesetz das Betäubungsmittelgesetz?	Betäubungsmittel haben ein hohes Suchtpotential, führen zu psychischer und physischer Abhängigkeit, zur Verwahrlosung der Person und zu sozialen Schäden.
4.5.2. Nennen Sie drei Beispiele zu Betäubungsmitteln und deren Anwendungsgebiete.	Morphium, wird bei akutem Herzinfarkt i. v. gegeben. Fentanyl, wird als Pflaster bei Krebspatienten zur Schmerztherapie gegeben. Methadon, wird gegen die Entzugssymptomatik bei Opiatabhängigkeit gegeben.
4.6 Vergleichen Sie den Inhalt einer Hausapotheke einer vierköpfigen Familie mit zwei kleinen Kindern mit dem Inhalt der Hausapotheke einer 75jährigen Seniorin.	In einer Familie mit kleinen Kindern ist mit Schürfungen und Prellungen zu rechnen. Hier besteht ein hoher Verbrauch an Desinfektionsmitteln, Pflastern und Kühlkompressen. Eine ältere Dame könnte z. B. neben Antiarrhythmika auch Aspirin zur

Blutverdünnung einnehmen. Dies ist bei Kindern kontraindiziert. Ein Fieberthermometer ist für jedes Alter indiziert, da sowohl bei Kindern als auch Senioren grippale Infekte auftreten können.

4.7 Wie steht die WHO-Definition für „Sucht“ im Zusammenhang mit Sedativa-Missbrauch?

Laut WHO-Definition ist Sucht die Abhängigkeit von Drogen, die eine Intoxikation hervorrufen können und die dem Betroffenen und der Gesellschaft einen Schaden zufügen. Ein Sedativum wird zur Beruhigung eingenommen. Beruhigungsmittel sind Psychopharmaka mit erhöhtem Suchtpotential, deshalb können sie dem Betroffenen und der Gesellschaft Schaden zufügen.

4. 8 Erläutern Sie welche Medikamente einer Packungsbeilage bedürfen und welche Informationen die Packungsbeilage enthalten muss.

Alle Medikamente, welche die Phasen der Zulassung durchlaufen müssen mit einer Packungsbeilage versehen sein. Homöopathische Mittel gehören nicht dazu. Informationen: Inhaltsstoffe, Indikation, Kontraindikation, Nebenwirkungen, Wechselwirkungen, Dosierungsanleitung, Lagerungsinformationen.

4.9 Weshalb ist die Compliance von Patienten, die Antibiotika einnehmen von großer Wichtigkeit?

Zu frühes Absetzen von Antibiotika führt zur Verschleppung eines bakteriellen Infekts. Häufig sind die Bakterien noch im Körper, wenn die Symptome nachgelassen haben. Nach ca. zwei Wochen haben sich die Bakterien wieder vermehrt und die Symptome kehren zurück. Weiterhin werden die Bakterien unempfindlich gegenüber dem Wirkstoff des Antibiotikums und somit resistent.

4.10.1 Nennen Sie drei Medikamente mit Suchtpotential, die nicht unter das BtMG fallen.

Nasentropfen, Laxantien, Sexualhormone.

4.10.2 Erläutern Sie anhand eines Beispiels die suchtauslösende Wirkung eines der oben genannten Medikamente.

Nasentropfen haben eine abschwellende Wirkung auf die Nasenschleimhaut. Der Körper gewöhnt sich daran und verlangt nach weiteren Tropfen.

***Problemlösungsfrage**

Myokardinfarkte sind die häufigste vaskuläre Komplikation nach nichtkardialen Operationen, verursacht durch eine Thrombozytenaktivierung und dem Risiko für Thromben in den Koronararterien. Mit Acetylsalicylsäure (ASS) soll die Thrombozytenaggregation während und nach der Operation gehemmt werden. Es gibt zwar deutliche Hinweise, dass ASS kardiovaskuläre Ereignisse nach nichtkardialen Operationen verhindern kann, aber Unsicherheit zum Nutzen-Risiko-Verhältnis. In der POISE-2-Studie wurden Wirksamkeit und Sicherheit von perioperativer ASS Anwendung in niedriger Dosierung im Vergleich zu Placebo untersucht.[6]

1. Beurteilen Sie den perioperativen Einsatz der Acetylsalicylsäure bezüglich des Nutzen-Risiko-Verhältnisses.

2. Bilden Sie eine Hypothese zum Vergleich des perioperativen Einsatz von Acetylsalicylsäure mit dem ausschließlichen postoperativen Einsatz von Acetylsalicylsäure.

3. Formulieren Sie einen möglichen Studienansatz für die POISE-2-Studie über 30 Tage.

4. Prognostizieren Sie ein mögliches Ergebnis dieser Studie und stellen Sie dieses in einer Grafik dar, die über 30 Tage geht und bei der bis zu 7 % der Patienten einen postoperativen Herzinfarkt erleiden.

[6] http://www.aerzteblatt.de/archiv/160837/Perioperative-Prophylaxe-kardiovaskulaerer-Komplikationen-ASS-perioperativ-reduziert-nicht-die-Herzinfarktrate. Letzter Zugriff: 25.7.2014.

Lösung:

1. *Da Aspirin ein Thrombozytenaggregationshemmer ist, wird es im Allgemeinen 7 Tage vor einer Operation abgesetzt, um die Blutungszeit des Patienten zu minimieren. Der Nutzen einer möglichen Vermeidung eines Herzinfarkts ist abzuwägen.*

2. *Wahrscheinlich ist es besser Aspirin erst einigen Tage postoperativ einzusetzen, wenn die Wundheilung bereits begonnen hat, und die Blutungsneigung unwahrscheinlich ist.*

3. *Randomisierte Doppelblindstudie mit einer ASS Gruppe und einer Placebogruppe. Beide Gruppen werden 30 Tage lang nach der Operation beobachtet.*

4. *Die Operation selber ist am anstrengendsten für das Herz. Deshalb sind die meisten Infarkte in den ersten Tagen nach der OP zu erwarten. Da Aspirin die Blutungsneigung erhöht, kann es während der Operation zum Blutverlust aus dem Gefäßsystem kommen. Das kann zu einer Minderdurchblutung der Coronararterien führen und somit zu einer Sauerstoffunterversorgung des Herzens, mit der Folge eines Herzinfarkts. Es ist nicht anzunehmen, dass Aspirin bessere Resultate bringt als ein Placebo.*

Grafik zum postoperativen Herzinfarkt mit und ohne Aspiringabe:

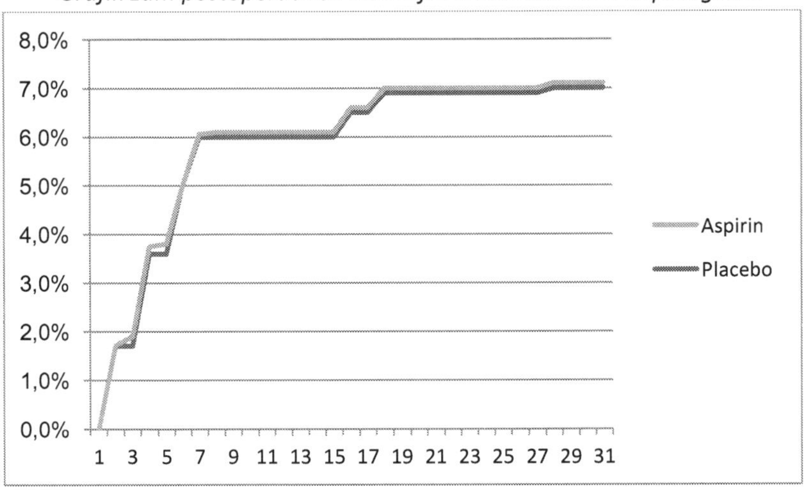

5. Bedeutung der Entwicklung und Sozialisation für die Gesundheit

◊ Wissensfragen

5.1 Nennen Sie seelische Entwicklungsziele des Kleinkindes in zweiten und dritten Lebensjahr.

- Das Kind wird mit dem Nahraum vertraut
- Das Kind kann alleine spielen
- Das Kind akzeptiert die ersten Verbote
- Das Kind beherrscht seine Ausscheidungsfunktionen.

5.2 Beschreiben Sie die orale Phase nach Sigmund Freud und die möglichen Konsequenzen bei Störungen in dieser Phase.

- Lustgewinn durch Saugen
- Bildung der Grundhaltung des Charakters z. B. Urvertrauen, Trennungsempfindlichkeit.

Störungen können im späteren Leben zu einer misstrauischen Grundhaltung, Anorexia nervosa (Magersucht), Fettsucht oder Magengeschwüren führen.

5.3 Erklären Sie wodurch Probleme im frühen Schulkindalter entstehen können.

Enttäuschungen über geringe eigene Leistungen können durch die Erkenntnis der eigenen Minderbegabungen oder übertriebenen Ehrgeiz der Lehrer oder Eltern entstehen. Versagen trotz guter Leistungen kann durch relative emotionale Unreife bedingt sein, z. B. bei ständigem Lehrerwechsel oder Scheidung der Eltern.

5.4 Erklären Sie den Zusammenhang zwischen den Entwicklungsphasen nach Sigmund Freud und nach Erik H. Erikson.

Erik H. Erikson übernimmt bei seinem 1966 veröffentlichten Modell die fünf Stufen der psychosexuellen Phasenlehre Freuds und erweitert sie in eine soziale Dimension. Er beschreibt acht Lebenskrisen.

5.5 Definieren Sie das Big Five Modell und nennen Sie die Männer auf die es zurückgeht.

Modell, das fünf Dimensionen der Persönlichkeit beschreibt. Zwischenmenschliche Unterschiede in den Ausprägungen der Big Five lassen sich etwa zur Hälfte durch den Einfluss der Gene erklären. Die anderen 50 % sind demnach durch Umweltfaktoren beeinflusst.

1. Neurotizismus
2. Extraversion
3. Offenheit für Erfahrungen
4. Verträglichkeit
5. Gewissenhaftigkeit.

Die Entwicklung begann in den 1930er Jahren von Louis Leon Thurstone, Gordon W. Allport und Henry Sebastian Odbert.

5.6 Erklären Sie den Begriff „Wahrnehmungsfehler".

Faktoren, welche die Wahrnehmung beeinflussen.

- Primäreffekt - erster Eindruck
- Halo-Effekt – von einer Eigenschaft wird auf eine weitere geschlossen z. B. blond und blöd
- Rezenzeffekt – kürzlich eingegangene Informationen haben einen größeren Einfluss auf die Erinnerungsleistung als früher aufgenommene Informationen.

5.7 Definieren Sie den Begriff „Axiom".

Grundsatz einer Theorie.

5.8 „Man kann nicht, nicht kommunizieren". Welcher Vertreter der non-verbalen Kommunikation hat dieses Axiom geprägt und was bedeutet es?

Paul Watzlawik.
Das heißt, dass die pure Anwesenheit eines Menschen bereits Kommunikation beinhaltet, z. B. durch Kleidung, Frisur, Schmuck, Piercings oder Tattoos. Auch Körperhaltung, Gang, Mimik und Gestik sind Teil der non-verbalen Kommunikation.

5.9 Beschreiben Sie das „Vier Ohren Modell“ nach Friedemann Schulz von Thun an einem Beispiel.

- Sachohr
- Beziehungsohr
- Appellohr
- Selbstoffenbarungsohr.

Beispiel-Satz: „Die Ampel ist rot.“

- Auf dem Sachohr gehört, ist dies eine Feststellung.
- Auf dem Beziehungsohr gehört könnte das heißen: „Schau doch hin, du Trottel, immer bist du im Straßenverkehr unaufmerksam.“
- Auf dem Appellohr heißt das: „Tritt auf die Bremse.“
- Hört der Empfänger mit dem Selbstoffenbarungsohr, so versteht er, dass der Sender z. B. Angst hat in einen Unfall verwickelt zu werden.

5.10 Definieren Sie den Begriff: Soziale Ungleichheit.

Die ungleiche Verteilung materieller Ressourcen
(z. B. Geldmittel, Boden, Rohstoffe, Energie) oder immaterieller Ressourcen (z. B. Bildung, Gesundheit. Prestige) in einer Gesellschaft.

5.11 Wie unterscheiden sich *melting pots* von *salad bowls*?

Melting pot beschreibt die Assimilation (Verschmelzung) und die Integration (Zusammenschluss) von Einwanderern in die Kultur eines Landes. Die verschiedenen Kulturen und Werte sollen sich zu einer gemeinsamen integrierten nationalen Kultur mischen.
In *Salad bowls* grenzen Einwanderergruppen ihre mitgebrachten Kulturen klar ab und pflegen diese. Dies kann bis hin zur Ghettoisierung führen, die eine hohe Kriminalität nach sich zieht.

5.12 Was ist ein Rollenkonflikt?	Sozialer Konflikt bei dem sich die Erwartungen verschiedener Bezugsgruppen widersprechen. Es kann zwischen Interrollenkonflikten und Intrarollenkonflikten unterschieden werden.
5.13 Beschreiben Sie drei Arten von Normen.	• Statistische Norm, objektive Norm Durchschnittswert einer Bezugsgruppe z. B. die häufigste Schuhgröße in Deutschland ist Größe 38. Diese Norm ist objektiv und verteilt sich nach der Gauß´schen Verteilungskurve. • Ideale Norm, soziokulturelle Norm Vorstellungen, die in einer Gesellschaft vorherrschen z. B. Brad Pitt und Angelina Jolie sehen gut aus. • Funktionale Norm, subjektiv Persönliche Vorstellung des Individuums, z. B. Piercings und Tattoos sind schön.
5.14 Zählen Sie vier Kriterien für Suchtverhalten auf.	• Unbezwingbares Verlangen zur Beschaffung und Einnahme des Mittels • Tendenz zur Dosissteigerung • Psychische und meist auch physische Abhängigkeit von der Wirkung der Droge • Schädlichkeit für den einzelnen und die Gesellschaft.
5.15 Vergleichen Sie die Ursachen für Anorexia nervosa und Bulimie.	Anorexia nervosa hat folgende Ursachen: • Verzerrtes Körperbild Bei anorektischen Patienten kommt es zu einer Störung der Wahrnehmung des eigenen Körpers. Auch wenn sie im Laufe der Erkrankung schon extrem viel Gewicht verloren haben, überschätzen sie ihren Körperumfang und halten sich für zu dick. • Sexuelle Reifungsproblematik • Abwehr gegenüber weiblicher Rolle

- Dominante Mutter
- Große Bedeutung familiärer Essgewohnheiten
- Leistungsorientierung.

Die Bulimie zeichnet sich durch

- Neigung zu depressiven Reaktionen
- Nachahmung des Schlankheitsideals
- Verlusterlebnisse und
- Partnerschaftskonflikte aus.

5.16 Wie unterscheidet sich der Begriff „Gender" vom biologischen Geschlecht?

Er beschreibt die soziale und psychologische Seite des Geschlechts.

5.17 Was ist Coping?

Bewältigungsverhalten einer als bedeutsam oder belastend empfundenen Situation oder Lebensphase. Mit Coping werden Prozesse beschrieben, die dazu dienen, Belastungen kognitiv, emotional und aktiv handelnd auszugleichen und zu meistern.

5.18 Was ist unter „Binge Eating Disorder" zu verstehen?

Essattacken, die im Zusammenhang mit suchtartigen Heißhungergefühlen auftreten. Von Binge Eating wird gesprochen, wenn während mindestens sechs Monaten an zumindest zwei Tagen pro Woche ein Anfall von Heißhunger auftritt, bei dem in kürzester Zeit ungewöhnlich große Mengen an Nahrungsmitteln aufgenommen werden. Der Betroffene verliert die Kontrolle über die Nahrungsaufnahme.

5.19 Beschreiben Sie die Bedürfnispyramide nach Abraham Maslow.

1. Grundbedürfnisse: Essen, Trinken, Schlaf
2. Sicherheitsbedürfnis: Dach über dem Kopf, Versicherungen
3. Sozialbedürfnis: Partner, Freunde
4. Bedürfnis nach Anerkennung und Wertschätzung
5. Selbstverwirklichung.

5.20 Es gibt Kinder, die unter außerordentlich schlechten Bedingungen aufwachsen und sich – entgegen aller Erwartungen – erstaunlich positiv entwickeln. Erklären Sie dieses Phänomen.

Folgende Faktoren wirken sich günstig auf die Resilienz eines Kindes aus:

- eine stabile, emotional-positive Beziehung zu mindestens einer Bezugsperson, aufgrund derer das Kind ein sicheres Bindungsmuster entwickeln kann (z. B. Oma hat immer Vorgelesen)
- ein Erziehungsstil, der durch Wertschätzung und Akzeptanz dem Kind gegenüber, sowie durch ein unterstützendes und strukturierendes Erziehungsverhalten gekennzeichnet ist
- kompetente und fürsorgliche Erwachsene außerhalb der Kernfamilie, die als positive Rollenmodelle dienen, Mut zusprechen und vorleben, wie man Krisensituationen im Alltag bewältigt (z. B. durch Großeltern, Freunde, Lehrer)
- positive Kontakte zu Gleichaltrigen
- wertschätzendes Klima in Bildungseinrichtungen.

5.21 Erklären Sie die klassische Konditionierung nach Pawlow.

Hundeversuch:
Auf die Darbietung von Futter, (unbedingten Reiz), folgt Speichelfluss (unbedingte Reaktion). Auf das Ertönen eines Glockentons (neutraler Reiz) erfolgt nichts. Wenn aber der Glockenton wiederholt in engem zeitlichem Zusammenhang mit dem Anbieten von Futter erklingt, reagieren die Hunde schon allein auf den Ton mit Speichelfluss. Dieses Phänomen wird als klassische Konditionierung bezeichnet.

5.22 Welche Prozesse müssen ablaufen, damit *Lernen am Modell* stattfinden kann?

- Auftauchen des Problems

  Die Diskrepanz zwischen Ist und Soll erzeugt Spannung und somit das Suchen nach einer Lösung
- Probierverhalten

  Das Ausprobieren bekannter und bewährter Handlungsstrategien. Ein Misserfolg führt meist zu einer

Handlungspause.

- Umstrukturierung

  Das Situationsgefüge wird denkend neu erfasst und umstrukturiert.
- Einsicht und Lösung

  „Aha-Erlebnis".

5.23 Beschreiben Sie fünf Möglichkeiten der operanten (instrumentellen) Konditionierung.

- Verstärkung durch positiven Reiz, z. B.: Ein Schüler kommt wiederholt verspätet in den Schulunterricht. Da die Mitschüler bewundernd lachen und die Lehrer nichts gegen den Regelverstoß unternehmen, empfindet der Schüler die Konsequenz für sein Verhalten als positiv. Durch diesen positiven Verstärker wird der Schüler voraussichtlich auch in Zukunft zu spät kommen, um wieder in den Genuss des Verstärkers zu kommen
- Verstärkung durch Wegfall eines negativen Reizes, z. B. wenn der Täter gesteht, wird er nicht mehr gefoltert
- Bestrafung, z. B.: Wenn der Hund in die Wohnung uriniert, wird er mit der Zeitung verhauen
- Bestrafung durch Wegfall eines positiven Reizes, z. B.: Wenn das Kind nicht im Haushalt hilft bekommt es Fernsehverbot
- Löschung, z. B.: Wenn der Bettler nach einem Euro fragt und er immer wieder ignoriert wird, gibt er irgendwann auf.

*** Problemlösungsfrage**

Die Studie zur Gesundheit von Kindern und Jugendlichen in Deutschland (KiGGS) ist eine vom Robert-Koch-Institut seit 2003 durchgeführte Erhebung zum Gesundheitszustand der in Deutschland lebenden Kinder und Jugendlichen im Alter von 0 bis 17 Jahren.

Ziel von KiGGS ist es, in mehreren Erhebungswellen bundesweit repräsentative Gesundheitsdaten zu sammeln, mit denen die jeweils aktuelle gesundheitliche Lage der 0- bis 17-jährigen Kinder und Jugendlichen in Deutschland beschrieben werden kann und damit denen Veränderungen (Trends) im Zeitverlauf aufgedeckt werden können.

Durch wiederholte Einbeziehung von Kindern und Jugendlichen bis ins Erwachsenenalter soll ermittelt werden, wie gesundheitsrelevante Faktoren im Kindes- und Jugendalter mit der späteren Erwachsenengesundheit in Zusammenhang stehen.

Die Daten werden mithilfe von Befragungen sowie medizinischen Messungen erhoben. Themenbereiche sind Gesundheitszustand, Gesundheitsverhalten, Lebensbedingungen und gesundheitliche Versorgung.

	Migrationsstatus		**Sozialstatus**		
	mit	ohne	hoch	mittel	niedrig
Dissoziales Verhalten	35	29	23	27	41
Hyperaktivität	21	17	11	18	25
Ängste / Depressionen	20	18	13	17	26
Probleme mit Peers	36	18	14	18	32

Tabelle: Prozentualer Anteil psychischer und Verhaltensauffälligkeiten, differenziert nach Migrations- und Sozialstatus.

1. Welches Studiendesign wurde für die KiGGS-Studie verwendet? Begründen Sie Ihre Aussage.

2. Zu welchem Themenbereich der KiGGS-Studie gehört die Tabelle? Begründen Sie Ihre Aussage.

3. Nennen Sie die häufigsten Ursachen für dissoziales Verhalten, laut Tabelle.

4. In welcher Bevölkerungsschicht kommt Hyperaktivität am seltensten vor? Begründen Sie Ihre Aussage.

5. Warum leiden Kinder aus strukturschwachen Familien am ehesten unter Depressionen?

6. Vergleichen Sie die Zahlen der Tabelle *Dissoziales Verhalten* und *Probleme mit Peers*. Analysieren Sie Ihre Ergebnisse im Vergleich zwischen Kindern mit Migrationshintergrund und Kindern aus Familien mit niedrigem Sozialstatus.

Lösungen:

1. *Die KiGGS-Studie ist eine nichtexperimentelle Studie. Sie war bei ihrer ersten Erhebung eine Querschnittsstudie, da aktuelle Daten erhoben wurden. Der Studienansatz die Trends im Zeitverlauf zu verfolgen, macht die KiGGS-Studie ebenfalls zu einer Kohortenstudie.*

2. *Themenbereich: Lebensbedingungen. Kinder und Jugendliche mit Migrantionshintergrund leben häufig in anderen Strukturen als einheimische Kinder. Kinder aus finanziell gut gestellten Familien haben andere Voraussetzungen als Kinder aus armen Familien.*

3. *Kinder und Jugendliche mit Migrationshintergrund und niedrigem Sozialstatus.*

4. *Bei Kindern und Jugendlichen mit hohem Sozialstatus.*
   Diese ...
   - *werden von ihren Eltern durch das Vorlesen von Büchern bzw. das Selbstlesen, kulturelle Veranstaltungen, Musikschule, Anmeldung im Sportverein, Urlaubsreisen uva. gefördert und können ihre Energie auf diese Aktivitäten lenken.*
   - *lernen von ihren Familienmitgliedern, die Vorbilder für Interessenvielfalt sind*
   - *sind emotional ausgeglichen, da sie viel Zuwendung bekommen.*

5. *Da sie häufig den Haushalt mitführen müssen, auf kleine Geschwister aufpassen müssen, vor dem Fernseher sitzen und kaum emotional behütet sind. Auch werden sie wenig intellektuell gefördert.*

6. *Migrationskinder und Kinder aus sozialschwachen Familien tendieren am ehesten zu dissozialem Verhalten und Problemen mit Peers.*

   Kinder aus armen Familien haben am wenigsten die Möglichkeit soziales Verhalten zu lernen; weder von den Eltern, noch im Spiel mit gleichaltrigen.
   Migrationskinder haben eher Schwierigkeiten, sich auf ihre neue Lebenssituation einzustellen und Freunde zu finden. Deshalb haben sie auch eher Probleme mit Peers, als Kinder aus sozial schwachen Familien.

6. Notfälle

◊ Wissensfragen

6.1 Erklären Sie wie das Bewusstsein, der Kreislauf und die Atmung einander beeinflussen.

Erstickt ein Patient, so wird das Herz nicht mehr mit Sauerstoff versorgt. Die Folge ist ein Herzstillstand und dann eine Bewusstlosigkeit. Erleidet ein Patient einen Herzinfarkt, so wird der Körper nicht mehr genügend oxigeniert. Es folgen Bewusstlosigkeit und Ateminsuffizienz. Wird der Patient zuerst bewusstlos, so erlöschen Atmung und Kreislauf erst, wenn die medulla oblongata in Mitleidenschaft gezogen wird.

6.2 Vergleichen Sie die Vorgehensweise bei der Aspiration einer Erdnuss bei einem Säugling, einem Schulkind, einem Erwachsenen mit 60 kg Körpergewicht und einem Erwachsenen mit 120 kg Körpergewicht.

Einen Säugling hält der Retter an den Füßen hoch und schlägt mit der flachen Hand auf den Rücken. Ein Schulkind wird über das Knie gelegt. Dann erfolgen Schläge zwischen die Schulterblätter. Beim Erwachsenen mit 60 kg KG wird der Heimlich-Handgriff im Stehen angewendet. Bei einem 120 kg Patienten wird der Heimlich-Handgriff im Liegen angewendet.

6.3 Nennen Sie die Schritte der Rettungskette.

- Absichern der Unfallstelle / Eigenschutz
- Notruf wählen: 112
- Lebensrettende Sofortmaßnahmen durchführen
- Weitere Erste Hilfe (z. B. Frühdefibrillation, Wundversorgung, Ruhigstellung von Frakturen)
- Rettungsdienst
- Krankenhaus.

6.4 Wohin führt der erste Weg für Verunfallte auf der Autobahn und deren Helfer?

Hinter die Leitplanke!

6.5 Wozu dient die Glasgow Coma Scale und wie wird sie angewendet?

Bewertungsschema zur Beschreibung der Bewusstseinslage.

Es gibt drei Reaktionen, für die jeweils Punkte vergeben werden:

- Augenöffnung
- Verbale Kommunikation
- Motorische Reaktion.

Maximale Punktzahl: 15
Minimale Punktzahl, bei Tod: 3
Bei ca. 7 Punkten sollte der Patient intubiert und beatmet werden.

6.6 Vitalzeichenkontrolle. Nennen Sie die Normwerte für Puls, Blutdruck, Atmung und Temperatur.

- P = 60 – 80 Schläge pro Minute
- RR = 120 / 80 mmHg
- Atmung = 16 – 20 Atemzüge / Minute
- Temperatur = 36,5°C.

6.7 Wie kann es zu einer Hyperglykämie kommen und wie ist diese definiert?

- Erstmanifestation eines Diabetes mellitus
- Unterlassene Insulininjektion
- Fehler bei der Abmessung der Insulineinheiten
- Fehler bei der Injektion.
- BZ > 400mg/dl.

6.8 Durch welche Symptome kündigt sich eine Hypoglykämie an?

- Schwitzen
- Unruhe
- Tremor
- Heißhunger
- Tachycardie
- Bewusstlosigkeit.

6.9 Die Epilepsie ist eine Gruppe von cerebral ausgelösten Krampfanfällen. Nennen Sie Ursachen für diese Erkrankung.

- Geburtstrauma
- Encephalitis
- Alkoholabusus
- Hirntumor
- Intoxikation
- Z. n. (Zustand nach) Schädelhirntrauma.

6.10 Ein Patient hat einen Angina pectoris Anfall. Beschreiben Sie diesen und nennen Sie zwei mögliche Diagnosen.

AP = Brustenge, evtl. ausstrahlend in den linken Arm, Oberkiefer, Rücken.
Diagnosen: Koronare Herzkrankheit (KHK) oder Herzinfarkt

6.11 Nehmen Sie die Stadieneinteilung der Verbrennung vor und erklären Sie die Neuner-Regel.	• Stadium I: Erythem (Rötung) und Ödem (Schwellung), narbenlose Abheilung • Stadium II: Blasenbildung und Exsudation (Nässen), je nach Tiefe der Verbrennung Abheilung mit oder ohne Narbenbildung • Stadium III: Verkohlung, Analgesie (Schmerzfreiheit), bei großflächigen Verbrennungen entstehen Narbenkontrakturen. Neuner-Regel: Errechnung der verbrannten Körperoberfläche. Lebensgefahr besteht bei Verbrennung von mehr als 50 % der Körperoberfläche. In diesem Fall liegt die Letalität (Sterblichkeit) bei 60 – 100 %, je nach Alter und Allgemeinzustand.
6.12 Woran erkennen Sie eine Hyperventilation?	• Tachypnoe (Atemfrequenz > 25 Atemzüge / Minute) • Erregungszustand • Zittern • Kribbeln in den Armen und Beinen • Pfötchenstellung (hypokalzämischer Krampf bei respiratorischer Alkalose).
6.13 Definieren Sie den Sonnenstich und erklären Sie wie er verhindert werden kann.	Schwellung der Meningen (Hirnhäute) durch direkte Sonneneinstrahlung. Tragen einer Kopfbedeckung und Aufhalten im Schatten.

6.14 Beschreiben Sie die Notfalltherapie bei der Anaphylaxie (allergischen Reaktion).

- Sauerstoffgabe per Maske
- Fenistil® oder Tavegil® (Antihistaminica) eine Ampulle, i. v.
- Urbason® (Kortison) 250 mg, i. v.
  Das Antihistaminicum wird zuerst appliziert, da es sofort wirkt. Das Kortison wirkt auch bei i. v.-Gabe erst nach ½ Std.
- Bei Kreislaufschock wird die Adrenalingabe nötig. Hierzu wird eine Ampulle (1 ml = 1 mg Adrenalin) mit Lösungsmittel auf 10 ml aufgezogen. Der Arzt kann dann nach Bedarf aus der Hand titrieren. Da Adrenalin ein Hormon ist, hat es eine kurze Halbwertszeit und wirkt nur drei Minuten.

6.15 Ein älterer Herr hat 2014 beim WM-Fußballspiel Deutschland: Brasilien (7:1) vor Aufregung eine Erdnuss aspiriert. Nennen Sie die Symptome, die er bietet und schlagen Sie eine Notfalltherapie vor.

Symptome:

- Inspiratorischer Stridor (Atemgeräusch beim Einatmen)
- Dyspnoe
- Zyanose (blaue Haut).

Notfalltherapie:

- Schläge zwischen die Schulterblätter
- Heimlich-Handgriff
- Sauerstoffgabe, 10 l / Min. per Maske
- Wenn alles nicht hilft, dann Cricotomie (Luftröhrenschnitt).

6.16 Erklären Sie weshalb sich in öffentlichen Gebäuden häufig Defibrillatoren befinden.

In 80 % aller Herz-Kreislauf-Stillstände ist die Ursache Kammerflimmern oder Kammerflattern. Werden diese mit einer Frühdefibrillation behandelt, ist die Überlebenschance am höchsten. Nur 20 % aller Herz-Kreislauf-Stillstände sind durch eine Asystolie verursacht, für deren Behandlung der Defibrillator kontraindiziert ist.

6.17 Was verstehen Sie unter Basic Life Support?

Beim BLS wird die C – A – B – Regel = chest compressions – airway – breathing angewendet.
Herzdruckmassage : Beatmung = 30 : 2.

6.18 Intoxikationen werden sehr unterschiedlich behandelt. Geben Sie vier Beispiele, um diese Aussage zu verdeutlichen.

- Antidot (Gegengift) z. B.
  Valium®– Anexate®
  Fingerhut – Digitalis-Antidot
  Opiate – Narcanti®
  E 605 – Atropin
  Kohlenmonoxid – Sauerstoff
  Brandgase – Auxiloson Spray®
  Fliegenpilz – Physostigmin
  Knollenblätterpilz – Penicillin G
- Alkohol und Tabletten – Magen auspumpen
- Spülmittel – Sab simplex®, gegen Blasenbildung
- Lithium, Aspirin® – Dialyse (Blutwäsche).

***Problemlösungsfrage**

Notfall: Blutzuckerentgleisung

58-jährige Patientin, 160 cm groß, 90 kg KG, Diabetes mellitus Typ 2, eingestellt mit Glibenclamid und Metformin. Die Patientin verdreht die Augen und wird apathisch.

Fragen:

1. Nennen Sie zwei mögliche Diagnosen und die diagnostische Methode mit der diese unterschieden werden können. Erklären Sie Ihre Aussagen.

2. Nennen Sie Blutzuckerwerte, die als Richtlinien für diese beiden Notfälle gelten. Gehen Sie dabei auf individuelle Schwankungen und deren Gründe ein.

3. Welche Rolle spielen orale Antidiabetika bei diesem Notfall?

4. Wie würde sich der Notfall bei einer Typ 1 Diabetikerin darstellen? Gehen Sie auf die Ursachen und die Therapie ein.

Lösungen:

1. *Hyperglykämie, weil Patientin Diabetikerin ist. Hypoglykämie, weil Patientin Glibenclamid einnimmt. Blutzucker Test, weil dies die genaueste Untersuchungsmethode ist.*

2. *Hyperglykamie: BZ > 400 mg/dl. Hypoglykämie: BZ < 40 mg/dl. Je nachdem wie Patienten eingestellt sind und welche BZ-Konzentrationen sie gewöhnt sind, können diese Richtwerte stark variieren, z. B. kann ein Patient mit einem BZ von 650 mg/dl dies noch nicht einmal als unangenehm empfinden, während ein anderer Patient mit diesem Wert bereits im Koma liegt.*

3. *Glibenclamid regt das Pankreas zur Insulinbildung an. Nimmt der Patient Glibenclamid ein und vergisst zu Essen, so wird er unterzuckern.*

4. *Auf Insulingabe kann ein Typ 1 Diabetiker unterzuckern, wenn er keine Kohlenhydrate zu sich nimmt. Dies kann auf einer ungewollten Insulin-Überdosierung beruhen, die durch falsches abmessen eintreten kann. Die Therapie ist dieselbe, wie beim Typ 2 Diabetiker. Ist der Patient bei Bewusstsein, so bekommt er Traubenzucker oder Cola. Bewusstlose Patienten stellen eine Notarztindikation dar. Ist die Atmung vorhanden, wird eine stabile Seitenlage durchgeführt. Bei Herz-Kreislauf-Stillstand wird reanimiert.*

7. Rahmenbedingungen des Gesundheitswesens

◊ Wissensfragen

7.1 Definieren Sie die vier Grundprinzipien des deutschen Gesundheits- und Sozialwesens.

- Sachleistungsprinzip: Bereitstellung von medizinischen Sach- und Dienstleistungen durch die Krankenkasse
- Kostenerstattungsprinzip: Die privaten Krankenversicherungen erstatten ihren Mitgliedern die Kosten für die von den Leistungsträgern erbrachten ärztlichen Behandlungen nachträglich
- Solidaritätsprinzip: Der Bürger ist nicht allein für sich verantwortlich, sondern die Mitglieder einer definierten Solidargemeinschaft gewähren sich gegenseitig Hilfe und Unterstützung
- Subsidiaritätsprinzip: Aufgaben, Handlungen und Problemlösungen sollen selbstbestimmt und eigenverantwortlich übernommen werden. Nur wenn dies nicht möglich ist, sollen sukzessive größere Gruppen, die öffentliche Kollektive oder höhere Ebenen einer Organisationsform die Aufgaben unterstützen oder übernehmen.

7.2 Zählen Sie die Aufgaben des Robert Koch Instituts auf.

- Epidemiologische Untersuchungen auf dem Gebiet der übertragbaren und nicht übertragbaren Krankheiten einschließlich der Erkennung und Bewertung von Risiken. Sammlung und Bewertung von Erkenntnissen und Erfahrungen zu HIV-Infektionen und AIDS-Erkrankungen, einschließlich der gesellschaftlichen und sozialen Folgen
- Gesundheitsberichterstattung
- Risikoerfassung und -bewertung bei gentechnisch veränderten Organismen und Produkten

- gesundheitliche Fragen des Transports ansteckungsgefährlicher Stoffe
- gesundheitliche Fragen des Transports gentechnisch veränderter Organismen und Produkte.

7.3 Welche Ziel verfolgt die Bundeszentrale für gesundheitliche Aufklärung BZgA. Nennen Sie einige Tätigkeitsfelder.

Die Bundeszentrale für gesundheitliche Aufklärung verfolgt das Ziel, Gesundheitsrisiken vorzubeugen und gesundheitsfördernde Lebensweisen zu unterstützen. Sie ist eine Bundesoberbehörde im Geschäftsbereich des Bundesministeriums für Gesundheit mit Sitz in Köln.

Tätigkeitsfelder:

- Schwangerschaft und Familienplanung
- Informationen zu verschiedenen Aspekten rund um AIDS, z. B. „Gib AIDS keine Chance"
- Informationen für Jugendliche zu Kondomen und Safer Sex, z. B. „Mach´s mit"
- Informationen für Erwachsene zu den potenziellen Gefahren eines überhöhten Alkoholkonsums
- Jugendaktion „GUT DRAUF" - bewegen, entspannen, essen - aber wie!

7.4 Beschreiben Sie das Case Management.

Fallführung; Ablaufschema in sozialer Arbeit mit US-amerikanischer Herkunft.
Das deutsche Gesundheitssystem wird zunehmend komplexer und undurchsichtiger für Patienten und Leistungserbringer. Versorgungslücken mit Unterversorgung können die Folge sein. Das Case Management bietet chronisch Kranken und multimorbiden Patienten Hilfe an der

Schnittstelle zwischen stationärer und ambulanter Versorgung. Der Fokus liegt auf der sozialen und klinischen Versorgung.

7.5 Unterscheiden Sie interne von externen Kunden.

Kundenorientierung beginnt im Unternehmen selbst, bei den eigenen Mitarbeitern, quasi den unternehmensinternen Kunden. Innerhalb einer Organisation leben die Mitarbeiter in einer ständigen Kunden-Lieferanten-Beziehung. Die Beachtung und Pflege dieser, bildet die Basis für Erfolg bei den externen Kunden.

Externe Kundenorientierung ist die Ausrichtung des gesamten betrieblichen Denkens und Handelns auf die Bedürfnisse, Wünsche und Probleme der Kunden. Sie ist als wesentlicher Erfolgsfaktor in den Strategien und Zielen von Unternehmen vielfach verankert. Dabei basiert das Erreichen einer maximalen Kundenorientierung auf Strukturen, Prozessen und technologischen Lösungen, sowie auf den Führungskräften und Mitarbeitern, die aus der Sicht des Kunden denken und handeln.

7.6 Unterscheiden Sie die Qualitätsdimensionen: Strukturqualität, Prozessqualität und Ergebnisqualität im Gesundheitswesen.

Die Strukturqualität einer Arztpraxis ist zum Einen durch bauliche, technische und personelle Bedingungen, z. B. Gebäude, Lage, Räumlichkeiten und die technische Ausstattung gekennzeichnet. Weitere wesentliche Merkmale sind die Erreichbarkeit der Praxis,
z. B. Telefon, Parkplätze, Internet, die Qualifikation der Praxismitarbeiter und der Aus- und Weiterbildungsstand des Arztes. Auch die Brandschutztechnik und Kennzeichnung von Fluchtwegen gehören zur Strukturqualität.

Prozessqualität beschreibt den Grad, in dem

die Praxisabläufe geeignet sind, die mit der Patientenversorgung verbundenen Aufgaben zu erfüllen und die gesetzten Ziele zu erreichen. Angesprochen sind hier die Eigenschaften der Kernprozesse z. B. Therapie, Diagnostik und Beratung, und der unterstützenden Prozesse z. B. Verwaltung, Fort- und Weiterbildung, sowie deren Effektivität und Abstimmung untereinander.

Ergebnisqualität bezieht sich auf das Behandlungsergebnis. Wichtig dabei ist die Patientenzufriedenheit in Bezug auf die Behandlung und das erreichte Ergebnis.

7.8 Nennen Sie acht Grundsätze des Qualitätsmanagements.

- Kundenorientierung
- Verantwortlichkeit der Führung
- Einbeziehung der beteiligten Personen
- Prozessorientierter Ansatz
- Systemorientierter Managementansatz
- Kontinuierliche Verbesserung
- Sachbezogener Entscheidungsfindungsansatz
- Lieferantenbeziehungen zum gegenseitigen Nutzen.

7.9 Welche Ziele sollten Gesundheitssysteme verfolgen?

- Erreichen eines hohen Gesundheitsniveaus für die gesamte Bevölkerung
- Zugang der gesamten Bevölkerung zu bedarfsgerechten und wirksamen Gesundheitstechnologien
- Gestaltung des Gesundheitswesens entsprechend den Bedürfnissen und Erwartungen der Bevölkerungen
- Sicherstellung fairer und nachhaltiger Finanzierung der Gesundheitsversorgung.

7.10 Nach welchen Kriterien werden Gesundheitssysteme bewertet?

- Lebenserwartung bei Geburt
- Lebenserwartung im Alter von 65

- Blutdruckeinstellung
- Cholesterinwerteinstellung im Blutserum
- Patientenzufriedenheit
- Hausarztservice
- Finanzielle Gerechtigkeit
- Preis-Leistungs-Verhältnis, als Anzeichen für Effizienz.

7.11 Wie gestalten Länder ihre Gesundheitssysteme? Beschreiben Sie drei Beispiele, mit denen Sie vertraut sind.

- Die Krankenversicherung in **Deutschland** erstattet den Versicherten voll oder teilweise die Kosten für Therapien bei Krankheit, Mutterschaft und oft auch nach Unfällen. Sie ist ein zweigliedriger Teil des Gesundheitssystems im deutschen Sozialversicherungssystem. Es besteht eine Gesetzliche Krankenversicherung (GKV) und eine Private Krankenversicherung (PKV)
- Am 1. Januar 2006 wurde in den **Niederlanden** ein neues Krankenversicherungssystem eingeführt. Der klassische Unterschied zwischen der gesetzlichen und der privaten Krankenversicherung ist entfallen. Die Krankenversicherung in den Niederlanden erstattet den Versicherten die Kosten (voll oder teilweise) für die Behandlung bei Erkrankungen, bei Mutterschaft und oft auch nach Unfällen
- Für alle Einwohner der **Schweiz** besteht eine allgemeine Versicherungspflicht im Rahmen der gesetzlich vorgegebenen Mindestleistungen der obligatorischen Grundversicherung. Dabei besteht eine Selbstbeteiligung in Höhe von 1000 Franken pro Jahr, die aus einem Festbetrag und einem prozentualen Selbstbehalt besteht. Krankenversicherungspolicen werden

ausschließlich von privatwirtschaftlichen Versicherungsunternehmen angeboten

- Die Krankenversicherung in **Österreich** ist gesetzlich vorgeschrieben und wird zu 100 % von Körperschaften des öffentlichen Rechtes abgedeckt. Die Versicherungspflicht wird in einer Sozialversicherung abgehandelt, die nach Berufsklassen organisiert ist. Es gibt auch Sonderregelungen für Arbeitslose, Pensionisten und Kinder. Die Krankenversicherungsprämie ist vom Einkommen abhängig
- In **Großbritannien** gib es seit über 50 Jahren den NHS = National Health Service. Die erste Untersuchung wird im Normalfall von einem Hausarzt, sprich General Practitioner (GP) durchgeführt. Mehr als 70% der Finanzierung wird durch Steuereinnahmen geleistet. Gut 20 % sind Sozialabgaben, weitere 5% sind diverse Gebühren. Ein Ausländer, der zum GP geht wird kostenfrei behandelt
- Die **französische** Krankenversicherung ist eine Säule des staatlichen Sozialversicherungssystems, zu dem auch Altersvorsorge, Arbeitsunfallversicherung und Familienbeihilfeversicherung gehören. Seit dem Jahr 2000 haben Franzosen mit geringem Einkommen Anspruch auf einen allgemeinen Gesundheitsschutz, „Couverture maladie universelle" (CMU). Alleinstehende mit weniger als 530 Euro im Monat und Zwei-Personen-Haushalte, die weniger als 800 Euro im Monat zur Verfügung haben, müssen keine Sozialversicherungsbeiträge zahlen. Sie sind über die CMU abgesichert und haben Anrecht auf

Kostenübernahme nach dem Sachleistungsprinzip

- Die einschlägigen Regelungen der **USA** behandelten den Krankenversicherungsschutz der Einwohner bis zum Jahr 2014 grundsätzlich als private Angelegenheit, eine allgemeine Krankenversicherungspflicht war nicht vorgesehen. Eine staatliche Gesundheitsfürsorge gab es für Einwohner, die jünger als 65 Jahre alt sind, nur in Ausnahmefällen. 45,7 Millionen oder 15,3 % der rund 300 Millionen Einwohner sind heutzutage weder privat krankenversichert, noch können sie staatliche Hilfe beanspruchen.

***Problemlösungsfrage**

Die zunehmende Alterung der Bevölkerung und der medizinische Fortschritt mit der Folge einer sinkenden Letalität ischämischer Herzerkrankungen lassen erwarten, dass die Inzidenz der Herzinsuffizienz in den nächsten Jahren weiter ansteigen wird.

Die Aufnahme von Patienten in Case-Management-Programme senkt die Hospitalisierungsraten bei NYHA IV Patienten signifikant. Dies führt zu einer Kostenreduktion von 683,88 € auf 222,22 €. Die Überlebensraten werden allerdings nicht durch ein Case-Management verbessert.[7]

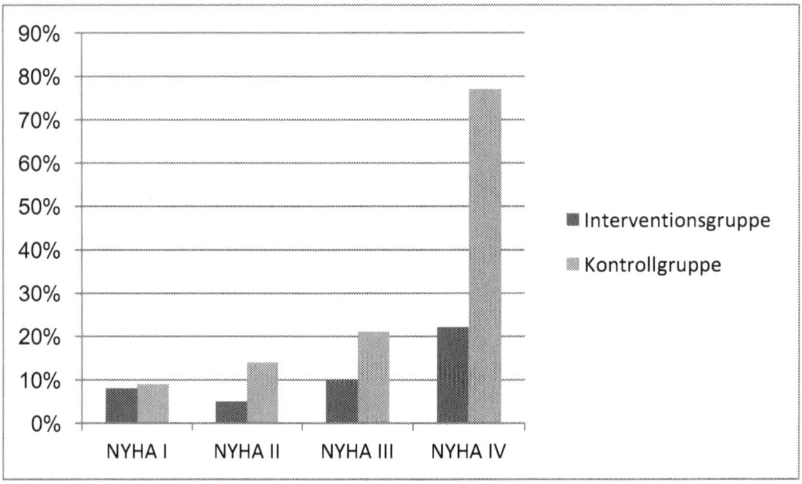

Grafik: Hospitalisierungsrate nach NYHA-Stadium.[8]
NYHA = New York Heart Association

1. Definieren Sie den Vorteil von Case-Management-Programmen und erklären Sie für welche Patienten diese geeignet sind.

2. Die New York Heart Association hat die Herzinsuffizienz in Stadien eingeteilt. Wie ist das Stadium NYHY IV definiert? Betrachten Sie das Diagramm und erklären Sie weshalb die Interventionsgruppe vom Case-Management besonders profitiert.

3. Nennen Sie jeweils zwei Ursachen für die Rechtsherzinsuffizienz und die Linksherzinsuffizienz und erklären Sie wie diese zustande kommen.

4. Weshalb werden die Überlebensraten beim Herzinsuffizienten nicht durch ein Case-Management verbessert?

[7] Deutsches Ärzteblatt, 11. April 2014.
[8] Ebenda.

Lösungen:

1. *Case-Management-Programme helfen Patienten an der Schnittstelle zwischen stationärer und ambulanter Versorgung. Der Fokus liegt hierbei auf der sozialen und klinischen Versorgung. Chronisch kranke und multimorbide Patienten profitieren von diesen Programmen.*

2. *Durch eine optimale medikamentöse Behandlung zu Hause, können die Krankenhauseinweisungen reduziert werden. Der limitierende Faktor ist die Auswurfleistung (EF) des Herzens. Ist sie erschöpft, kommt es unweigerlich zum Herzversagen, mit oder ohne Case-Management.*

3.

Rechtsherzinsuffizienz	***Linksherzinsuffizienz***
Ursache: Herzinfarkt, pulmonale Hypertonie	*Ursache: Herzklappenfehler, arterielle Hypertonie.*
Der Herzinfarkt wird durch eine Arteriosklerose der Coronararterien verursacht.	*Herzklappenfehler sind angeboren oder durch bakterielle Infekte verursacht.*
Die pulmonale Hypertonie entsteht durch chronische Lungenerkrankungen, z. B. Asthma bronchiale, chronische Bronchitis und Lungenemphysem.	*Die Ursachen für die essentielle arterielle Hypertonie sind unbekannt. Risikofaktoren sind: salzreiche Ernährung, Nikotinabusus, Adipositas, Bewegungsmangel und eine genetische Disposition.*

4. *Durch eine optimale medikamentöse Behandlung zu Hause, können die Krankenhauseinweisungen reduziert werden. Der limitierende Faktor ist die Auswurfleistung (EF) des Herzens. Ist sie erschöpft, kommt es unweigerlich zum Herzversagen, mit oder ohne Case-Management.*

8. Gesundheitswissenschaftliche Forschung

◊ Wissensfragen

8.1 Die Inzidenz der Bronchialkarzinom Diagnosen für Männer, im Jahr 2010, betrug 60/100.000.
In diesem Jahr hatte die BRD 82.000.000 Einwohner.

Errechnen Sie die absolute Zahl der an Bronchialkarzinom erkrankten Männern in Deutschland im Jahr 2010.

82.000.000 : 100.000 = 820

820 x 60 = 49.200 Männer

8.2 Beschreiben Sie die Merkmale qualitativer Forschung.

- Einsatz bei einer bisher noch nicht erforschten Fragestellung
- Inhaltliche Analyse der Fragestellung
- Die Untersuchungsgruppe ist klein, N = 6 - 30 Personen, daher begrenzte Aussagekraft
- Der Untersuchungsgegenstand ist das Erleben, Verhalten und die Perspektiven der Betroffenen
- Die Untersuchungsinstrumente sind das Interview, die Beobachtung, die Feldforschung oder die Einzelfallstudie
- Shadowing - beschreibt die Subjektivität des Beobachteten und des Beobachters
- Weitgehender Verzicht auf Standardisierung
- Die Methode ist ein Prozess von Erhebung - Auswertung - neuer Erhebung - neuer Auswertung . . .

Qualitative Forschung ist keine Vorstufe der quantitativen Forschung.

8.3 Wodurch zeichnet sich die quantitative Forschung aus?

- Zu Beginn festgelegte Hypothese
- Große, repräsentative, randomisierte Untersuchungsgruppe
- Die Messwerte werden miteinander oder mit anderen Variablen in Beziehung gesetzt und die Ergebnisse anschließend auf die Grundgesamtheit generalisiert
- Untersuchungsinstrumente sind der Fragebogen oder das quantitative Interview
- Die Methoden sind vollstandardisiert und strukturiert, d. h. jeder Befragte bekommt möglichst exakt die gleichen Voraussetzungen bei der Beantwortung der Fragen, also gleicher Wortlaut, gleiche Reihenfolge und gleiche Bewertungsskala, um die Aussagen der Befragten untereinander vergleichbar zu machen.

8.4 Definieren Sie den Begriff „Forschungsmethoden" und nennen Sie Beispiele.

Definition: Wissenschaftliche Verfahren und Analysetechniken, die zur Klärung von Fragestellungen dienen.

- Beobachtung: Zielgerichtete, aufmerksame Wahrnehmung von Objekten, Phänomenen oder Vorgängen, gegebenenfalls unter Verwendung technischer Hilfsmittel. Im Gegensatz zu Messungen zielen Beobachtungen weniger auf quantitative Erfassung der Objekte als auf qualitative Daten
- Interview: Befragung durch Fragesteller mit dem Ziel, persönliche Informationen oder Sachverhalte zu ermitteln
- Inhaltsanalyse: Systematische Untersuchung der Inhalte von Kommunikation, die in Form von Texten, z. B. als verschriftlichte

Interviews oder Zeitungsartikeln vorliegen

- Experiment: Versuch, Beweis, Prüfung, Probe. Methodisch angelegte Untersuchung zur empirischen Gewinnung von Daten, meist durch Zählungen oder Messungen.

8.5 Erklären Sie die Gütekriterien einer medizinischen Studie.

- Objektivität: Die Ergebnisse kommen unabhängig von Einflüssen der Untersucher oder der Untersuchungssituation bei der Durchführung, Auswertung und Interpretation zustande

- Reliabilität: Das Merkmal wird zuverlässig gemessen und ist wiederholt zu reproduzieren

- Validität: Das Verfahren misst genau das gewünschte Merkmal, z. B. die Intelligenz. Mittels dieses Merkmales ist eine diagnostische Entscheidung mit entsprechender Güte zu treffen.

8.6 Welche Fehlerquellen sind bei medizinischen Studien zu beachten? Erklären Sie diese.

- Selektionsbias, d. h. die ausgewählte Stichprobe ist nicht repräsentativ. Deshalb ist Randomisierung wichtig.
- Performance Bias, d. h. unterschiedliche Behandlung der Gruppen durch die Untersucher. Zur Gleichbehandlung werden Blindstudien durchgeführt.
- Attritionsbias, d. h. Verzerrung der Studienergebnisse durch drop outs.
- Beobachter Bias, d. h. der Beobachter weiß in welcher Gruppe der Studienteilnehmer ist. Blindstudien schließen den Beobachter Bias aus.

8.7 Was ist evidenzbasierte Medizin?

Eine auf empirische Belege, also auf eine Sammlung von Informationen, gestützte Heilkunde.
Entwicklungsrichtung der Medizin, die ausdrücklich die Forderung erhebt, dass bei der Therapie eine patientenorientierte Entscheidung auf der Grundlage empirisch nachgewiesener Wirksamkeit getroffen wird.

8.8 Wie unterscheiden sich Sensitivität und Spezifität bei diagnostischen Tests?

Die Sensitivität eines diagnostischen Testverfahrens gibt an, bei welchem Prozentsatz erkrankter Patienten die jeweilige Krankheit durch die Anwendung des Tests tatsächlich erkannt wird, d. h. ein positives Testresultat auftritt. Sie wird definiert als der Quotient aus richtig positiven Testergebnissen und der Summe aus richtig positiven und falsch negativen Testergebnissen.

Die Spezifität eines diagnostischen Testverfahrens gibt die Wahrscheinlichkeit an, dass tatsächlich Gesunde, die nicht an der betreffenden Erkrankung leiden, im Test auch als gesund erkannt werden. Sie wird definiert als der Quotient aus richtig negativen Testergebnissen und der Summe aus falsch positiven und richtig negativen Testergebnissen, also allen Testergebnissen, denen tatsächlich keine Erkrankung zugrunde lag.

8.9 Definieren Sie Epidemiologie.

Seuchenkunde; Teilgebiet der Medizin, das die Verteilung von Krankheiten in einer Bevölkerung und die damit zusammenhängenden Variablen untersucht.

8.10 Definieren Sie Prävalenz.

Krankheitshäufigkeit; sagt aus, wie viele Menschen einer bestimmten Population an einer bestimmten Krankheit leiden, z. B. liegt beim Schlaganfall die Prävalenz in Deutschland bei etwa 600/100.000 Einwohnern.

8.11 Definieren Sie Inzidenz.	Anzahl der neu Erkrankten in einem bestimmten Zeitraum, z. B. liegt die Inzidenz für den Schlaganfall in Deutschland bei 182/100.000 Einwohnern pro Jahr. Absolut sind dies 150.000 neu aufgetretene Schlaganfälle und rund 15.000 Rezidivfälle pro Jahr.
8.12 Definieren Sie Morbidität.	Anzahl der Individuen einer Population, die in einem bestimmten Zeitraum eine bestimmte Erkrankung erlitten haben.
8.13 Definieren Sie Mortalität.	Sterblichkeit; Anzahl der Todesfälle in einem bestimmten Zeitraum bezogen auf 1.000 Individuen einer Population.
8.14 Definieren Sie Letalität.	Verhältnis der Todesfälle durch eine bestimmte Erkrankung zur Zahl der Erkrankten.
8.15 Definieren Sie Geburtenrate.	Geburtenziffer; Anzahl der Lebendgeborenen pro Jahr bezogen auf 1000 Einwohner.
8.16 Definieren Sie Sterberate.	Sterblichkeit; Mortalität; Anzahl der Todesfälle, bezogen auf die Gesamtanzahl der Individuen einer Population.
8.17 Was ist Migration	Dauerhafter Wohnortwechsel von Menschen. Zu unterscheiden sind die transnationale Auswanderung (Emigration) bzw. Einwanderung (Immigration) von der Binnenmigration, innerhalb eines Staates.
8.18 Was verstehen Sie unter Sozialstruktur?	Einteilungsmöglichkeit von Gesellschaften nach sozialen Merkmalen, z. B. Geschlecht, Alter, Familienstand, Nationalität, Religionszugehörigkeit, Haushaltsgröße, Bildung, Beruf, Einkommen, Gesundheit.

~ Reorganisation und Transfer

Welches ist Ihrer Meinung nach das beste Studiendesign in der medizinischen und psychologischen Forschung? Begründen Sie Ihre Aussage.

Lösung:

Die randomisierte kontrollierte Studie ist in der medizinischen und psychologischen Forschung das beste Studiendesign, um bei einer eindeutigen Fragestellung eine eindeutige Aussage zu erhalten und die Kausalität zu belegen. Die Teilnehmer der Studie werden nach dem Zufallsprinzip ausgewählt. Diese Studie ist zumindest doppelblind angelegt. Somit sind gute Voraussetzungen geschaffen die Gütekriterien zu erfüllen. Die evidenzbasierte Medizin betont die Wichtigkeit von RCTs als beste Grundlage zum empirischen Nachweis der Wirksamkeit medizinischer Behandlungen, um patientenorientierte Entscheidungen zu treffen. Sogenannter „Goldstandard".

~Reorganisation und Transfer

Die **Ebolafieber-Epidemie 2014** wurde mit dem Auftreten von einzelnen Fällen von Ebolafieber im Südosten Guineas (Westafrika) ab Februar 2014 bekannt, denen in den folgenden Monaten weitere Erkrankungsmeldungen in den benachbarten Ländern Sierra Leone und Liberia, Anfang August auch Nigeria folgten.

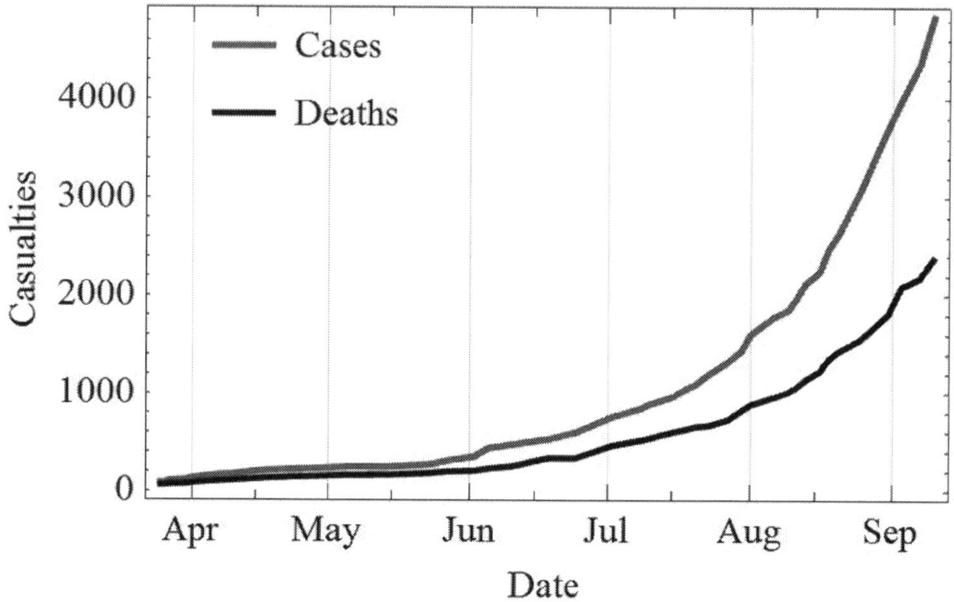

[9]

Abbildung: Verlauf der insgesamt gemeldeten Erkrankungen (steile Kurve) und Todesfälle (flache Kurve) während des Ausbruchs.

1. Beschreiben Sie die Inzidenz des Ebolafiebers zwischen April 2014 und September 2014. Casualties = Krankheitsfälle.

2. Machen Sie eine Aussage über die Mortalität des Ebolafiebers in Zeitraum zwischen April 2014 und September 2014.

3. Errechnen Sie die Letalität im September 2014 anhand der Grafik.

---

[9] Leopoldo Martin R. http://commons.wikimedia.org/wiki/File:Diseased_Ebola_2014.png. Letzter Zugriff: 19.9.2014.

4. Errechnen Sie die Letalität und die Gesamtletalität der Ebola-Virus-Erkrankten vom 29. August 2014 bis zum 7. September 2014 anhand der Tabelle.

Ebolafieber-Erkrankungs- und Todesfälle 2014

Land	Erkrankungsfälle	Todesfälle	Letalität
Guinea	861	557	
Liberia	2081	1137	
Nigeria	21	8	
Sierra Leone	1424	524	
Senegal	3	0	

5. Analysieren Sie weshalb es zu der rasanten Ausbreitung der Ebola Epidemie kommen konnte.

Lösungen:

1. *Im April waren ca. 100 Menschen erkrankt. Im September hat sich Zahl der Neuerkrankungen auf über 4500 Menschen erhöht.*

2. *Im April starb fast jeder Erkrankte. Im September starb nur noch die Hälfte der Erkrankten.*

3. *3600 Erkrankte, 1800 Todesfälle = Letalität von 50 %*

4. *Lösung, per Dreisatz:*
   - *Guinea: 64,7 %*
   - *Liberia: 54,6 %*
   - *Nigeria: 38 %*
   - *Sierra Leone: 36,8 %*
   - *Senegal: 0.*

   Bis zum 7. September 2014 sind 48,5 % der an dem Ebolafieber erkrankten Menschen verstorben.

5.
   - *Die Gesundheitssysteme der initial betroffenen Länder sind hinsichtlich ihrer personellen, finanziellen und apparativ-medizinischen Ausstattung nicht geeignet, auf die Epidemie angemessen zu reagieren*
   - *Da die Erkrankung erstmalig in diesen Ländern auftrat, bestehen keine Erfahrungen im Umgang mit Ebolafieber. Insbesondere besteht ein Mangel an Wissen in der Bevölkerung über die Übertragungswege und -risiken der Infektion*
   - *Die Unkenntnis über die Infektionswege führte dazu, dass infizierte Angehörige zu Hause versteckt wurden*
   - *Im Verlauf der Epidemie konnte der Bedarf an medizinischen Vorräten, inklusive persönlicher Schutzausrüstung, nicht mehr gedeckt werden.*

***Problemlösungsfrage**

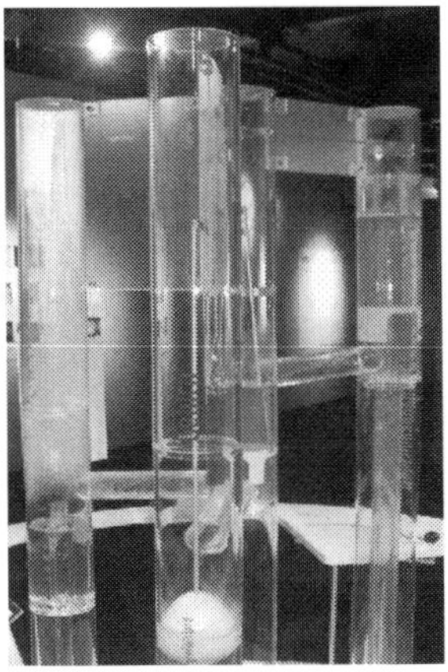

Im Labor der renommierten Firma ABI wurde Anti-Schnarch®, ein neues Serum gegen das Schnarchen entwickelt.

Schnarcht Ihr Partner so laut, dass Sie nachts auf das Sofa umziehen müssen? Diese Zeiten sind vorbei!

Besorgen Sie sich Anti-Schnarch®. Es heilt 90 % aller Schnarchnasen innerhalb von 2 Wochen.

Zu Risiken und Nebenwirkungen fragen Sie Ihren Arzt oder Apotheker.

Frau Doktor Skepsis ist sich nicht so sicher, ob Anti-Schnarch® hält, was es verspricht. Sie legt Ihre eigene Studie an.

Ihre Zufallsstichprobe sind 40 Schnarcher aus ihrer Praxis. Diese nehmen zwei Wochen lang Anti-Schnarch® ein. Anschließend befragt Frau Doktor Skepsis ihre Patienten und dokumentiert die Ergebnisse:

Geheilt?	**Ja**	**Nein**
Häufigkeit	29	11

1. Wenn das Medikament wirklich in 90 % der Fälle heilt, wie viele geheilte Personen würden Sie in einer Stichprobe von 40 schnarchenden erwarten?
2. Machen Sie eine Aussage zur Objektivität des Tests der Frau Dr. Skepsis.
3. Welches Studiendesign hat Frau Doktor gewählt?
4. Beurteilen Sie die Anzahl der Probanden, N = 40.
5. Welche statistische Methode der Datenanalyse verwendet Frau Doktor?
6. Schreiben Sie die Hypothese auf, auf welche Dr. Skepsis ihren Forschungsprozess aufbaut.

7. Streichen Sie die falschen Antworten durch:
    - Die Pharmafirma, die Anti-Schnarch® bewirbt bediente sich der qualitativen / quantitativen Forschung.
    - Die Studie der Pharmafirma war im Idealfall eine randomisierte kontrollierte Studie / kontrollierte klinische Studie.
    - Die Studie der Firma ABI ist am ehesten ernst zu nehmen bei N = 100 / N = 1000 / N = 10.000.

8. Bias. Nennen Sie drei Fehlerquellen der Studie von Dr. Skepsis.

9. Frau Doktor hat ihre Studie weiter betrieben:

    - 2012 schnarchten 22 von ihren 800 Patienten.
    - 2013 schnarchten 40 von Ihren 800 Patienten.

    Am 1.1.2014 errechnete Frau Doktor die Inzidenz der Schnarcher in ihrer Praxis. Nennen Sie diese absolut und in Prozent.

10. Wie hoch war die Morbidität in der Praxis im Jahr 2013? Errechnen Sie diese absolut und in Prozent.

Lösungen:

1. *36*

2. *Der Test ist nicht objektiv, da die Ergebnisse den Einflüssen der Untersucherin unterliegen.*

3. *Vorher-Nacher-Studie, diese Studie ist ohne Kontrollgruppe möglich.*

4. *Die Gruppe der untersuchten Personen ist zu klein, um eine qualifizierte Aussage zu machen.*

5. *Deskriptive Datenanalyse*

6. *Die Anzahl der durch Anti-Schnarch geheilten Patienten liegt unter 90 %.*

7. *Richtige Antworten:*
    - *Quantitative Forschung*
    - *Kontrollierte klinische Studie*
    - *N = 10.000.*

8.
    - *Selektionsbias, die ausgewählte Stichprobe ist nicht repräsentativ.*
    - *Performance Bias, die Studie ist nicht verblindet.*
    - *Beobachterbias, die Untersucherin weiß, dass alle Patienten Anti-Schnarch eingenommen haben.*

9. *Inzidenz = 18. Das sind 2,25 % der Patienten.*

10. *Morbidität = 40. Das sind 5 % der Patienten.*

9. Bewegung – körperlich aktiv sein

◊ Wissensfragen

9.1 Erklären Sie die Pathophysiologie des Bandscheibenvorfalls.

Eine Bandscheibe besteht aus einem Gallertring mit einem zentral sitzenden nucleus pulposus. Beim Vorfall drückt sich der nucleus pulposus durch den Gallertring nach dorsal oder dorso-lateral heraus. Das Rückenmark bzw. die peripheren Nerven werden abgequetscht. Bei Protrusion der Bandscheibe nach dorsal kommt es zu sensiblen und motorischen Ausfällen beidseits, bei dorso-lateraler Dislokation der Bandscheibe kommt es zu Ausfällen auf der betroffenen Seite des peripheren Nerven.

9.2 Beschreiben Sie die Wirkungsweise der Osteoklasten und Osteoblasten an einem Beispiel.

Beispiel: Kieferorthopädie. Die Osteoklasten lösen den Knochen auf, um den Weg für den Zahn frei zu machen. Die Osteoblasten füllen die Knochensubstanz hinter dem Zahn wieder auf.

9.3 Stellen Sie eine Verdachtsdiagnose und erläutern Sie die Abbildung. Gehen Sie auf die Wirbelveränderungen ein.

Verdacht auf Osteoporose.
40 Jahre: Normales Skelett.
65 Jahre: Leichter Witwenbuckel der oberen BWS, der Bauch tritt nach ventral hervor. Die Körpergröße nimmt um 3,5 cm ab.
75 Jahre: Aufhebung der Lendenlordose, stark ausgeprägter Witwenbuckel, die Körpergröße nimmt um 8,5 cm ab.
Wirbelveränderungen:

- Fischwirbel
- Plattwirbel
- Keilwirbel.

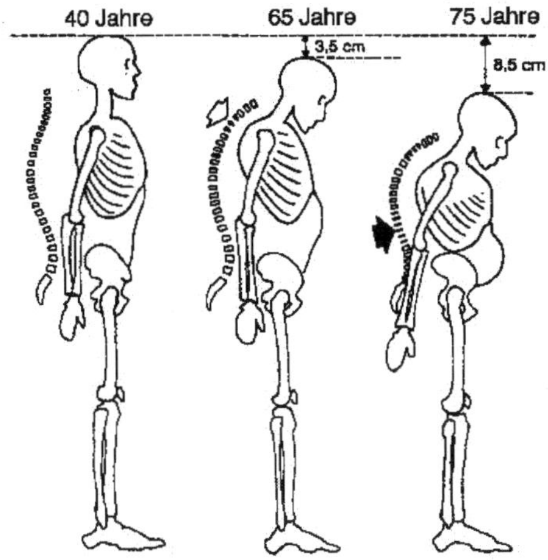
40 Jahre
65 Jahre
75 Jahre
3,5 cm
8,5 cm

9.4 Erklären Sie den Begriff *Sturzprophylaxe* und nennen Sie fünf Maßnahmen zur Sturzprävention.

Als Sturzprophylaxe werden pflegerische Maßnahmen zur Vermeidung von Stürzen bezeichnet, z. B.

- Haltegriffe im Bad anbringen
- Rollator verwenden
- Hüftprotektoren anbieten
- Stolperfallen, z. B. Teppiche beseitigen
- Für geeignete Beleuchtungsverhältnisse sorgen.

9.5 Welche Patienten sind kontrakturgefährdet und wie können Kontrakturen vermieden werden?

Patienten mit

- Bettlägerigkeit
- Paresen
- Schonhaltung bei Schmerzen.

Vermeidung durch

- Aktive und passive Bewegungsübungen
- Physikalische Therapie
- Ausreichende Schmerzmedikation.

9.6 Das Health-Belief-Modell findet in der Gesundheitspsychologie Verwendung. Welche Vorhersagen sollen mit diesem Modell getroffen werden?

Die Wahrscheinlichkeit eine Krankheit zu bekommen hängt von den Glaubenssätzen des Patienten ab. Vorhersagen betreffen die Erkrankungshäufigkeit eines Menschen.
Er erkrankt häufiger, wenn ...

- er eine Anfälligkeit für die Erkrankung bei sich vermutet, z. B. weil Angehörige bereits erkrankt sind
- er eine Krankheit als gefährlich, z. B. schmerzhaft einschätzt
- er präventives Verhalten als unnütz einschätzt, z. B. Impfungen
- er Barrieren, z. B. Kosten, vermeiden will.

9.7 Fallbeispiel:
Eine 72-jährige Patientin, 158 cm groß, 85 kg KG, geht mit Schmerzen, beim Gehen, in der rechten Hüfte zum Arzt.
Begründen Sie Ihre Verdachtsdiagnose und beschreiben Sie den Verlauf der Diagnostik und Therapie dieser Erkrankung.

Verdachtsdiagnose: Arthrose
Begründung: Schmerzen im Hüftgelenk, Adipositas.
Diagnostik: Röntgen, CT.
Therapie: Anordnung einer Gewichtsreduktion, Diclofenac als Analgetikum, bei Versagen dieser Maßnahmen: TEP = Totalendoprothese = künstliches Hüftgelenk.

9.8 Vier Prozent der gesamten Arbeitskraft in Deutschland gehen durch Arbeitsunfähigkeit bei Rückenschmerzen verloren.
Erklären Sie dieses Phänomen und nennen Sie Lösungsansätze.

Bewegungsmangel, Adipositas, psychische Belastungen und Osteoporose können Ursachen für Rückenschmerzen sein.

- Arbeitsmediziner empfehlen im Büro Beuge- und Streckübungen zu machen, die Treppe, statt den Fahrstuhl zu benutzen und bei öffentlichen Verkehrsmitteln eine Station früher auszusteigen und zu laufen.
- Krankenkassen bieten Kurse zur Rückenschule an.
- Es ist auf eine Vitamin D- und kalziumreiche Ernährung zu achten
- Yoga und Autogenes Training führen zu Beweglichkeit bzw. zu einer psychischen Entlastung vom stressigen Alltag.

9.9 Erklären Sie die Begriffe Kyphose, Lordose und Skoliose.

Kyphose ist die physiologische Wirbelsäulenverkrümmung nach dorsal, z. B. runder Rücken.
Lordose ist die physiologische Wirbelsäulenverkrümmung nach ventral, z. B. „Hohlkreuz".
Die Skoliose ist eine pathologische Wirbelsäulenverkrümmung in der Frontalebene.

9.10 Unterscheiden Sie die primäre von der sekundären Frakturheilung.

Voraussetzung für die primäre Frakturheilung ist, dass die Knochenenden aufeinander stehen. Die Knochenenden heilen direkt zusammen.
Bei der sekundären Frakturheilung sind die Knochen verschoben und heilen durch Kallusbildung.

9.11 Beschreiben Sie den Aufbau eines Gelenkes.

- Zwei Knochenenden, z. B. Kopf und Pfanne
- Hyaliner Knorpel, überzieht die Knochenenden
- Gelenkspalt
- Gelenkkapsel, umgibt die Epiphysen und schließt die Gelenkhöhle nach außen ab
- Synovia, Kapselinnenhaut die Gelenkschmiere absondert
- Gelenkbänder, sind der Gelenkkapsel aufgelagert und stabilisieren das Gelenk.

9.12 Erklären Sie die Funktionsweise eines Sarkomers.

Das Sarkomer ist die kleinste funktionelle Einheit des Muskels. Es besteht aus Aktin- und Myosin Filamenten, durch welche die Muskelkontraktion ermöglicht wird. Zwischen den Sarkomeren liegen Mitochondrien. Viele Sarkomere, die von einer Zellmembran umhüllt sind, bilden eine Muskelfaser.

9.13 Erklären Sie die Anpassung des Muskels an regelmäßiges Training.

- Das Zentralnervensystem passt sich an, indem es die Muskulatur anders ansteuert. Es verbessert die Koordination zwischen den einzelnen Muskeln (intermuskuläre Koordination) bzw. der Muskelfasern innerhalb des Muskels (intramuskuläre Koordination).
- Das initiiert eine Anpassung des Herz-Kreislauf-Systems, um die

Muskulatur besser mit Blut, respektive mit Nährstoffen versorgen zu können.

- Der Grundstoffwechsel in der Muskulatur baut größere Reservekapazitäten in Form von ATP auf, um die Energieversorgung der Muskulatur bei erhöhter Leistung garantieren zu können.
- Letztlich passen sich auch die Muskeln selbst an. In ihnen erhöht sich je nach Belastungsgestaltung des Krafttrainings die Zahl der Mitochondrien, die für die aerobe Energiebereitstellung, also die Glukose-Verbrennung mittels Sauerstoff, verantwortlich sind.

9.14 Unterscheiden Sie die desmale- von der chondralen Ossifikation.

- Desmale Ossifikation: direkte Knochenbildung aus embryonalem Bindegewebe (*Mesemchym*); z. B. Schädelknochen, Gesichtsschädel, Schlüsselbein.
- Chondrale Ossifikation: Knorpelige Skelettelemente bilden sich aus Mesenchym. Anschließende Ossifikation, z. B. Röhrenknochen.

9.15 Erklären Sie den Knochenumbau am Beispiel einer kieferorthopädischen Behandlung.

Der Zug auf einem Zahn bewirkt, dass der Kieferknochen in Zugrichtung Platz machen muss. Auf der Gegenseite muss Knochen aufgefüllt werden. Den Knochenabbau besorgen die Osteoklasten. Die Neubildung übernehmen die Osteoblasten.

9.16 Beschreiben Sie die Funktion der Kompakta und Spongiosa eines Röhrenknochens.

Die Kompakta setzt der Verformung bei der Einwirkung von Biege- und Rotationskräften großen Widerstand entgegen. Die Spongiosa füllt das Innere des Knochens aus. Sie ist ein schwammartiges Balkenwerk. In den

Räumen zwischen diesen Trabekeln der Spongiosa befindet sich das Knochenmark. Das rote Knochenmark enthält die Stammzellen, das gelbe Knochenmark besteht hauptsächlich aus Fett. Spongiosa absorbiert einwirkende Kompressionskräfte gut und kommt daher vornehmlich bei Knochenteilen vor, die einer Druckbelastung ausgesetzt sind.

9.17 Wie ist der menschliche Knochen zusammengesetzt?

- Organische Bestandteile bzw. Zellen (25%)
- Wasser (20 %)
- Salze (55 %)
  Davon 86 % Calciumphospat; weiterhin Calciumkarbonat, Calciumfluorid, Calciumchlorid und Magnesiumphosphat.

9.18 Fassen Sie die Ziele der International Classification of Nursing Practice (ICNP) zusammen und zählen Sie fünf Pflegephänomene auf.

Ziel der ICNP ist es, die pflegerische Praxis zu beschreiben und diese zu dokumentieren, eine einheitliche und international vergleichbare Sprache zu schaffen und Daten zu erheben, um eine internationale Vergleichbarkeit der Effektivität der Pflegehandlungen herzustellen.

Die einzelnen Pflegephänomene betreffen:

- die Haut
- die Motorik
- die Empfindung
- den Stoffwechsel und die Ernährung
- die Verdauung
- den Flüssigkeitshaushalt und die Ausscheidung
- das Herz-Kreislauf-System
- die Körpertemperatur
- die Atmung.
- das Immunsystem
- die Fortpflanzung und
- die Erholung.

9.19 Beschreiben Sie die körperlichen Voraussetzungen, um den Haushalt versorgen zu können.

- Armkraft, um den Staubsauger aus dem Schrank heben zu können
- Beweglichkeit der Wirbelsäule, um sich bücken, strecken und drehen zu können
- Beweglichkeit des Schultergelenks, um Schränke einzuräumen und eine Kaffeetasse aus dem obersten Fach nehmen zu können
- Balance, um auf Zehenspitzen stehend ganz oben an etwas heranreichen zu können.

9.20 Nehmen Sie Stellung zur Durchführung prophylaktischer Konzepte.

Prophylaxe bzw. Prävention ist die Vermeidung des Auftretens von Krankheiten und damit die Verringerung ihrer Verbreitung und die Verminderung ihrer Auswirkungen auf Morbidität und Mortalität in der Bevölkerung. Ziel ist, die auslösenden Faktoren von Krankheiten zu minimieren. Prophylaxe ist ein integraler Bestandteil einer qualitäts- und zukunftsorientierten Medizin. Regelmäßige Früherkennungsuntersuchungen, professionelles Risikomanagement, sowie die Aufklärung und Motivation der Bevölkerung sind wichtige Pfeiler der Vorsorge.

9.21 Wodurch kommt der rigor mortis (Leichenstarre) zustande und weshalb löst er sich wieder?

Die Leichenstarre tritt ein, wenn das ATP im Muskel verbraucht ist. ATP ist der „Muskelweichmacher". Es liefert die Energie für die Muskelkontraktion. Ist es aufgebraucht, so verhärtet sich der Muskel. Fäulnisprozesse lösen die Leichenstarre nach ca. 24 – 48 Stunden.

Beschriftungsfrage

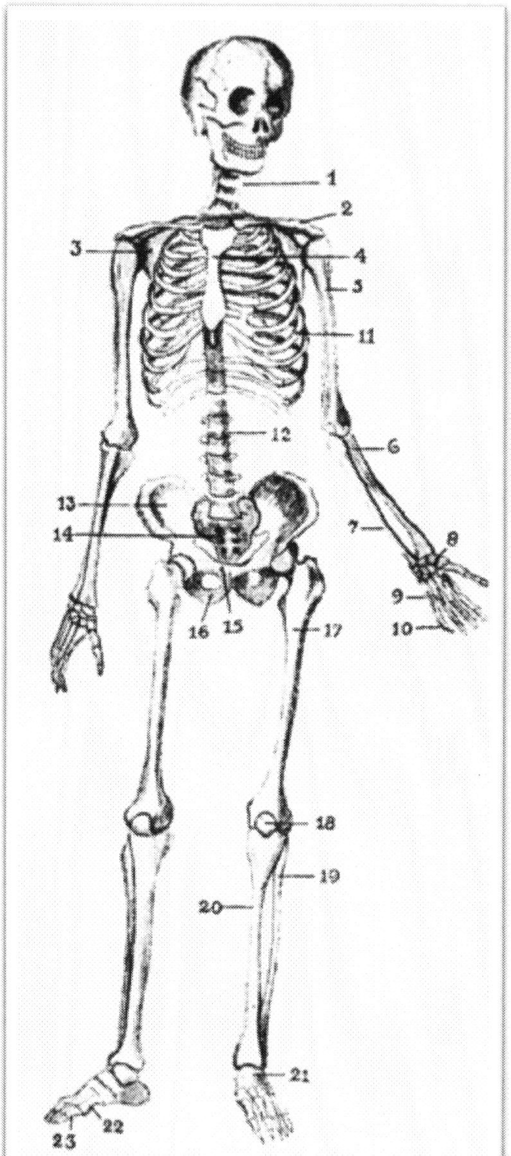

1.
2.
3.
4.
5.
6.
7.
8.
9.
10.
11.
12.
13.
14.
15.
16.
17.
18.
19.
20.
21.
22.
23.

Lösung:
HWS (Halswirbelsäule), 2. Clavicula, 3. Scapula, 4. Sternum, 5. Humerus, 6. Radius, 7. Ulna, 8. Handwurzelknochen, 9. Mittelhandknochen, 10. Phalangen, 11. Costa, 12. LWS (Lendenwirbelsäule), 13. Os ilium, 14. Os sacrum,
15. Os pubis, 16. Os ischii, 17. Femur, 18. Patella, 19. Fibula, 20. Tibia,
21. Talus, 22. Mittelfußknochen, 23. Phalangen.

***Problemlösungsfrage**

Bandscheibenprobleme und Rückenschmerzen treten doppelt so oft bei Übergewichtigen auf wie bei schlanken Menschen. Dies ergab jetzt eine großangelegte Studie der Universität Hong Kong. Laut einer aktuellen Schätzung der Weltgesundheitsorganisation (WHO) sind inzwischen weltweit 1,5 Milliarden Menschen stark übergewichtig. Experten fordern mehr Aufklärung über Rückenerkrankungen und bessere Therapiemöglichkeiten für Patienten.[10]

Über 98.000 Bandscheibenoperationen meldet das Statistische Bundesamt für das Jahr 2013. Das sind mehr als die Hälfte aller Patienten, die wegen eines Vorfalls im Krankenhaus lagen. Im Vergleich zu 2005 entspricht das einer Steigerung um 17 Prozent.[11]

1. Wie funktioniert eine Bandscheibe?

2. Vergleichen Sie die Konsequenzen eines Bandscheibenvorfalls der Halswirbelsäule mit denen eines Bandscheibenvorfalls der Lendenwirbelsäule.

3. Eine Patientin mit einem BMI > 30 und einer fortgeschrittene Schwangerschaft klagt über Rückenschmerzen in der Lendenwirbelsäule. Welche Maßnahmen sollte sie ergreifen.

4. Analysieren Sie die soziokulturellen Faktoren für Adipositas.

5. Welche Informationen würden Sie in eine Aufklärungsbroschüre für Eltern, zur Prävention von *Rückenerkrankungen* einfließen lassen?

---

[10] http://www.heilpraxisnet.de/naturheilpraxis/rueckenschmerzen-uebergewicht-schadet-bandscheibe-9007878.php. Letzter Zugriff: 8.10.2014.

[11] http://www.spiegel.de/gesundheit/diagnose/rueckenschmerzen-zu-viele-operationen-bei-bandscheibenvorfall-a-934529.html. Letzter Zugriff: 8.10.2013.

Lösungen:

1. *Die menschliche Wirbelsäule hat insgesamt 23 Bandscheiben, die aus einem gallertartigen Gewebe bestehen und bei Belastung die Funktion einer hydraulischen Kugel übernehmen. Sie sind fest mit zwei Wirbelkörpern verwachsen, machen Drehbewegungen mit und können Druck gut verkraften, was die hohe Beweglichkeit der gesamten Wirbelsäule erklärt. Ohne sie wäre die Wirbelsäule steif wie ein Besenstiel.*

2. *Der Bandscheibenvorfall an der Halswirbelsäule kann im Extremfall zu einem hohen Querschnitt führen, mit einer Tetraparese und einer Ateminsuffizienz.*
   Ein Bandscheibenvorfall der Lendenwirbelsäule kann zur Lähmung der Beine führen und im Extremfall zur Quetschung der Cauda equina mit Miktions- und Defäkationsstörungen.

3. *Zu empfehlen sind folgende Maßnahmen:*
   - *Gewichtsreduktion durch das Essen von Salat und Gemüse und das Meiden fettiger Speisen.*
   - *Nahrungsergänzungsmittel einnehmen, um vor allem den Eisen- und Calciumbedarf zu decken.*
   - *Viel Wasser trinken, ca. 2 l am Tag.*
   - *Täglich spazieren gehen, z. B. 2 x 30 Minuten.*

4. *Folgende Faktoren können zu Adipositas führen:*
   - *Sitzende Tätigkeit*
   - *Geringe Bewegung dank Auto, Fahrstuhl, Rolltreppe*
   - *Passive Freizeit (Fernsehen, Computer)*
   - *Frust, Langeweile, Stress*
   - *Waren-Überangebot*
   - *Essen als Ersatz für emotionale und persönliche Zuwendung*
   - *Keine geregelten Mahlzeiten*
   - *Fastfood*
   - *Geschmacksverstärker , die den Appetit anregen*
   - *Farb- und Geruchsstoffe, die das Essen appetitlicher erscheinen lassen*
   - *Werbung für zucker- und fetthaltige Lebensmittel.*

5. *Kinder, die sich gesund ernähren und sich bewegen wachsen mit einer höheren Lebensqualität auf und werden zu leistungsfähigeren Erwachsenen, als adipöse Kinder. Sie profitieren in den Bereichen: Bildung, Beruf und Privatleben, da Krankheiten, wie z. B. Rückenbeschwerden vermieden werden können.*

10. Herz-Kreislauf – leistungsfähig bleiben

◊ Wissensfragen

10.1 Beschreiben Sie den Weg eines Erythrozyten durch die Blutbahn. Beginnen Sie beim linken Ventrikel.

Linker Ventrikel → Aorta → Körperkapillaren → Vena cava inferior → rechtes Atrium → rechter Ventrikel → Arteria pulmonalis → Lungenkapillaren → Vena pulmonalis → linkes Atrium → linker Ventrikel → . . . [12]

10.2 Nennen Sie die Segelklappen und beschreiben Sie deren Lage.

Die Tricuspidalklappe liegt zwischen dem rechten Atrium und dem rechten Ventrikel. Die Mitralklappe liegt zwischen dem linken Atrium und dem linken Ventrikel.

10.3 Wie erfolgt die Myocardkontraktion?

Die Myocardkontraktion erfolgt über elektrische Impulse:

- Sinusknoten (Herzschrittmacher)
- AV-Knoten (liegt zwischen Atrium und Ventrikel)
- His-Bündel
- Tawara Schenkel (liegen im Septum)
- Purkinje Fasern.

10.4 Erklären Sie in groben Zügen die Bedeutung der Ausschläge des Elektrokardiogramms.

Wenn der Sinusknoten feuert entsteht die P-Welle. Der QRS-Komplex symbolisiert die Kontraktion des Myokards. Die T-Welle zeigt die Erholungsphase, respektive die Erregungsrückbildung an.

10.5 Beschreiben Sie die Herzaktionen.

- Systole – Anspannungsphase (Myokard spannt sich an) und Austreibungsphase (Myokard kontrahiert sich)
- Diastole – Entspannungsphase (Myokard erschlafft) und Füllungsphase (Ventrikel füllen sich).

[12] https://www.youtube.com/watch?v=Rdu_bQg8Pcw. Letzter Zugriff: 21.9.2014.

10.6 Wie kommt der Blutdruck zustande?

Durch die Kontraktion der Ventrikel.

10.7 Wodurch unterscheiden sich Herztöne von Herzgeräuschen?

Herztöne sind physiologischer Weise vorhanden:

- 1. Herzton - Myokardanspannung
- 2. Herzton – Klappenschluss der Taschenklappen.

Herzgeräusche sind pathologische (krankhafte), am Herzen entstehende, Geräusche.
Ursachen: z. B. Aortenklappenstenose (Strömungsgeräusch über der Aortenklappe, während der Systole).
Mitralklappeninsuffizienz (Strömungsgeräusch über der Mitralklappe während der Systole).

10.8 Benennen und erklären Sie sechs verschiedene Arten von Herzrhythmusstörungen.

- Tachykardie: Puls > 100 Schläge/Minute
- Bradykardie: Puls < 50 Schläge/Minute
- Kammerflattern: Pulsfrequenz zwischen 250 – 350 Schläge/Minute mit Kreislaufstillstand
- Kammerflimmern: Pulsfrequenz > 350 Schläge/Minute mit Kreislaufstillstand
- Absolute Arrhythmie bei Vorhofflimmern: ungeregelte Herzaktionen, da der Sinusknoten nicht mehr den Takt vorgibt
- AV-Block: Reizleitungsstörung am AV-Knoten. Nicht jeder Impuls des Sinusknoten wird weiter geleitet.

10.9 Wie wird der venöse Rückfluss von den Körperkapillaren zum Herzen gewährleistet?

Durch ...

- den Restdruck, nach Passage der Kapillaren, von 15 mm Hg (*vis a tergo)*

- den Sog, der durch die Senkung der Ventilebene am Herzen in der Systole entsteht
- die Venenklappen
- die Windkesselfunktion der nebenliegende Arterie
- die Muskelpumpe.

10.10 Was ist der kolloidosmotische Druck und wozu dient er?

Der kolloidosmotische Druck ist der Anteil des osmotischen Drucks, der durch Kolloide, z. B. Plasmaproteine, einer Lösung entsteht. Er ist für die Aufrechterhaltung des Plasmavolumens essentiell.

10.11 Nennen Sie sieben lymphatische Organe und erklären Sie deren Gemeinsamkeit.

- Thymus (Bildungsort der T-Lymphozyten)
- Knochenmark (Bildungsort der B-Lymphozyten)
- Milz
- Lymphknoten
- Tonsillen (Rachenmandeln)
- Appendix (Wurmfortsatz)

Lymphfollikel (im Darm und in den Atemwegen).
Alle lymphatischen Organe sind in der Lage Lymphozyten zu bilden.

10.12 Beschreiben Sie das Stadium I der Arteriosklerose.

- Intima Schädigung (durch arterielle Hypertonie)
- Intimaödem (Schwellung der Gefäßinnenhaut)
- Plaques (Cholesterinablagerung am ödematösen Intimariss).

10.13 Zählen Sie die Risikofaktoren 1. Ordnung für das Entstehen einer Arteriosklerose auf.

- Nikotinabusus
- Arterielle Hypertonie
- Diabetes mellitus
- Hypercholesterinämie.

10.14 Nach langjähriger Arteriosklerose sind schwerwiegende Erkrankungen zu

- Herzinfarkt
- Apoplex

erwarten. Nennen Sie diese.

- Erblindung
- Niereninsuffizienz
- pAVK – periphere Arterielle Verschluss Krankheit (im Volksmund: Raucherbein)
- Vaskuläre Demenz.

10.15 Definieren Sie die KHK.

Koronare Herzkrankheit, Ischämie des Myokards aufgrund der Stenose einer Koronararterie.

10.16 Patienten mit KHK und Herzinfarkt bieten dieselben Symptome. Nennen Sie diese.

- Angina pectoris = AP, (Brustenge, Angina = Enge), ausstrahlend in den Unterkiefer, den linken Arm oder den Rücken.
- Dyspnoe (erschwerte Atmung)
- Angst
- Kaltschweißigkeit.

10.17 Unterscheiden Sie zwischen einer stabilen und einer instabilen Angina pectoris.

Stabile Angina pectoris – regelmäßig durch bestimmte Mechanismen, z. B. körperliche Belastung, auslösbare AP, die gut auf Nitrate anspricht.

Instabile Angina pectoris – jede Erstmanifestation, zunehmende Schwere der Anfälle, zunehmende Dauer und Häufigkeit der Schmerzanfälle, Ruhe-Angina, Postinfarkt-Angina.

10.18 Erklären Sie die diagnostische Vorgehensweise beim Herzinfarkt.

1. Ruhe-EKG, mit „Schulter“ bzw. ST-Strecken Hebung
2. Troponin T Test, positiv
3. Creatin Kinase im Serum, (CK i. S.), positiv. Die Höhe des CK-Anstiegs korreliert mit der Infarktgröße.
4. Herzkatheter.

10.19 Nennen Sie verschiedene Therapiemöglichkeiten bei Herzinsuffizienz und machen Sie eine Aussage zur Prognose.

- ACE-Hemmer (Mittel der Wahl). Die Gesamtmortalität sinkt um 25 %
- Angiotensin-I-Antagonisten = Sartane, z. B. Candesartan, Losartan, Valsartan
- β-Blocker, z. B. Metoprolol, Propranolol
- Diuretikum, z. B. Lasix® (Furosemid), Dytide H®, Aquaphor®
- Digitalis, z. B. Novodigal®, Digimerck®
- Herztransplantation (HTX).

Unter evidenzbasierter konservativer Behandlung lässt sich die Prognose um ca. 50 % verbessern.
Die 10-Jahresüberlebensrate nach Herztransplantation beträgt bis zu 70 %. Bei chronischer Herzinsuffizienz sterben ca. 50 % der Patienten am plötzlichen Herztod durch Kammerflimmern.

10.20 Definieren Sie die arterielle Hypertonie.

Dauerhafte, nicht situationsabhängige Blutdruckerhöhung > 165/95 mm Hg.

10.21 Nennen Sie die Risikofaktoren für die essentielle Hypertonie und erklären Sie was in diesem Zusammenhang der Begriff essentiell bedeutet.

- Nikotinabusus
- Adipositas
- Alter
- Stress
- salzreiche Ernährung
- genetische Disposition.

Essentiell bedeutet, dass die Ursache noch ungeklärt ist.

10.22 Weshalb ist die Compliance bei Patienten mit arterieller Hypertonie häufig mangelhaft?

Weil sie meist keine Beschwerden haben.

10.23 Nennen Sie die Komplikation der arteriellen Hypertonie und das Vorgehen beim Eintreten dieser.	Notfall: Hypertensive Krise mit RR > 230 / 130 mm Hg – Therapie: Adalat Kps.®, 10 mg, sublingual oder Nitro-Spray®, Klinikeinweisung.
10.24 Beschreiben Sie die Anatomie am Bein.	Es gibt am Bein drei Venensysteme: • Oberflächliche Beinvenen • Tiefe Beinvenen mit 90 % des venösen Rückstroms • Perforans-Venen; Verbindung zwischen dem oberflächlichen und dem tiefen System.
10.25 Welche Menschen neigen zu einer Varikosis?	Menschen mit • Bindegewebsschwäche • Genetischer Disposition (in 50 % der Fälle) • Hormonellem Einfluss, z. B. in der Schwangerschaft.
10.26 Welche prophylaktischen Maßnahmen würden Sie einem Menschen mit einem erhöhten Risiko an einer Varikosis zu erkranken anraten? Begründen Sie jeweils Ihre Aussage.	• Stützstrümpfe, fördern den venösen Rückfluss • Gymnastik, fördert den venösen Rückfluss • Kneipp Anwendungen, fördern die Elastizität der Venen durch Vasokonstriktion und Vasodilatation im Wechsel.
10.27 Nennen Sie die Symptome der pAVK.	• Schmerzen in den Beinen • Taubheitsgefühl in den Beinen • Kälte und Blässe der Beine • Claudicatio intermittens (Schaufensterkrankheit) • Pulslosigkeit, der Fußpulse • Bewegungseinschränkung.

10.28 Erklären Sie weshalb es keine einheitliche Therapie für den Apoplex gibt.

Zu 80 % beruht der Apoplex auf einer Cerebralsklerose. Zu 20 % auf einer Aneurysmablutung.
Eine Cerebralsklerose wird mit Thrombozytenaggregationshemmern behandelt, welche eine Blutung noch verschlimmern würden. Die Blutung kann nur durch invasive Verfahren, z. B. Detachable Coil oder Schädel-Trepanation, gestoppt werden.

10.29 Die Ausprägungen des ischämischen Apoplexes sind unterschiedlich. Beschreiben Sie die Abstufungen.

- TIA

Transitorische Ischämische Attacke

- PRIND

Prolongiertes Reversibles Ischämisches Neurologisches Defizit

- Voller Insult.

10.30 Definieren Sie das Lymphödem und nennen Sie dessen Ursachen.

Flüssigkeitsansammlung im Interstitium (Zwischenzellraum).

- Tumor im Bauchraum mit Kompression der Lymphgefäße
- Lymphknotenentfernung, z. B. in der Axilla bei Mammakarzinom
- Parasiten, z. B. Filarien (Fadenwürmer) führen zu Elephantiasis.

10.31 Schreiben Sie die Gleichung für den Bikarbonatpuffer auf.

H_2CO_3 (Kohlensäure) $\leftrightarrow$ H^+ + $CO3^-$ (Bikarbonat)

10.32 Beschreiben Sie die Aufgaben des Blutes.

- Blut dient als Transportmittel für Gase, z. B. Sauerstoff und Kohlenstoffdioxid, sowie für Nährstoffe und Abfallstoffe, Salze, Vitamine und Hormone
- Im Blut befindet sich die zelluläre Immunabwehr in Form von Leukozyten und die humorale Immunabwehr im Serum
- Über die Vasodilatation (Gefäßerweiterung) und die Vasokonstriktion (Gefäßverengung) wird der Wärmehaushalt reguliert.

10.33 Was ist Erythropoetin und wann wird es als Medikament erlaubter und unerlaubter Weise angewendet.

Definition: Epo; Hormon, das in der Niere gebildet wird und das Knochenmark zur Bildung von Erythrozyten anregt.

Medizinische Indikation: renale Anämie, Tumoranämie, Chemotherapie.

Missbrauch: Doping im Sport.

10.34 Erklären Sie die Funktionsweise der Anti-D-Prophylaxe.

Impfung der Mutter mit Rhesusantikörpern gegen das Rhesus positive Blut des entbundenen Föten. Normalerweise würde die Mutter selbst Antikörper bilden, die viele Jahre im Blut vorhanden sind. Durch die geschenkten Antikörper im Impfstoff, bildet die Mutter selbst keine Antikörper. Die Antikörper im Impfstoff werden nach sechs Wochen abgebaut. Danach sind keine Anti-D-Antikörper mehr im mütterlichen Blut vorhanden. Bei einer erneuten Schwangerschaft ist keine Reaktion mit dem Blut eines Rhesus positiven Fötus zu erwarten.

10.35 Erklären Sie die Blutgruppenunverträglichkeit zu jeder Blutgruppe des AB0-Systems.

- Blutgruppe A Empfänger darf keine Blutgruppe B erhalten, da er B-Antikörper im Serum hat
- Blutgruppe B Empfänger darf keine Blutgruppe A erhalten, da er A-Antikörper im Serum hat
- Blutgruppe 0 Empfänger darf keine Blutgruppe A, B und AB erhalten, da er A- und B-Antikörper im Serum hat
- Blutgruppe AB Empfänger darf alle Blutgruppen erhalten, da er keine Antikörper im Serum hat.

10.36 Nennen Sie die Gründe für eine Anämie und unterstreichen Sie die häufigste Ursache.

- Blutverlust, z. B. Menstruation, Ösophagusvarizenblutungen
- EUG = Extrauterin Gravidität = Eileiterschwangerschaft
- Blutverlust während und nach Operationen
- verminderte Erythropoese (Eisenmangel)
- gesteigerte Hämolyse (Erbkrankheiten, Infektionen, Vergiftungen).

10.37 Mit welchen Beschwerden geht ein anämischer Patient zum Arzt?

- Müdigkeit
- verminderte Leistungsfähigkeit
- Blässe, helle Schleim- und Bindehäute
- Tachycardie
- Mundwinkelrhagaden.

10.38 Erklären Sie den Begriff „B-Symptomatik".

B-Symptomatik = Fieber, Nachtschweiß, Abgeschlagenheit.

10.39 Definieren Sie die Chronisch Myeloische Leukämie (CML).

Maligne Entartung der pluripotenten Stammzelle des Knochenmarks mit einer exzessiven Produktion von funktionstüchtigen Granulozyten aufgrund eines entarteten Chromosom 22 (Philadelphia Chromosom).

10.40 Die Akute Lymphatische Leukämie (ALL) wird meist um das 4. Lebensjahr diagnostiziert.
Nennen Sie die Symptome und machen Sie eine Aussage zur Prognose für das Kind.

Symptome:

- B-Symptomatik: Fieber, Nachtschweiß, Abgeschlagenheit
- Infektanfälligkeit
- Blässe, durch Anämie
- Dyspnoe, durch Anämie
- Müdigkeit, durch Anämie.

Die Induktionstherapie mit Dexamethason,
Vincristin, Daunorubin und
L-Asparaginase führt in 95 % der Fälle zur Vollremission.

10.41 Definieren Sie die Hämophilie und beschreiben Sie den Erbgang.

Definition: Blutneigung; die Bluterkrankheit ist eine Erbkrankheit, bei der die Blutgerinnung wegen eines Faktor VIII-Mangels gestört ist.
Der Erbgang ist X-chromosomal-rezessiv. Aus diesem Grund sind nur Männer von der Erkrankung betroffen. Mütter sind Konduktorinnen, erkranken selber aber nicht, da sie noch ein gesundes X-Chromosom haben.

10.42 Die Chronische Lymphatische Leukämie (CLL) ist ein lymphozytisches Non-Hodgkin-Lymphom von niedrigem Malignitätsgrad mit autonomer Ansammlung immuninkompetenter B-Lymphozyten im Blut, Lymphknoten, Milz und Knochenmark. Sie betrifft vorwiegend ältere Menschen. Nennen Sie Beschwerden dieser Menschen, die auf eine CLL aufmerksam machen können.

- Pruritus (Juckreiz)
- Generalisierte Lymphknotenschwellung
- Ekzeme (Hautausschlag)
- Herpes zoster (Gürtelrose)
- Mykosen (Hautpilz)
- Hautblutungen
- Häufige Infekte.

Beschriftungsfrage

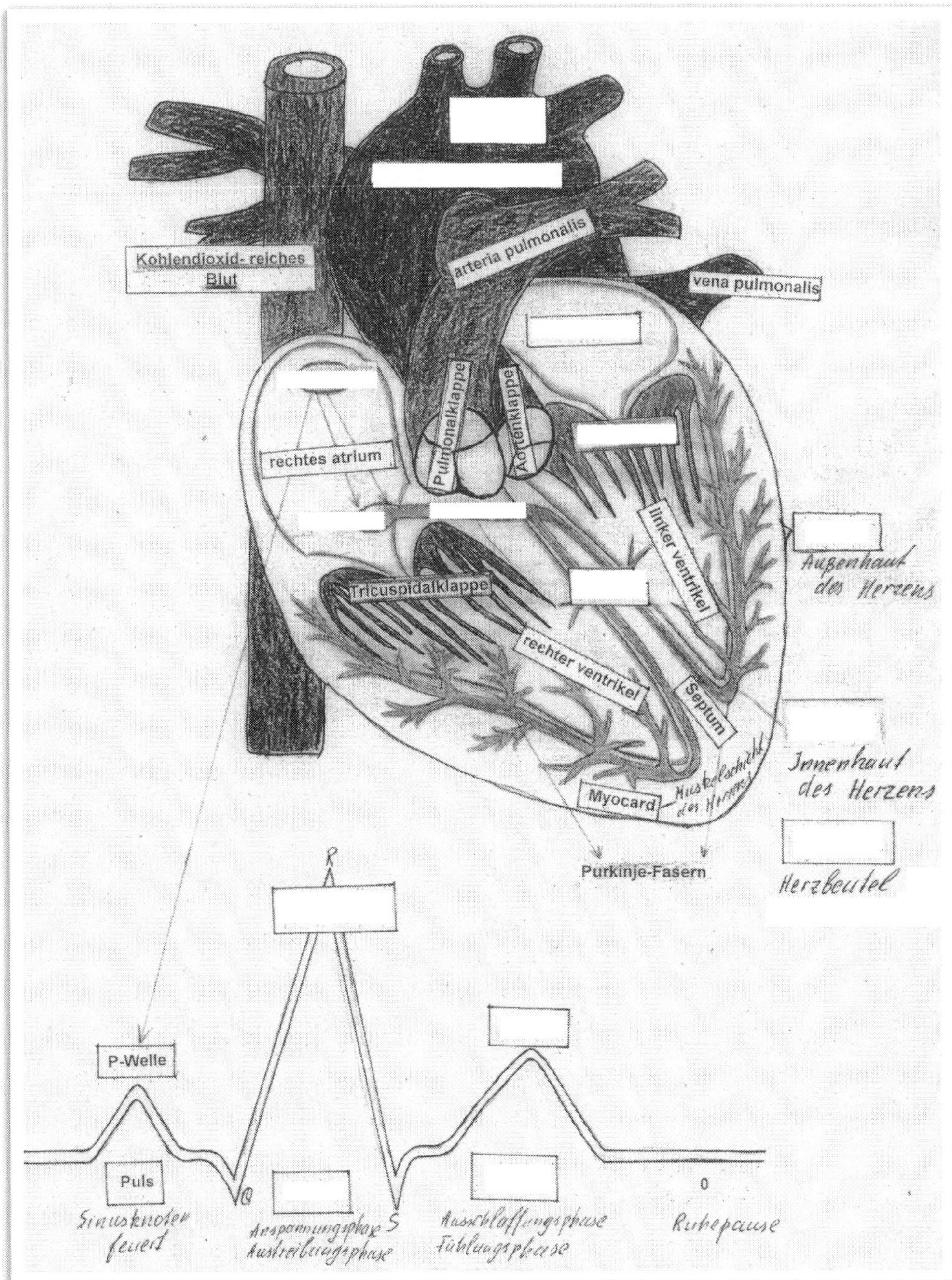

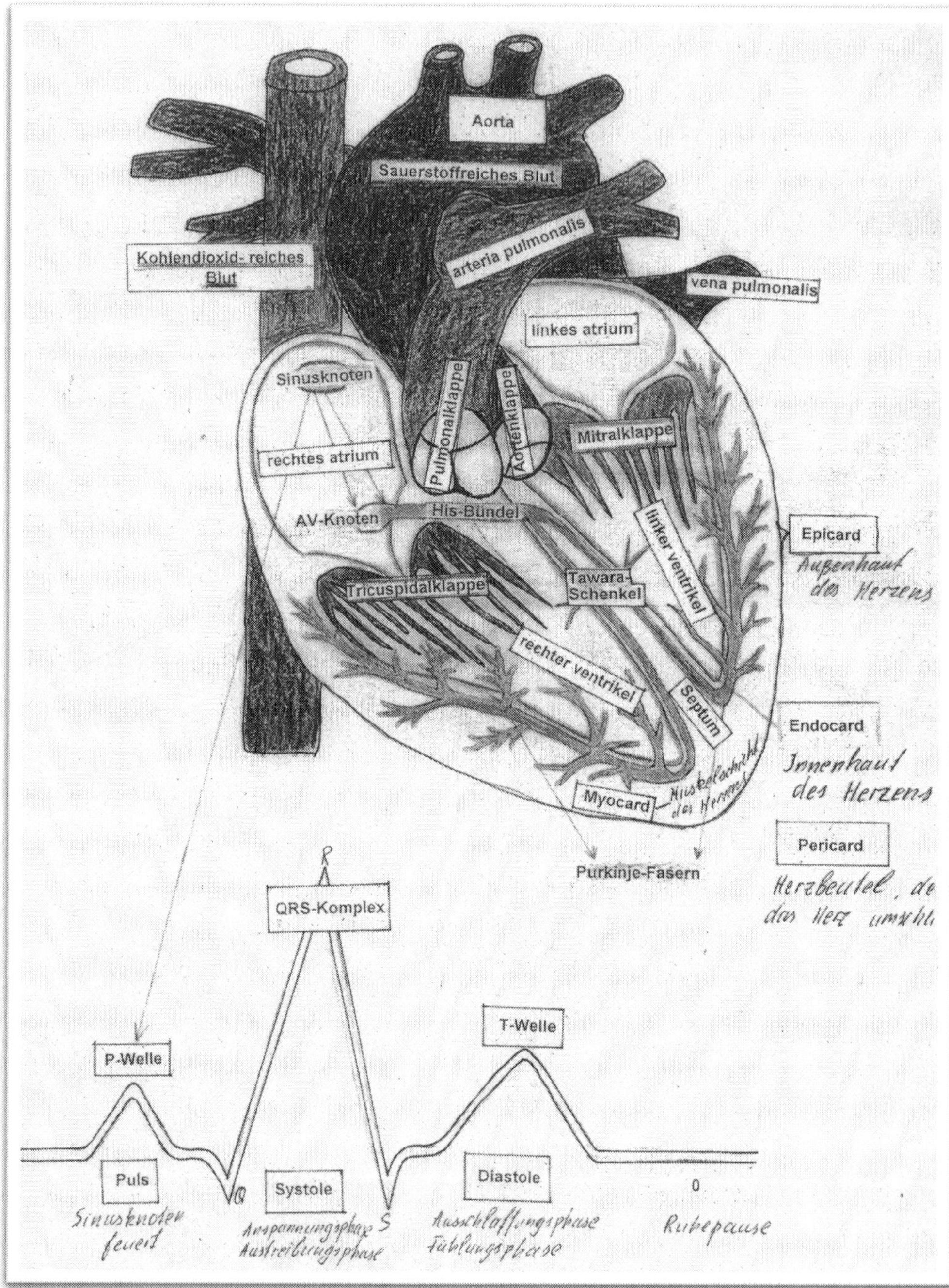

13

[13] Mit freundlicher Genehmigung von Ella Kirchgessner.

***Problemlösungsfrage**

Fallbeispiel:
Eine 67-jährige Patientin mit Nikotinabusus kommt verspätet in die Praxis eines Podologen. Sie gibt an, dass die Schaufenster in der Stadt zum Saisonwechsel neu dekoriert wurden und dass sie mehrfach stehen geblieben sei, um sich die neuen Auslagen anzuschauen und abzuwarten, bis die Schmerzen in ihren Beinen nachlassen.

1. Stellen Sie eine Verdachtsdiagnose und begründen Sie Ihre Aussage.

2. Welche Symptome wird der Podologe an den Füßen wahrnehmen?

3. Erklären Sie den Sinn und die Durchführung der Lagerungsprobe nach Ratschow.

4. Beschreiben Sie die medizinische Therapie der Patientin anhand der Stadieneinteilung.

Lösungen:

1. *Periphere arterielle Verschlusskrankheit.*
   Begründung: Nikotinabusus und Claudicatio intermittens.

2. *Füße sind blass und kalt und die Fußpulse der Arteria tibialis posterior und der Arteria dorsalis pedis sind nicht tastbar.*

3. *Die Lagerungsprobe nach Ratschow beweist die mangelhafte Durchblutung der Beine. Durchführung: Der Patient liegt auf dem Rücken und hebt die Beine in die Vertikale, um für zwei Minuten kreisende Fußbewegungen durchzuführen. Danach setzt sich der Patient auf. Die Beine hängen frei von der Liege herunter. Bei gesunden Patienten kommt es während der Bewegungen nicht zu Schmerzen, nach dem Aufsitzen rötet sich der Fuß innerhalb von 5 Sekunden und die Venen füllen sich innerhalb der nächsten 5 Sekunden. Liegt eine pAVK vor, kommt es nach dem Aufsitzen erst nach einer Verzögerung zur Rötung des betroffenen Beines, entsprechend füllen sich die Venen verspätet.*

4. *Therapie: nach Stadieneinteilung, nach Fontaine-Ratschow:*

Stadium	***Symptome***	***Therapie***
1. Stadium	*Keine, Zufallsdiagnose*	*Fußgymnastik, Kneipp Anwendung*
2. Stadium a und b	*a) Schmerzfreie Gehstrecke > 200 m* *b) Schmerzfreie Gehstrecke < 200 m* *Claudicatio intermittens*	*ASS 100®, Gehtraining zur Kollateralen-Bildung, drei Mal täglich für 30 Minuten*
3. Stadium	*Ischämischer Ruheschmerz der Muskulatur*	*Lyse mit Streptokinase, Stent, Goretex® Interponat = Bypass,* *TEA = Thrombendarteriektomie*
4.Stadium	*Nekrose, Gangrän, Ulcus*	*Amputation*

11. Atmung – eine vitale Funktion

◊ Wissensfragen

11.1 Erklären Sie die Pathophysiologie des Asthma bronchiale und die jeweilige medikamentöse Therapie dazu.

Bronchospasmus: Beta-2-Mimetika zur Bronchodilatation.
Schleimhautödem: Kortison zum Abschwellen der Schleimhaut.
Schleim: Sekretolytika, z. B. Acetylcystein und Ambroxol.

11.2 Wie wirkt sich Teer auf die Trachealschleimhaut aus? Welche Konsequenz hat dies zufolge.

Das Flimmerepithel wird zerstört und die Becherzellen vermehren sich. Konsequenz: morgentlicher Auswurf aus zähem Schleim = Raucherhusten.

11.3 Wie kommt die COPD zustande?

Die Chronisch Obstruktive Lungenerkrankung ist die Folge von drei Lungenkrankheiten:

- Asthma bronchiale
- chronische Bronchitis und Lungenemphysem.

11.4 Beschreiben Sie den Weg des Sauerstoffmoleküls von der Außenluft bis ins Blut.

- Nasenhöhle
- Pharynx (Rachen)
- Larynx (Kehlkopf)
- Trachea (Luftröhre)
- Rechter oder linker Hauptbronchus
- Bronchien
- Bronchiolen
- Alveolen (Lungenbläschen)
- Blut.

11.5 Beschreiben Sie die Atemmechanik

Das Atemzentrum des menschlichen Körpers liegt in der Medulla oblongata (verlängertes Rückenmark). Hier werden die Impulse zur Inspiration generiert.
Die Rückenmarksnerven $C_{3\text{-}4\text{-}5}$ bilden den Nervus phrenicus, der das Zwerchfell innerviert. Mit jedem Atemimpuls kontrahiert sich das Zwerchfell. Der Mensch atmet aktiv ein. Die Exspiration geschieht durch die Eigenelastizität der Lunge. Sie zieht sich zusammen wie ein Luftballon, aus dem man die Luft heraus lässt. Dieser Vorgang ist passiv.

11.6 Definieren Sie die chronische Bronchitis nach WHO.

Husten und Auswurf an den meisten Tagen von mindestens 3 Monaten zweier aufeinander folgender Jahre.

11.7 Was ist ein Cor pulmonale?

Eine Rechtsherzinsuffizienz aufgrund einer chronischen Lungenerkrankung, z. B. Asthma bronchiale, chronische Bronchitis oder Lungenemphysem.

11.8 Nennen Sie drei Therapiemöglichkeiten bei zähem Schleim.

1. viel Flüssigkeit trinken.
2. Ambroxol Saft, um den Schleim zu lösen.
3. Acetylcystein, um den Schleim zu spalten.

11.9 Welche pathophysiologischen Mechanismen führen beim Asthma bronchiale zur Dyspnoe?

- Bronchialwandödem
- Bronchospasmus
- Bildung von zähem Schleim.

11.10 Unterscheiden Sie zwischen allergischem Asthma und nicht allergischem Asthma.	Allergischem Asthma liegen Allergien (z. B. Pollen, Staub, Staubmilben, Tierhaare ...) und eine genetische Disposition zugrunde. Nicht allergisches Asthma kann durch folgende Faktoren ausgelöst werden: • Anstrengung (körperliche Betätigung) • Stress • Kalte Luft • Infekte • Aspirin® und NSAR = Nicht-Steroidale-Anti-Rheumatika.
11.11 Asthmatiker bekommen in einem Anfall Todesangst. Welche Symptome sind hierfür ursächlich?	• Anfallsweise Atemnot • Verlängertes Exspirium (Ausatmung) • Exspiratorischer Stridor (krankhaftes Ausatemgeräusch) • Husten und Auswurf • Tachykardie.
11.12 Wie können beim Asthmatiker das Bronchialwandödem, der Bronchiospasmus und der zähe Schleim medikamentös behandelt werden?	Das Bronchialwandödem mit Cortison, der Bronchospasmus mit einem Beta-2-Mimetikum und der zähe Schleim mit Schleimlösern, z. B. Acetylcystein und Ambroxol.
11.13 Pneumonien stehen weltweit in der Todesursachenstatistik an 3. Stelle. Welche Ursachen für die Pneumonie sind möglich?	• Bakterien (Pneumokokken, Streptokokken und Staphylokokken) → alveoläre Pneumonie →Lobärpneumonie • Viren → interstitielle Pneumonie • Pilze • Aspirationspneumonie (Magensaft) • Reizgase • Lungeninfarkte → Infarktpneumonie • Zirkulationsstörung → Stauungspneumonie bei Linksherzinsuffizienz • Mechanische Beatmung > 48 Std..

11.14 Ein junger Patient leidet unter einer akuten Ateminsuffizienz. Nennen Sie mögliche Gründe.

- Aspiration, z. B. bei Alkoholintoxikation
- Beinahe Ertrinken
- Asthmaanfall
- Spontan-Pneumothorax oder Pneumothorax bei Unfall
- Pneumonie
- Lungenödem, z. B. durch Rauchgas
- Lungenembolie, z. B. nach OP oder Langstreckenflug
- Störung des Atemzentrums in der medulla oblongata nach Schädel-Hirn-Trauma.

11.15 Eine 30-jährige Frau möchte aufhören zu rauchen. Erklären Sie das Verhaltensänderungsmodell nach C. DiClemente und J. Prochaska.

Stufe 1: Absichtslosigkeit
Die Frau hat keine Absicht, ein Verhalten zu verändern.

Stufe 2: Absichtsbildung
Die Absicht entsteht, irgendwann das Verhalten zu verändern.

Stufe 3: Vorbereitung
Die Frau plant, demnächst das Verhalten zu ändern und sie unternimmt erste Schritte in Richtung einer Verhaltensänderung.

Stufe 4: Handlung
Die Frau vollzieht die konkrete Verhaltensänderung.

Stufe 5: Aufrechterhaltung
Seit längerer Zeit wird das geänderte Verhalten gezeigt und dauerhaft Teil des Verhaltensrepertoires der Frau.

#Beschriftungsfrage

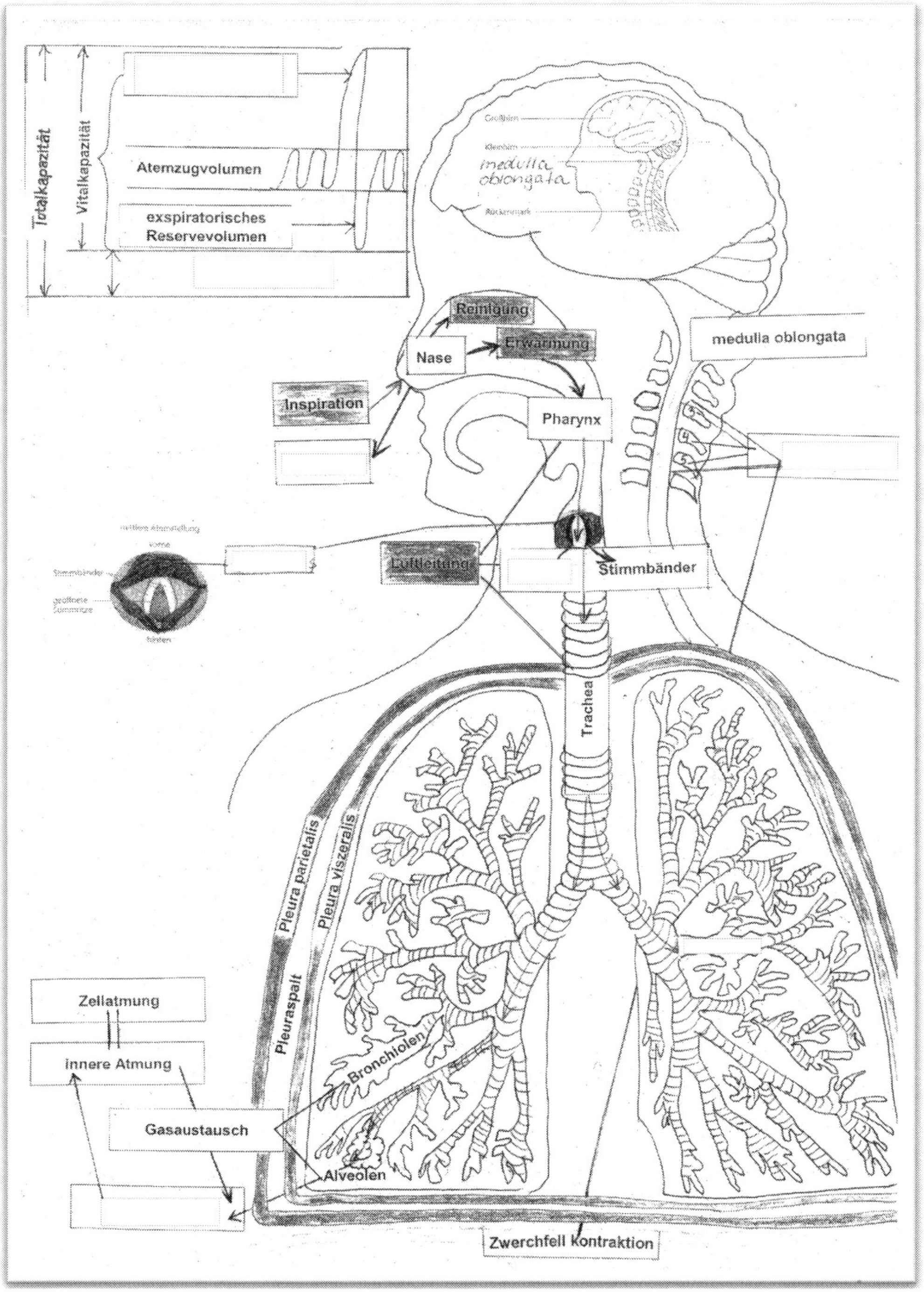

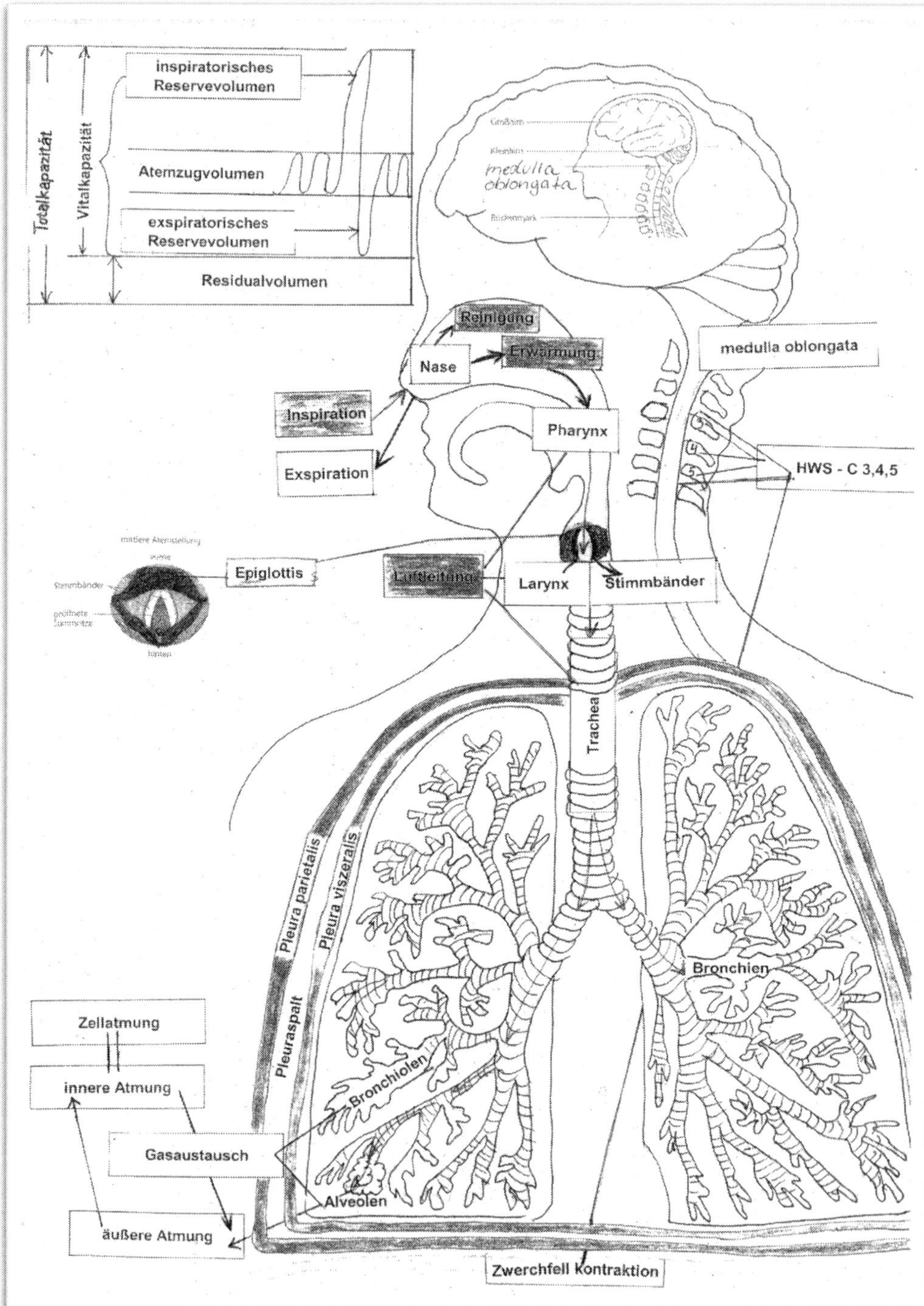

14

---

[14] Mit freundlicher Genehmigung von Ella Kirchgessner.

***Problemlösungsfrage**

Bronchialkarzinom	Erkrankungen pro 100.000 Einwohner			
	2007		2008	
Erkrankte	männlich	weiblich	männlich	weiblich
	730	220	750	213
Mortalität	42	18	50	14

1. Ermitteln Sie die Prävalenzrate des Jahres 2007 und 2008.

2. Ermitteln Sie die Inzidenz für 2008.

Lösung:

1.
Prävalenzrate 2007: 730 + 220 = 950 Erkrankungen = 0,95 %
Prävalenzrate 2008: 750 + 213 = 963 Erkrankungen = 0,963 %
2007 waren von 100.000 Einwohnern 950 und 2008 waren 963 Personen an Bronchialkarzinom erkrankt.

2.
963 – 42 – 18 = 890
963 – 890 = 73
Inzidenzrate für 2008 = 0,073 %.
2008 wurden 73 Neuerkrankungen festgestellt.

***Problemlösungsfrage**[15]

Von 2010 bis 2012 wurden insgesamt 705.928 Erwachsene mit ambulant erworbener Pneumonie stationär behandelt.

1. Errechnen Sie die Inzidenz bei 67,1 Millionen Erwachsenen > 18 Jahre.

2. 692.950 Patienten waren bei Krankenhausaufnahme nicht beatmet. Bei 641.661 Patienten wurde eine Atemfrequenz von 6 bis 49 / Minute ausgezählt. 80.293 dieser Patienten sind verstorben. Wieviel Prozent sind das?

3. Atemfrequenz bei Aufnahme ins Krankenhaus:

Atemfrequenz	**Odds-Ratio**
<12/min	1,44
21 - 23/min	1,2
24 - 26/min	1,33
27 - 33/min	1,72
>33/min	2,55

Definieren Sie die Odds-Ratio im Allgemeinen und interpretieren Sie die Tabelle.

Lösungen:

1.

705.928 : 3 = 235.309.33 *(2010 – 2012 sind drei Jahre)*

$$\frac{235.309{,}33}{67.000.000} = \frac{X}{1000}$$

$$\frac{235309330}{67.000.000} = \mathbf{3{,}5\ /\ 1000\ Einwohner = Inzidenz}$$

2.

$$\frac{641.661}{100} = \frac{80.293}{X}$$

12,5 % *der Patienten, bei denen die Atemfrequenz gemessen wurde, sind verstorben.*

3.

Die Odds-Ratio entspricht dem Faktor, um den sich die Chance erhöht, durch die Exposition zu erkranken. In Diesem Fall geht es darum, wie sich die Atemfrequenz auf die Sterblichkeit auswirkt.

Die beste Prognose haben die Patienten mit einer Atemfrequenz von 21 – 23/min.

Atemfrequenzen >27/min und <12/min haben die schlechteste Prognose.

[15] Ärzteblatt vom 21.7.2014.

12. Ernährung – ein wichtiger Beitrag zur Lebensqualität

◊ Wissensfragen

12.1 Benennen Sie dieses Molekül.

Alpha-D-Glucose.

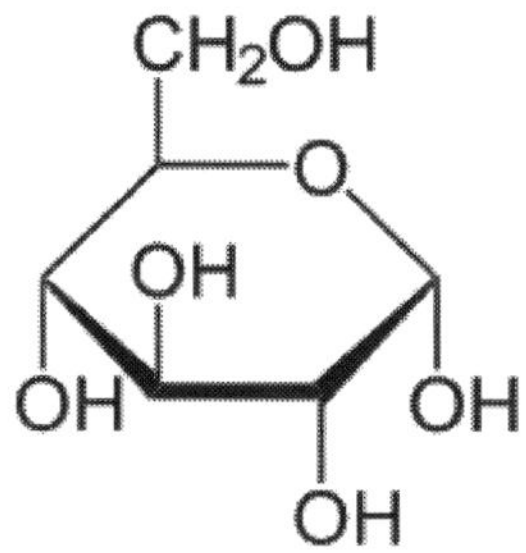

12.2 Nennen Sie die Gemeinsamkeit von Stärke, Glykogen und Cellulose und erklären Sie den Zusammenhang zum menschlichen Organismus.

Alle drei sind langkettige Polysaccharide.

- Stärke dient dem menschlichen Körper zur Energiegewinnung.
- Glykogen ist ein körpereigenes Polysaccharid, das in der Leber gespeichert wird.
- Cellulose ist für den Menschen unverbaubar und somit ein Ballaststoff.

12.3 Definieren Sie den Grundumsatz.

Die Energiemenge, welche der menschliche Körper im nüchternen Zustand pro Tag bei völliger Ruhe und einer Umgebungstemperatur von 20 - 28 Grad Celsius zur Aufrechterhaltung seiner Funktionen benötigt.

12.4 Der Grundumsatz bei Frauen in kcal errechnet sich folgendermaßen: Körpergewicht in kg x 24 x 0,9

Berechnen Sie den Grundumsatz einer Frau, die 62 kg wiegt.

62 x 24 x 0,9 = 1340 kcal

12.5 Von welchen Faktoren hängt der Grundumsatz ab?

- Gewicht
- Körpergröße
- Geschlecht
- Alter
- Muskelmasse.

12.6 Was bedeutet PAL-Wert ausgeschrieben?
Welche Größe beschreibt der PAL-Wert?
Wozu dient der PAL-Wert?

- Physical Activity Level
- körperliches Aktvitätsniveau
- Der PAL-Wert dient als Grundlage zur Berechnung des Leistungsumsatzes.

12.7 Gemäß der DEGS-Studie des Robert-Koch-Instituts (2008-2011) sind 67,1 Prozent der Männer und 53 Prozent der Frauen übergewichtig, mit einem Body-Mass-Index (BMI) über 25 kg/qm. Welche sozio-kulturellen Ursachen sind für die Adipositas bedeutend?

- Sitzende Tätigkeit
- Geringe Bewegung dank Auto, Fahrstuhl, Rolltreppe
- Passive Freizeit (Fernsehen, Computer)
- Frust, Langeweile, Stress
- Waren-Überangebot
- Essen als Ersatz für emotionale und persönliche Zuwendung
- Erziehung: „Der Teller wird leer gegessen", „Iss was, dann wirst du was!"
- Keine geregelten Mahlzeiten
- Fastfood: XXL Portionengröße, Essgeschwindigkeit, zu hoher Fett-, Salz- und Zuckergehalt, dabei nicht ausreichend ungesättigte Fettsäuren
- Geschmacksverstärker Glutamat (kann Appetit anregen)
- Farb- und Geruchsstoffe, die das Essen appetitlicher erscheinen lassen
- Werbung für zucker- und fetthaltige Lebensmittel
- Geschmacksprägung durch Zuckerzusatz (Softdrinks, Babynahrung, gesüßter Tee, gesüßte Fleischwaren).

12.8. Nennen Sie zwei hormonelle Ursachen für die Adipositas.

- Hypothyreose
- Orale Kortisontherapie.

12.9 Nennen Sie deutlich sichtbare Anzeichen einer Kachexie.

- Sichtbarwerden der Knochenkonturen
- Tiefliegende Augen, durch Schwund des retrobulbären Fettkörpers
- Hohlwangigkeit durch Schwund des Wangenfettkörpers
- Degenerativer Abbau der Skelettmuskulatur.

12.10 Definieren Sie den Veganismus.

Eine aus dem Vegetarismus hervorgegangene Lebens- und Ernährungsweise. Der Veganismus lehnt nicht nur den Verzehr von Tierkörpern, sondern überhaupt jede Nutzung von Tieren und tierischen Produkten ab. Vegan lebende Menschen meiden entweder alle Nahrungsmittel tierischen Ursprungs oder die Nutzung tierischer Produkte insgesamt.

12.11 Die Zöliakie ist eine immunologische Erkrankung des Darmes ungeklärter Ursache, die durch das in Getreide enthaltene Protein Gluten ausgelöst wird. Wie ernähren sich Menschen, die an dieser Erkrankung leiden?

Glutenfreies Brot und Nudeln sind in Reformhäusern erhältlich. Dank Reis, Hirse, Mais, Buchweizen, Amaranth und Quinoa ist eine schmackhafte und abwechslungsreiche Küche auch ohne das Klebereiweiß möglich. So ersetzen Hirseflocken etwa Haferflocken und statt aus Weizenmehl, werden Brot und Kekse aus Mais- oder Kartoffelstärke und Soja-, Reis- oder Kastanienmehl gebacken. So kommen auch Zöliakie-Betroffene in den Genuss von frischen, selbstgemachten Backwaren.

12.12 Definieren Sie die Laktoseintoleranz

Milchzuckerunverträglichkeit; die mit der Nahrung aufgenommene Laktose kann im Duodenum nicht von der Laktase gespalten werden, da das Pankreas dieses Enzym nicht herstellt.

12.13. Welche Symptome können auf eine Laktoseintoleranz hinweisen?

- Bauchkrämpfe
- Flatulenz (Blähungsabgang)
- Diarrhoe (Durchfall).

**12.14 Mundwinkelrhagaden sind schmerzhafte, lästige und unschöne Effloreszenzen.
Welche Ursachen sind zu nennen und welches Vitamin könnte hier fehlen?**

- Trockene Haut
- Lippenkauen
- Häufiges Lippenbefeuchten
- Eisenmangel

- Vitamin B2 könnte fehlen.

12.15 Manche Lebensmittel enthalten Bestandteile, die die Einlagerung von Calcium in den Knochen hemmen. Weil sie sich negativ auf die Calcium-Bilanz auswirken, nennen wir sie die Calcium-Räuber. Nennen Sie einige.

- Phosphat
- Oxalsäure
- Kochsalz.

12.16 Nennen Sie Ursachen und Symptome des Eisenmangels.

Ursachen:

- Blutverlust z. B. bei starken Menstruationsblutungen
- erhöhter Bedarf, z. B. in der Schwangerschaft und im Wachstum
- Eisenarme Ernährung.

Symptome:

- Blässe
- Müdigkeit
- Belastungsdyspnoe.

12.17 Welche Funktionen hat das Kalium im menschlichen Körper?

- Beteiligt an der Muskeltätigkeit und an der Reizleitung des Herzens
- Beteiligt an der Nerventätigkeit (Bioelektrizität der Zellmembranen)
- Blutdruckregulation
- Regulation des Säure-Basen-Haushalts
- Kohlenhydratverwertung
- Eiweißsynthese.

12.18 Warum sind die Symptome bei einer Hypomagnesiämie nicht spezifisch?

Welche Symptome können dennoch auftreten?

Da gleichzeitig eine Hypokaliämie und / oder eine Hypokalzämie vorliegen kann, sind die Symptome einer Hypomagnesiämie nicht spezifisch.

- Reizbarkeit
- Depression
- Magnesiummangeltetanie
- Parästhesien (Kribbeln, Pelzigkeit)
- EKG Veränderungen
- Darmspasmen.

12.19 Beschreiben Sie die Magen-Darm-Passage.

Mundhöhle → Pharynx → Ösophagus → Magen → Duodenum → Jejunum → Ileum → Coecum (mit Appendix) → Colon aszendens → Colon transversum → Colon deszendens → Sigma → Rektum → Anus.[16]

12.20 Zählen Sie die Funktionen der Leber auf.

- Entgiftung
- Produktion von Gallensaft, der Cholesterin und Gallensäuren enthält
- Speicherung von Glukose in Form von Glykogen
- Synthese von Albumin und anderen Eiweißen
- Speicherung von Hormonen
- Speicherung von Vitaminen und Eisen
- Verstoffwechselung von giftigem Ammoniak zu Harnstoff
- Umbau von Hämoglobin zu Bilirubin.

12.21 Nennen Sie die Zellen der Magenschleimhaut und deren Funktion.

- Hauptzellen produzieren das Eiweiß spaltende Enzym Pepsin
- Nebenzellen produzieren Schleim
- Belegzellen produzieren Salzsäure (HCl).

12.22 Was ist der Intrinsic factor?

Ein, in den Parietalzellen der Magenschleimhaut gebildetes Glykoprotein, das die Resorption von Vitamin B12 ermöglicht.

[16] https://www.youtube.com/watch?v=gsGLRkaZAKU. Letzter Zugriff: 21.9.2014.

12.23 Beschreiben Sie die Symptome des Morbus Crohn und beschreiben Sie den Verlauf.

Symptome:
- Abdominale Schmerzen
- Kolikartige Schmerzen im rechten Unterbauch
- Diarrhoe
- Flatulenz (Abgang von Darmgasen).

Verlauf:
- Schubweise.

12.24 Nennen Sie die Komplikationen des Morbus Crohn und geben Sie eine Prognose.

Komplikation:
- Analfisteln
- Malabsorptionssyndrom mit Gewichtsverlust
- Darmstenosen mit mechanischem Ileus (Darmverschluss)
- Erhöhtes Risiko für kolorektale Karzinome.

Prognose:
- Hohe Rezidivrate
- Bei optimaler Therapie ist die Lebenserwartung normal.

12.25 Welche diagnostischen Verfahren können zur Diagnose: Colitis ulcerosa führen?

Diagnostik:
- Inspektion des Anus
- Digitale Austastung des Rektums
- Coloskopie
- Sonographie
- Labor: Leukozytose, Anämie, CRP↑.

12.26 Das Symptom: Blut im Stuhlgang, kann diverse Ursachen haben. Zählen Sie einige auf.

- Colo-rektales Carzinom
- Magenblutung
- Hämorrhoiden
- Colitis ulcerosa
- Divertikulitis.

12.27 Definieren Sie die Divertikulose und nennen Sie deren Ursachen.

Definition: Aussackung der Kolonschleimhaut durch Darmwandlücken. Gestauter Darminhalt führt zur Entzündung des Divertikels.

Ursachen:

- Darmwandschwäche
- ballaststoffarme Ernährung
- Obstipation
- Adipositas
- Bewegungsmangel
- Flüssigkeitsmangel.

12.28 Wie kann es zu einer Fettleber kommen?

- Im Rahmen eines Metabolischen Syndroms (Fettstoffwechselstörung, Diabetes mellitus Typ 2, arterielle Hypertonie, abdominelle Fettleibigkeit)
- Bei isoliertem Diabetes mellitus, Typ 2
- Durch Medikamente: z. B. Amiodaron, Kortison, Nifedipin.

12.29 In Deutschland sind ein erhöhter Alkoholkonsum und die chronische Hepatitis C die häufigsten Ursachen für eine Leberzirrhose. Eine alkoholische Leberzirrhose entwickelt sich meistens nach mehr als 10 Jahren des erhöhten Alkoholkonsums. Nennen Sie die Zeichen einer Dekompensation der Leberfunktion.

- Ikterus
- Blutungsneigung
- Kachexie
- Hepatische Enzephalopathie
- Leberausfallskoma.

12.30 Welche Symptome lassen eine Leberzirrhose vermuten?

- Palmarerythem
- Teleangiektasien, durch Vasodilatation kleiner Hautgefäße
- Spider naevi (Gefäßspinnen)
- Lackzunge
- Mundwinkelrhagaden
- Bauchglatze
- Gynäkomastie
- Menstruationsstörungen.

12.31 Definieren Sie das Korsakow Syndrom und nennen Sie einige Symptome.

Definition: Gedächtnisstörung mit Desorientiertheit und Konfabulation.

Symptome:

- Verlust des Kurzzeitgedächtnisses
- Desorientiertheit
- Konfabulation
- Apathie oder psychomotorische Agitiertheit.

12.32 Jährlich sterben in der BRD 27.000 von 100.000 Menschen am Kolo-Rektalen Karzinom.
Errechnen Sie die Mortalität in Prozent.

$$\text{Mortalität} = \frac{\text{Anzahl Verstorbener}}{\text{Gesamtpopulation}} \times 100$$

$$\text{Mortalität} = \frac{27.000}{100.000} \times 100$$

Mortalität = 27 %

#Beschriftungsfrage

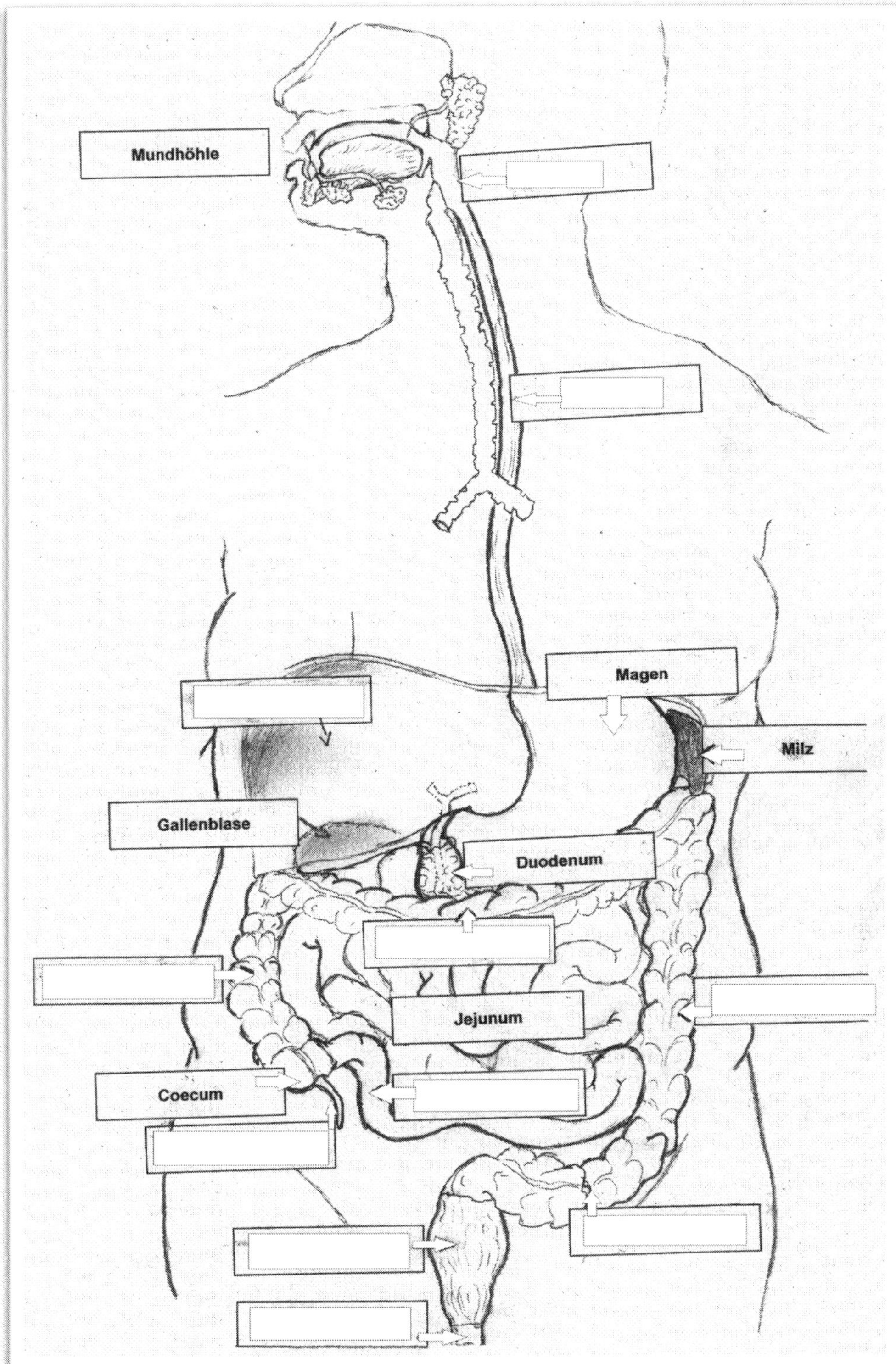

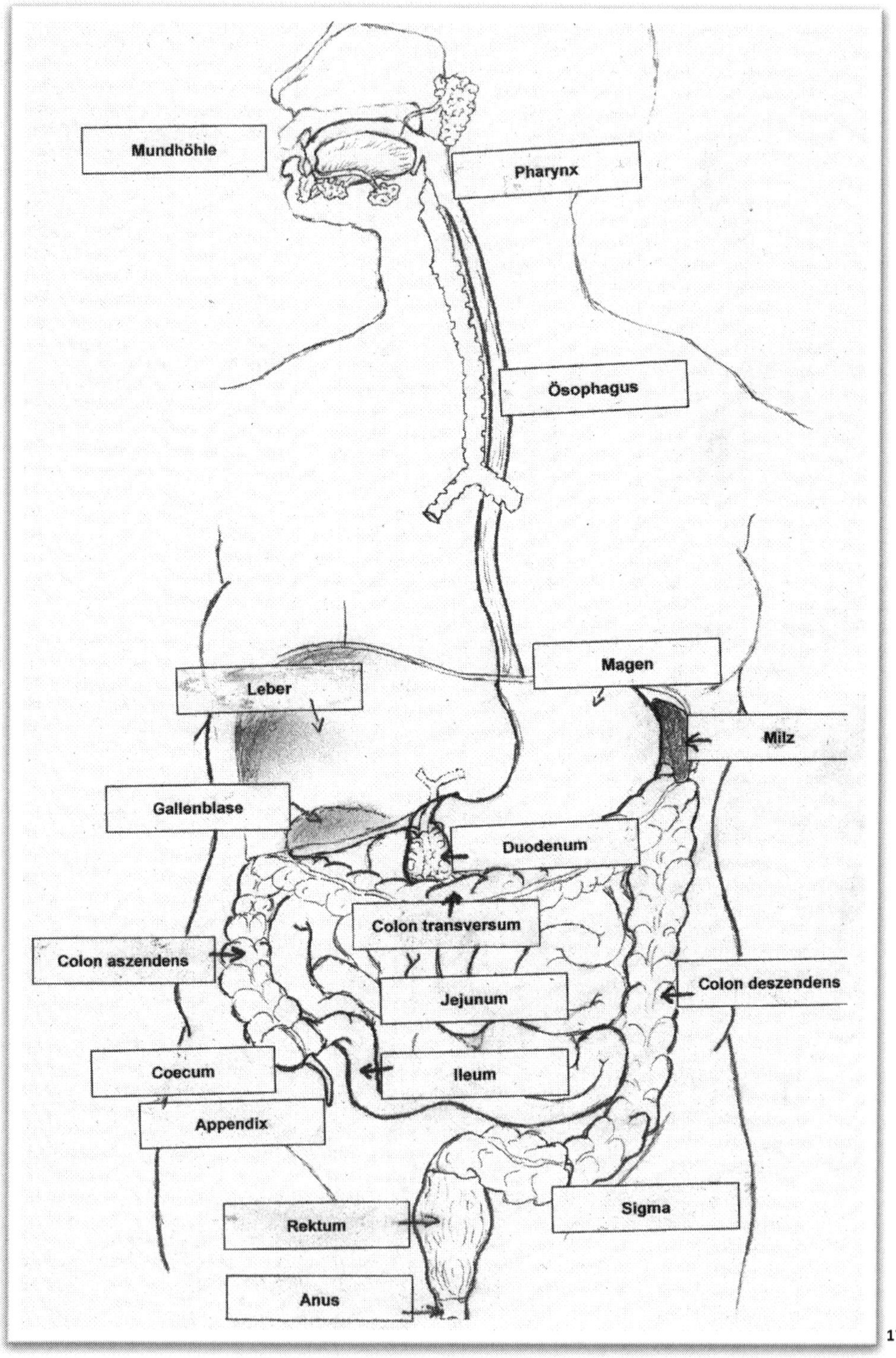

17

[17] Mit freundlicher Genehmigung von Rebecca Heisrath.

~ Reorganisation und Transfer

In den letzten 50 Jahren haben sich die Essgewohnheiten in Deutschland deutlich verändert. In welchen Punkten trifft diese Aussage zu? Unterscheiden Sie positive und negative Aspekte.

Lösung:

Positive Aspekte sind:
Heute wird mehr Obst und Gemüse gegessen, da es ganzjährig verfügbar ist.
Das Nahrungsmittelangebot insgesamt ist vielfältiger und kann den Bedarf an Vitaminen und Mineralstoffen besser abdecken.

Negative Aspekte sind:
Die Tendenz geht weg, von frischen Gerichten zu Fertiggerichten.
Durch die vermehrte Berufstätigkeit der Frau werden weniger Mahlzeiten zu Hause eingenommen. Kantinenessen ist sehr salzhaltig und kann zu Bluthochdruck führen.
Heute wird mehr Fleisch gegessen und dafür weniger Kartoffeln. Der Fleischverzehr führt zu einer erhöhten Harnsäurebildung, die das Krankheitsbild Gicht zur Folge haben kann.
Heute wird mehr Fastfood konsumiert.

~ Reorganisation und Transfer

Bewerten Sie den Einsatz von Nahrungsergänzungsmitteln.

Lösung:

Das Bundesinstitut für Risikobewertung (BfR) hält Nahrungsergänzungsmittel für gesunde Personen, die sich normal ernähren, für überflüssig. Bei normaler Ernährung bekomme der Körper alle Nährstoffe, die er brauche.[18] *Die Harvard School of Public Health empfiehlt dagegen, neben einer gesunden Ernährung täglich eine Multivitamintablette zu nehmen. Diese verbessere jede suboptimale Ernährung. Die tägliche Multivitamintablette wird als „preiswerter Versicherungsschutz" bezeichnet.*[19]

~ Reorganisation und Transfer

Was ist eine S3-Leitlinie und wie wird diese bei der Behandlung eines Ascites implementiert?

Lösung:
Die überwiegende Mehrheit aller Leitlinien der wissenschaftlichen medizinischen Fachgesellschaften sind S1-Leitlinien. Die methodische Qualität einer S3-Leitlinie ist höher einzuschätzen als die einer S2- oder S1-Leitlinie.

S3 Leitlinien beinhalten Logik-, Entscheidungs- und „Outcome"-Analyse, Bewertung der klinischen Relevanz wissenschaftlicher Studien und regelmäßige Überprüfung.

Implementierung bei Ascites:

Stufe 1:
- *Natriumrestriktion*
- *Aldosteronantagonisten, z. B. Spironolakton.*

Stufe 2:
- *Zusätzliche Gabe eines Schleifendiuretikums, z. B. Lasix.*

Stufe 3:
- *Therapeutische Aszitespunktion*
- *Infusion kochsalzarmer Albuminlösung.*

---

[18] http://de.wikipedia.org/wiki/Nahrungserg%C3%A4nzungsmittel. Letzter Zugriff: 8.4.2014.
[19] http://www.hsph.harvard.edu/nutritionsource/what-should-you-eat/vitamins/. Letzter Zugriff: 8.4.2014.

13. Ausscheidung – das innere Milieu erhalten

◊ Wissensfragen

13.1 Beschreiben Sie den Weg des Kreatinins, beginnend bei der Aorta bis in die Toilette.	Aorta, Arteria renalis, Nierenkapillaren, Glomerulum, Harnpol, proximaler Tubulus, Henle´sche Schleife, distaler Tubulus, Sammelrohr / Nierenpyramide, Papille, Nierenkelch, Nierenbecken, Ureter, Blase, Urethra, Toilette.[20]
13.2 Nennen Sie die harnpflichtigen Substanzen.	Kreatinin, Harnsäure, Harnstoff.
13.3 Vergleichen Sie die Filtrationsraten von Kreatinin, Harnsäure und Glukose.	Kreatinin wird zu 100 % filtriert und nicht zurückresorbiert. Harnsäure wird zu 100 % filtriert und zu 90 % zurückresorbiert. Glucose wird zu 100 % filtriert und zu 100 % zurückresorbiert.
13. 3 Erklären Sie weshalb sich ein Diabetes mellitus mit dem Urin Stix nachweisen lässt und unter welchen Bedingungen dies möglich ist.	Beim Diabetes mellitus wird Glucose im Urin ausgeschieden. Der Nachweis über den Urin Stix ist ab der Nierenschwelle von Glukose von 180 mg/dl möglich.
13.4 Für welche Patienten ist die Blutzuckermessung mit dem Urin Stix geeignet? Zeigen Sie die Grenzen dieser Methode auf.	Für Patienten, denen der Umgang mit dem Blutzuckermessgerät zu schwer fällt. Durch diese Messung kann eine Hyperglykämie ab 180 mg/dl festgestellt werden. Somit kann ein Diabetisches Koma vermieden werden. Hypoglykämien sind nicht nachweisbar.
13.4 Erklären Sie den Zusammenhang der diabetischen Nephropathie mit einem Augenarztbesuch.	Die diabetische Nephropathie ist in vier Stadien eingeteilt. Diese Stadien entsprechen denen der Retinopathie, die beim Augenarzt durch Spiegelung des Augenhintergrundes untersucht wird.

[20] https://www.youtube.com/watch?v=qq_wokduTfk&feature=youtu.be. Letzter Zugriff: 2.7.2014.

13.5 Erklären Sie die Kalium-Natrium-Pumpe.

Sie ist ein in der Zellmembran verankertes Transmembranprotein. Es katalysiert, unter Hydrolyse von ATP, den aktiven Transport von Natrium-Ionen aus der Zelle heraus und im Gegentausch den Transport von Kalium-Ionen in die Zelle hinein. Dies verläuft gegen den chemischen Konzentrationsgradienten und gegen den elektrischen Ladungsgradienten. Hierbei werden jeweils 3 Na^+-Ionen gegen 2 K^+-Ionen ausgetauscht.

13.6 Beschreiben Sie die Wirkweise des Renin-Angiotensin-Aldosteron-Systems.

Am Anfang der Renin-Angiotensin-Aldosteron-Kaskade steht die Freisetzung des Enzyms Renin aus spezialisierten Anteilen des Nierengewebes, dem sogenannten juxtaglomerulären Apparat. Der juxtaglomeruläre Apparat misst den Blutdruck im Vas afferens, den Salzgehalt des Harns in den Tubuli und reagiert auf Signale des vegetativen Nervensystems. Immer wenn der Blutdruck abfällt, wird Renin ausgeschüttet. Es bewirkt die Spaltung von Angiotensinogen, wobei das Eiweiß Angiotensin I abgetrennt wird, welches anschließend durch das Angiotensin-Converting-Enzyme (ACE) in Angiotensin II umgewandelt wird. Angiotensin II ist ein starker Vasokonstriktor, d. h. es bewirkt das Zusammenziehen der Arterien und hebt dadurch den Blutdruck an.

13.7 Jede zweite Frau erhält in ihrem Leben ein Mal eine Arbeitsunfäähigkeitsbescheinigung wegen einer Zystitis. Nennen Sie Ursachen.

- Honeymoon-Cystitis (häufiger Geschlechtsverkehr)
- falsches Wischen
- Z. n. Katheterisierung
- geringe Harnbildung
- Diabetes mellitus
- Schwangerschaft
- Analgetikaabusus.

13.8 Nennen Sie zwei Indikationen für die Dialyse.

- terminale Niereninsuffizienz
- akute Niereninsuffizienz

13.9 Wie kommt es zu einer Pyelonephritis und durch welche Krankheitszeichen macht sich diese bemerkbar?

Ursachen:

- Aszendierende Infektion aus der Harnblase.

Symptome:

- Algurie
- Hämaturie (Mikrohämaturie, Makrohämaturie)
- Pollakisurie
- Schmerzen im Nierenlager
- Schüttelfrost
- Fieber.

13.10 Derzeit sind in Deutschland etwa 54.000 Menschen auf die Dialyse angewiesen. Diese muss sorgfältig durchgeführt werden, da ansonsten unangenehme bis lebensbedrohliche Symptome auftreten. Zählen Sie diese auf.

- Fötor uremicus
- Pruritus (Juckreiz)
- Ödeme
- Fluid Lung, durch Natrium- und Wasserretention
- Hypertonie
- Café-au-lait Kolorit, aufgrund der Ürämie --> erhöhter Kreatinin- und Harnstoffwert im Blut
- Anämie, aufgrund Erythropoetinmangels.

13.11 Definieren Sie den Begriff *Analgetikaniere*.

Chronische Pyelonephritis durch Missbrauch von Schmerzmitteln, z. B. Phenacetin.

13.12 Was ist ein Shunt?

Eine operativ angelegte arterio-venöse Fistel zwischen der Arteria radialis und einer Unterarmvene zum Zweck der leichten Punktion bei der Hämodialyse.

13.13 Welche Ernährungsregeln muss ein Dialysepatient beachten?

Flüssigkeitsmenge beschränken
Kalium einsparen
Phosphatverzicht
Kochsalz einsparen.

13.14 Welche Stressoren sind im Berufsleben für einen Dialysepatienten zu meiden?

- Schwere körperliche Arbeit
- Arbeit mit Belastungen wie Kälte, Hitze, Nässe, Wind, Stäube oder schädliche Dämpfe
- Tätigkeiten mit Infektionsgefahr
- Nachtschichten beziehungsweise unregelmäßige Arbeitszeiten
- Stress und enge zeitliche Vorgaben.

13.15 In Deutschland werden ca. 3000 Nierentransplantationen pro Jahr durchgeführt. Davon sind 20 % Lebendspenden. Welche Patienten kommen nicht für eine Spende in Frage?

Patienten mit:

- Metastasierenden Malignomen
- aktiven systemischen Infektionen
- einer Lebenserwartung < 2 Jahren
- fortgeschrittener Arteriosklerose
- fehlender Compliance.

13.16 Wie wird ein Patient nach der Nierentransplantation medikamentös versorgt und wie ist die Prognose für die Funktionsfähigkeit der implantierten Niere?

Die Patienten müssen lebenslang Immunsuppressiva einnehmen. Eine Spenderniere arbeitet ca. 14 Jahre, bei Lebendspenden länger.

13.17 Wie ist die Organspende in Deutschland organisiert und welches sind die Voraussetzungen für eine Spende?

Die deutsche Stiftung Organtransplantation (DSO) ist die bundesweit zuständige Koordinierungsstelle für Organspenden. Die Spenderdaten werden anonymisiert an die internationale Vermittlungsstelle Eurotransplant in Leiden, Niederlande, gemeldet.

Voraussetzungen, damit ein Patient zum Organspender wird, sind:

- Nachweis des Hirntodes durch zwei Ärzte mit langjähriger Erfahrung
- Vorliegen einer Zustimmung, z. B. Organspendeausweis, Zustimmung der Angehörigen
- Keine medizinischen Kontraindikationen, z. B. HIV-Infektion, fluoride Tuberkulose, nicht kurativ behandelte Malignome.

#Beschriftungsfrage, das Nephron

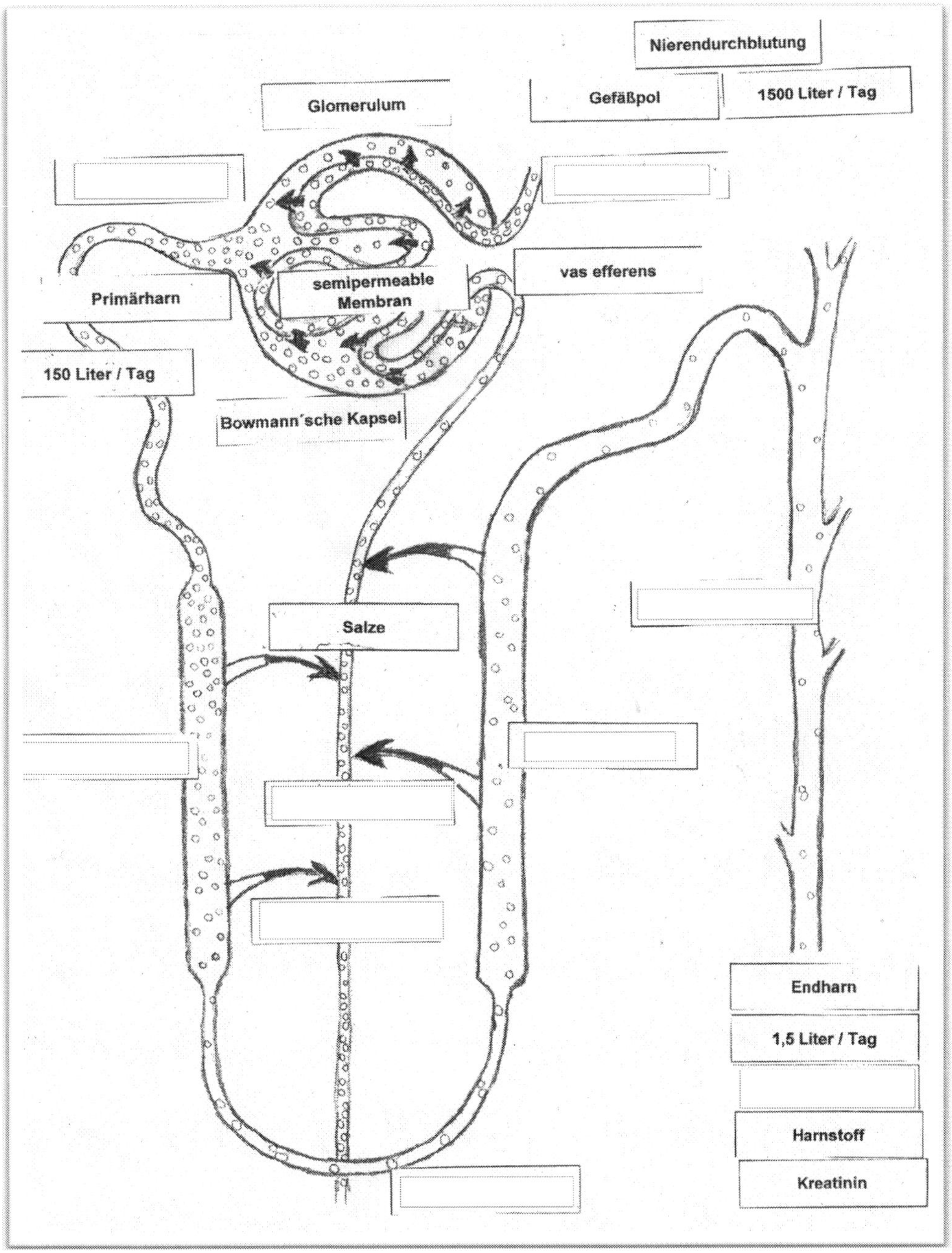

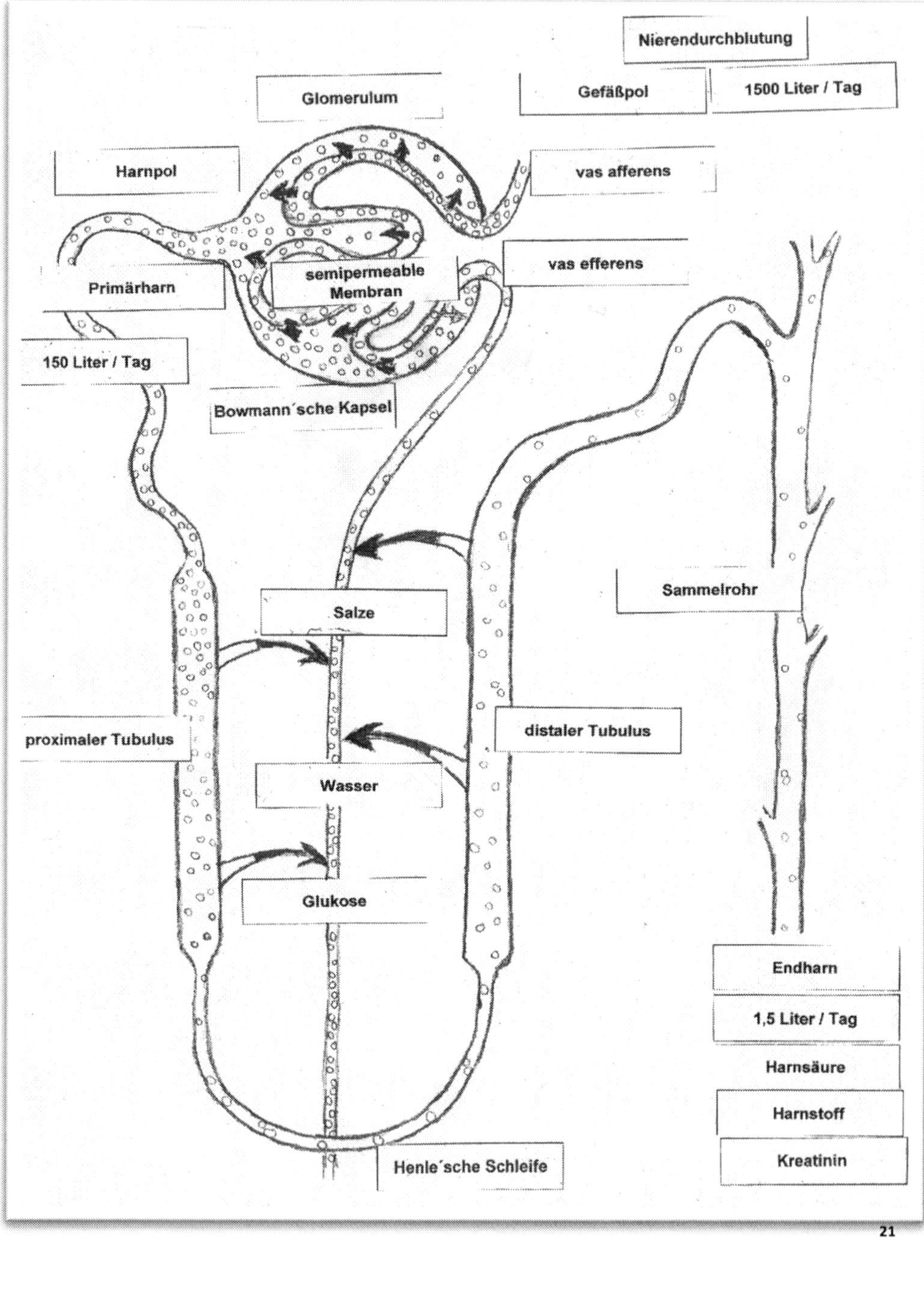

[21] Mit freundlicher Genehmigung von Rebecca Heisrath.

~ Reorganisation und Transfer

Vergleichen Sie die Vor- und Nachteile der Hämodialyse mit denen der Peritonealdialyse.

Lösung:

Vorteile der HD:

- *Intensive fachliche Betreuung*
- *Währen der Dialyse dürfen kaliumhaltige Nahrungsmittel, z. B. Orangensaft getrunken werden, die sonst tabu sind*
- *Für jeden Patienten geeignet.*

Vorteile der PD:

- *zeitliche und räumliche Unabhängigkeit von einem Dialysezentrum*
- *große Selbstständigkeit in der Behandlung*
- *Shunt ist nicht notwendig.*

Nachteile der HD:

- *Kreislaufprobleme, wegen des schnellen Wasserentzugs*
- *Das Verfahren ist körperlich anstrengend und macht müde*
- *OP zur Shuntanlage.*

Nachteile der PD:

- *Chirurgische Katheteranlage*
- *Dauerkatheter im Bauchraum, kein Baden mehr möglich*
- *Tägliche Bilanzierung und Gewichtskontrolle*
- *Materialbestellung und Lagerung für jeweils vier Wochen*
- *Häufige Bauchfellentzündungen*
- *Therapieform ist zeitlich begrenzt auf ca. 4 Jahre*
- *Probleme der Blutzuckereinstellung bei Diabetikern*
- *Nur für Patienten mit einem Körpergewicht unter 70 kg geeignet.*

~Reorganisation und Transfer

Die Prävalenz der terminalen Niereninsuffizienz betrug im Jahr 2005 in Deutschland absolut 60.000, bei einer Durchschnittlichen Einwohnerzahl von 82.000.000.
Die Inzidenz der terminalen Niereninsuffizienz betrug etwa 40 pro 100.000.

Die häufigsten Ursachen für die terminale Niereninsuffizienz in den USA (2008) waren die diabetische Nephropathie in 44 %, Arterielle Verschlusskrankheit (AVK) in 27 %, Glomerulopathien in 7%, Zystennieren 3%, andere Ursachen in 19 %.

1. Errechnen Sie die Prävalenz pro 100.000 Einwohner.

2. Wie hoch ist die Inzidenz, als absolute Zahl, für Deutschland?

3. Entwerfen Sie ein Säulendiagramm für die Ursachen der Niereninsuffizienz in den USA.

Lösungen:

1. *Die Prävalenz entspricht 73 pro 100.000.*

2. *0,05*

3.

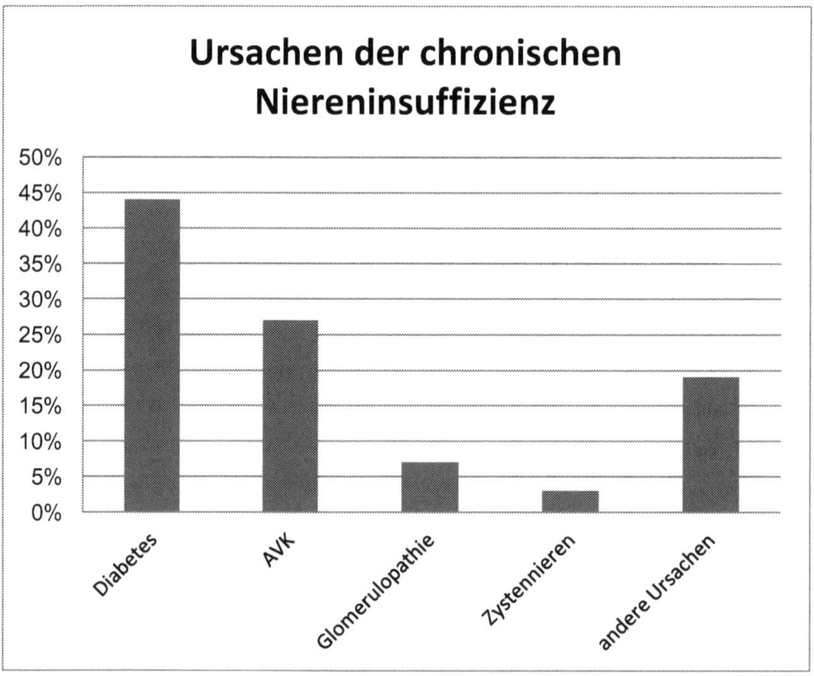

14. Nervensystem – auf Reize reagieren

◊ Wissensfragen

14.1 Beschreiben Sie das Reiz-Reaktionsmodell.

Das **Reiz-Reaktions-Modell** ist ein Modell der behavioristischen Psychologie. Es geht davon aus, dass ein spezifischer Reiz, der auf einen Organismus einwirkt, zu einer definierten Reizantwort führt. Der Grundgedanke dieses Modells geht auf den russischen Physiologen Pawlow zurück.

14.2 Wie ist das Nervensystem strukturiert?

- Zentrales Nervensystem, mit Gehirn und Rückenmark
- Peripheres Nervensystem, mit den 12 Hirnnerven und den peripheren Nerven
- Autonomes = Vegetatives Nervensystem mit dem Sympathikus und dem Parasympathikus.

14.3 Wie ist das Gehirn Geschützt? Zählen Sie die Schichten von Innen nach Außen auf.

Das Gehirn ist durch die Meningen geschützt:

- Pia mater
- Arachnoidea
- Dura Mater

und durch

- das Cranium und die Kopfhaut.

14.4 Wie wirkt Botulinumtoxin?

Botulinumtoxin hemmt die Freisetzung des Neurotransmitters Acetylcholin.

14.5 Erklären Sie die Blutversorgung des Gehirns.

Die Blutzufuhr zum Gehirn übernehmen zwei Arterienpaare: innere Carotis-Arterien (*Arteria carotis interna*) und Vertebral-Arterien (*Arteria vertebralis*).

Die beiden Arterienpaare vereinigen sich in der Hirnbasis zu einem ringförmigen Arterienkreis, dem *Circulus arteriosus Willisii*. Vom Willisi-Kreis gehen paarweise die drei großen Hirnarterien ab, die vordere, mittlere und hintere Hirnarterie (*Arteria cerebri anterior, Arteria cerebri media, Arteria cerebri posterior*).

14.6 Was verstehen Sie unter Liquor cerebrospinalis?

Der Liquor cerebrospinalis ist die Gehirn-Rückenmarks-Flüssigkeit. Er ist eine klare und farblose Körperflüssigkeit, die mit der Gewebsflüssigkeit des Gehirns in Verbindung steht und daher auch in der Zusammensetzung sehr ähnlich ist. Der Liquor wird von speziell differenzierten Epithelzellen der Adergeflechte der Hirnkammern gebildet und dient als Wasserkissen zum Schutz des Gehirns.

14.7 Wie unterscheidet sich eine Synapse von einer Motorischen Endplatte?

Eine Synapse endet auf einer anderen Nervenzelle. Eine Motorischen Endplatte endet auf einem Muskel.

14.8 Erklären Sie die Begriffe „Ruhepotential“ und „Aktionspotential“.

Die im Inneren der Zelle befindlichen negativ geladenen organischen Stoffe können die Membran des Axons nicht passieren, während die positiv geladene Kaliumionen durchaus durch die Membran treten können. Kaliumionen sind in hoher Zahl im Zellinneren vorhanden und strömen naturgemäß vom Ort der höheren Konzentration weg. Gleichzeitig verlassen damit jedoch positive Ladungen das Zellinnere. Dadurch erhält das Zellinnere eine negative Ladung. Deshalb werden nach einer gewissen Zeit Kaliumionen wieder angezogen. Es entsteht ein Gleichgewicht zwischen den ausströmenden Kaliumionen und den vom negativen Zellinneren angezogenen. In der Summe stellt sich eine negative Spannung des Zellinneren gegenüber dem Zelläußeren - das Ruhepotenzial - ein. Das Ruhepotenzial einer tierischen Nervenzelle beträgt etwa -75 mV. Das entspricht immerhin 5 Prozent einer normalen 1,5 V Taschenlampenbatterie.

Bei einem Reiz wird die Ionenverteilung im Axon aktiv verändert. Beginnend am Zellkörper werden zuerst die Natriumkanäle in der Membran geöffnet und Natriumionen strömen ein, wodurch die Ladung im Inneren positiv wird. Kurz darauf öffnen sich Kaliumkanäle und Kaliumionen strömen aus. Anschließend wird das Ruhepotenzial wieder hergestellt. Die Fortführung des Aktionspotenzials entlang des Axons kann nur in eine Richtung erfolgen, da die zurück liegende Membran nicht erregt werden kann.

14.9 Erklären Sie die Wirkungseise des Acetylcholins.

Acetylcholin ist der wichtigste Neurotransmitter im menschlichen Organismus.
Acetylcholin vermittelt zum Beispiel die Erregungsübertragung zwischen Nerv und Muskel an der neuromuskulären Endplatte. Weiterhin stellt es den Transmitter dar, der die Übertragung von der ersten auf die zweite der beiden hintereinandergeschalteten Nervenzellen im vegetativen Nervensystem, also sowohl im Sympathikus als auch im Parasympathikus, vermittelt. Im parasympathischen Teil des vegetativen Nervensystems ist es zudem der Transmitter der zweiten Nervenzelle am Endorgan. Daneben stellt ACh einen wichtigen Transmitter im zentralen Nervensystem dar. Viele kognitive Prozesse sind an Acetylcholin als Botenstoff gebunden. So besteht beispielsweise bei der Alzheimer-Krankheit durch Absterben von hauptsächlich Acetylcholin produzierenden Nervenzellen ein Mangel an Acetylcholin.[22]

[22] http://de.wikipedia.org/wiki/Acetylcholin. Letzter Zugriff: 14.9.2014.

14.10 Unterscheiden Sie erregende Synapsen von hemmenden Synapsen.

Die motorische Endplatte ist eine typische erregende Synapse. Wenn am synaptischen Endknöpfchen Aktionspotenziale ankommen, werden Neurotransmitter in den synaptischen Spalt ausgeschüttet, die eine Depolarisierung der postsynaptischen Membran bewirken.
Erregende Synapsen bewirken ein EPSP (= exzitatorisches postsynaptisches Potenzial), also eine Depolarisierung der postsynaptischen Membran. Hemmende Synapsen dagegen führen zu einem IPSP (= inhibitorisches postsynpaptisches Potenzial), also zu einer Hyperpolarisierung der postsynaptischen Membran.

14.11 Erklären Sie die räumliche Summation von Aktionspotentialen.

EPSP und IPSP von mehreren verschiedenen Synapsen erreichen den Axonhügel. Summe der Spannung über dem Schwellenwert = Aktionspotential; Summe der Spannungen unter dem Schwellenwert = kein Aktionspotential.

14.12 Wie ist der *Reflex* definiert?

Ein Reflex ist eine unwillkürliche, rasche und gleichartige Reaktion eines Organismus auf einen bestimmten Reiz. Reflexe werden neuronal vermittelt.

14.13 Beschreiben Sie den Patellarsehnen Reflex.

Schlag mit dem Reflexhammer auf die Patellarsehne → Übermittlung eines elektrischen Impulses über die sensible **A**fferenz, über das Hinterhorn zum Rückenmark → Umschaltung auf die motorische **E**fferenz in der grauen Substanz mittels Acetylcholin → Weiterleitung des elektrischen Impulses über das Vorderhorn zu den motorischen Endplatten des Quadriceps → Muskelkontraktion → unwillkürliche Streckung des Beines.

14.14 Welche Symptome gehören zum Querschnittssyndrom?

- Lähmungen
- vegetative Entgleisungen (z. B. Kreislaufstörungen)
- Muskeltonusveränderungen
- Veränderungen der Muskeldehnungsreflexe.

14.15 Beschreiben Sie die Aufgaben und Funktionsweise der medulla oblongata.

Sie ist für die essenziellen Lebensfunktionen zuständig und steuert Herzfrequenz, Blutdruck und Atmung. Zudem ist es für einige wichtige Reflexe wie den Lidschluss-, Schluck- oder Husten-Reflex verantwortlich. Das Stammhirn bildet die Schnittstelle zwischen dem übrigen Gehirn und dem Rückenmark. Eintreffende Informationen leitet es überkreuz weiter, daher wird die linke Körperhälfte von der rechten Gehirnhälfte gesteuert und umgekehrt.

14.16 Wo sitzt der Thalamus und welche sind seine Aufgaben?

Der Thalamus hat seinen Sitz im Zwischenhirn. Er ist das Tor zum Bewusstsein. Er fungiert als Filter und Verteiler, entscheidet, welche Sinneseindrücke ins Bewusstsein dringen sollen und leitet sie an die entsprechenden Verarbeitungszentren weiter.

14.17 Erklären Sie die Funktionen des Hypothalamus.

Der Hypothalamus dient als Vermittler zwischen Hormon- und Nervensystem. Dabei steuert er z. B. den Schlaf-Wach-Rhythmus, Hunger- und Durstgefühl, den Sexualtrieb und verarbeitet Schmerz- und Temperaturempfinden.

14.18 Wie wirkt der Nervus Sympathikus auf die

- **Herzfrequenz**
- **Blutgefäße**
- **Speicheldrüsen**
- **Bronchialmuskulatur**
- **Pupillen**
- **Darmtätigkeit?**

- Herzfrequenz steigt
- Blutgefäße verengen sich
- Speicheldrüsen sezernieren kaum
- Bronchialmuskulatur erweitert sich
- Pupillen erweitern sich
- Darmtätigkeit wird stark reduziert.

14.19 Fassen Sie die Ursachen der Alzheimer-Krankheit zusammen.

- Amyloid Plaques, Eiweißfragmente, welche die Kommunikation der Nervenzellen im Gehirn untereinander stören
- Tau-Protein, Eiweiß, das den Stofftransport im Inneren der Nervenzellen des Gehirns behindert
- Acetylcholinmangel, zu wenig Botenstoff im Gehirn
- Gehirnschrumpfung bis zu 20 %
- Genetische Disposition, mit familiärer Häufung bei 5 – 10 % der Erkrankten.

14.20 Geben Sie die Symptome der Alzheimer-Krankheit an und formulieren Sie jeweils eine Erklärung.

- **A**mnesie – ohne Gedächtnis, ohne Erinnerung, Vergesslichkeit
- **A**praxie – ohne praktische Fähigkeit, z. B. Ankleiden, Schuhe binden, Kaffee kochen.
- Sensorische **A**phasie – ohne Worte, Wortfindungsstörung
- **A**gnosie – ohne Interpretationsfähigkeit wahrgenommener Informationen, Überforderung beim Treffen von Entscheidungen
- Motorische **A**phasie – ohne Worte, Sprechstörung, unverständliche Laute
- **A**pathie – ohne Anteilnahme.

14.21 Definieren Sie die Multiinfarkt Demenz (MID).

Fortschreitende Beeinträchtigung geistiger Fähigkeiten durch Untergang des Gehirngewebes bei Sauerstoffunterversorgung und kleinen Hirnblutungen.

14.22 Zählen Sie die Risikofaktoren für die Multiinfarkt Demenz auf.

- Nikotinabusus (Rauchen)
- Arterielle Hypertonie
- Diabetes mellitus
- Hypercholesterinämie (erhöhte Cholesterinwerte im Blut).

14.23 An welchen Symptomen erkennen Sie eine Depressive Episode?

- Schwermut
- Hemmung des Antriebs
- Konzentrationsstörungen
- Schuldgefühle
- Minderwertigkeitsgefühle
- Fehlendes Selbstvertrauen
- Suizidgedanken.

14.24 Welchen Pflegeansatz entwickelte Tom Kitwood Mitte der 1990er Jahre?

Kitwood hat ein personenzentriertes Pflegekonzept entwickelt. D. h. bei der Pflege nach Kitwood steht die Person im Mittelpunkt.

14.25 Schildern Sie die Schmerzentstehung.

Schmerz entsteht in den Schmerzrezeptoren = Nozirezeptoren. Es handelt sich dabei meist um freie Nervenendigungen, die auf verschiedene Reize reagieren, z. B.:

- thermische Reize (Hitze, Kälte)
- mechanische Reize (Druck, Verletzung)
- chemische Reize (Entzündung, Säuren, Gifte).

14.26 Welche Aufgaben haben der Gyrus präcentralis und der Gyrus postcentralis?

Der Gyrus präcentralis ist für die Willkürmotorik zuständig. Der Gyrus postcentralis ist für die Sensorik der Tast-, Druck-, Temperatur- und Schmerzrezeptoren der Haut, Muskeln, Gelenke und inneren Organe zuständig. Lippen und Hände sind in diesen Gyri stark repräsentiert, da Sensorik und Motorik hier besonders wichtig sind.

14.27 Welche Bedeutung haben die Basalganglien?

Die Basalganglien sind ein wichtiges Bindeglied zwischen den motorischen Zentren der Hirnrinde und der medulla oblongata. Sie koordinieren die Flüssigkeit und Zweckmäßigkeit der Bewegungen.

14.28 Definieren Sie den Begriff „Hirnventrikel".

Hohlraumsystem im Gehirn, das Liquor cerebrospinalis enthält.

14.29 Erklären Sie die Blut-Hirn-Schranke und ihre Bedeutung.

Die Blut-Hirn-Schranke besteht aus drei Schichten zwischen dem Blut und der Hirnsubstanz und dient dem Schutz des Gehirns. Fettlösliche Substanzen wie Nikotin, Alkohol und Blutgase, aber auch Narkotika können die Blut-Hirn-Schranke einfach per Diffusion passieren und gelangen schnell in das Gehirn. Polare Substanzen sind auf spezifische Transportsysteme angewiesen.

14.30 Was ist ein Ganglion?

Ansammlung von Nervenzellkörpern im peripheren Nervensystem, aus der eine Verdickung des Nervenstranges resultiert, z. B. Spinalganglion.

***Problemlösungsfrage**

Fallbeispiel:

Sie absolvieren ein Praktikum in einem Seniorenheim. Ihnen wird mitgeteilt, dass Sie heute bei der Pflege einer 82-jährigen Patientin mit Alzheimer Krankheit im Stadium III, zuschauen dürfen.

Fragen:

1. Stellen Sie sich vor, welche Situation Sie wahrscheinlich vorfinden werden. Machen Sie außerdem Aussagen zur Mitarbeit der Patientin und zur Kommunikation.

2. Welche Medikamente können bei entsprechender Indikation zur symptomatischen Therapie im Stadium III der Alzheimer Krankheit angewendet werden?

3. Welche speziellen Herausforderungen könnte es bei der Fußpflege geben? Gehen Sie auf die Lagerung ein, sowie auf Krankheitsbilder wie z. B. Diabetes mellitus und p AVK.

Lösungen:

1. *Bettlägerige Patientin, Urinkatheter, künstliche Ernährung über PEG Sonde. Mitarbeit keine, da die Patientin die Podologin und die Situation nicht erkennen kann und unter einer ausgeprägten sensorischen und motorischen Aphasie leidet.*

2. *Remergil® bei Melancholie und Unruhe.*
   Eunerpan®, bei nächtlicher Verwirrtheit undErregungszuständen.
   Risperdal® bei Halluzinationen, Eigen- und Fremdgefährdung.

3. *Je nach Lagerung kann es zu einem Geschwür an den Fersen bzw. Zehenspitzen kommen.*
   Beim Diabetischen Fuß sind schlecht heilende Wunden aufgrund einer Makroangiopathie zu erwarten.
   Bei einer pAVK kann es zu Nekrosen aufgrund der Minderdurchblutung der Beine kommen.

15. Hormone – die Balance halten

◊ Wissensfragen

15.1 Erklären Sie den Mechanismus der negativen Rückkopplung am Beispiel der Schilddrüse.

1. Der Hypothalamus produziert je nach Bedarf TRH. Dadurch wird der Hypophysenvorderlappen angeregt, TSH freizusetzen. Jetzt wird die Schilddrüse dazu angeregt, ihre Hormone, T_3 und T_4 zu produzieren.
2. Wenn zu viele Schilddrüsenhormone produziert werden alarmiert das negative Feedback System den Hypothalamus. Dieser produziert daraufhin weniger TRH. Ein verminderter TRH-Spiegel bewirkt einen verminderten TSH-Spiegel.
3. Werden zu wenige Schilddrüsenhormone produziert, wird der Feedback-Mechanismus geschwächt. Dann stellt der Hypothalamus wieder mehr TRH her und das Spiel beginnt von neuem.

15.2 Erklären Sie das Prinzip der Homöostase der Blutzuckerregulation.

Die Blutzuckerregulation funktioniert über das Antagonisten Prinzip (Antagonist = Gegenspieler). Insulin senkt den BZ und Glukagon erhöht den BZ.

- Nahrungsaufnahme – erhöhter Blutzuckerspiegel – Ausschüttung von Insulin aus den Langerhans´schen Inseln der Bauchspeicheldrüse – Erniedrigung der Blutzuckerregulation – Hemmung der Insulinproduktion.
- Muskelarbeit – Aufnahme von Glucose in die Muskelzellen – Ausschüttung von Adrenalin aus der Nebenniere – Ausschüttung von Glukagon aus den Langerhans´schen Inseln der Bauchspeicheldrüse - Aufnahme von Glucose in die Leber.

15.3 Erstellen Sie eine Liste der Hormone des Hypophysenvorderlappens, die eine Hormondrüse aktivieren.

- FSH
- LH
- TSH
- ACTH.

15.4 Welches Hormon der Schilddrüse unterliegt nicht dem hierarchischen Prinzip?
Welcher Steuerungsmechanismus wirkt bei diesem Hormon?

Calcitonin wirkt nach dem Gegenspieler Prinzip. Sein Antagonist ist das Parathormon, welches in den Nebenschilddrüsen gebildet wird.

15.5 Nennen Sie die Stresshormone und deren Bildungsort und erklären Sie deren Wirkung.

Als Stresshormone werden biochemische Botenstoffe bezeichnet, die Anpassungsreaktionen des Körpers bei besonderen Belastungen bewirken. Zu ihnen gehören die Katecholamine z. B. Adrenalin und Noradrenalin und die Glukokortikoide, z. B. Cortisol, die in der Nebenniere gebildet werden. Die Funktion der Stresshormone ist das Freisetzen der Energiereserven des Körpers als Vorbereitung auf eine bevorstehende Flucht oder einen Kampf – beides sind unmittelbare Reaktionen auf eine Stress-Situation.

15.6 Nennen Sie die klassischen Symptome des Diabetes mellitus Typ 1.

- Polydipsie (Durstgefühl)
- Polyurie (große Urinmengen)
- Müdigkeit
- Gewichtsverlust.

15.7 Zeigen Sie die Spätschäden des Diabetes mellitus Typ 1 und 2 auf. Beurteilen Sie die Konsequenzen für die Patienten.

Herzinfarkt, Apoplex, Retinopathie, Nephropathie, Impotenz, diabetischer Fuß.

Typ 1 Diabetiker sind in der Regel junge Menschen, die schon vor ihrem 30. Lebensjahr, je nach Lebensführung, mit Spätschäden rechnen müssen. Ein Typ 2 Diabetiker erlebt seine Spätschäden evtl. nicht mehr, da er meist erst im höheren Alter erkrankt.

15.8 Erklären Sie das Schlüssel-Schloss-Prinzip der Hormonwirkung.	Hormone sind wie Schlüssel. Zellen weisen an ihrer Oberfläche Rezeptoren auf. Diese sind wie Schlösser. Die Hormone passen zum Rezeptor, wie ein Schlüssel ins Schloss. Adrenalin wirkt nicht am Insulinrezeptor, d. h. Hormone sind wirkspezifisch.
15.9 Frühgeborene wachsen oftmals nicht genügend. Wie kann das Wachstum hormonell unterstützt werden?	Mit STH = Somatotrophes Hormon = Wachstumshormon. Dieses wird im Körper vom Hypophysenvorderlappen (HVL) gebildet. Es kann beim Frühgeborenen als Medikament verabreicht werden.
15.10 Im Sommer verbringen Sie einen ganzen Tag lang mit Sport, z. B. Radfahren, Golf spielen oder Wandern, bei 30 Grad Celsius in der Sonne. Dabei Schützen Sie Ihren Kopf mit einer Schildmütze. **Welche Hypophysenhormone werden vermehrt ausgeschüttet? Begründen Sie Ihre Aussage. Nennen Sie deren genauen Bildungsort.**	• Melanozytenstimulierendes Hormon (MSH), wird wegen der Sonneneinstrahlung im Hypophysenvorderlappen gebildet. • Antidiuretisches Hormon (ADH), wird wegen starken Schwitzens im Hypophysenhinterlappen gebildet.
15.11 Weshalb kann Insulin nicht oral eingenommen werden?	Da Insulin ein Protein ist und verdaut werden würde. Mit der Verdauung verliert das Molekül seine Wirkung.
15.12 Erläutern Sie weshalb Hormondrüsen gut durchblutet werden.	• Hormondrüsen brauchen Nährstoffe, um die Hormone herstellen zu können. • Die fertig hergestellten Hormone gelangen über das Blut an ihren Wirkungsort, der an einem entfernt gelegenen Ende des Körpers liegen kann, z. B. wird FSH mit dem Blut von der Hypophyse zum Ovar transportiert.

15.13 Zählen Sie die Wirkungen des Trijodthyronins auf.

- Temperatursteigerung
- Herzfrequenzsteigerung
- Blutdrucksteigerung
- Anregung des Energiestoffwechsels
- Wachstumsförderung
- Gehirnreifung.

15.14 Weshalb braucht die Schilddrüse Jod?

Um das Thyroxin bzw. das Trijodthyronin synthetisieren zu können.

15.15 Nennen Sie die Hormone des Nebennierenmarks und deren wichtigste Wirkung.

Die Katecholamine: Adrenalin und Noradrenalin.

Wirkung:

- Steigerung er Pulsfrequenz
- Steigerung des Blutdrucks
- Förderung der Glykogenolyse
- Förderung der Lipolyse
- Erhöhung des Blutzuckerspiegels.

***Problemlösungsfrage**

Fallbeispiel:
Eine 74-jährige gepflegte Dame, 153 cm groß, 85 kg KG leidet seit zehn Jahren unter Diabetes mellitus. Wegen zunehmender Unbeweglichkeit entschließt sie sich zur Fußpflege zu einer Podologin zu gehen. Dieser berichtet sie, dass sie häufig kalte Füße habe. Die Dame ist während der Behandlung etwas nervös und zappelig, was dazu führt, dass die Podologin ihr mit der Nagelschere eine kleine Wunde zufügt, die aber nur mäßig blutet. Als die Podologin erschreckt in das Gesicht der Dame schaut, bemerkt sie, dass diese die Verletzung nicht gespürt hat.

Fragen:

1. Analysieren Sie das Geschehen. Verwenden Sie dabei die einschlägigen Fachwörter.

2. Wie sollte sich die Podologin der Dame gegenüber bezüglich Ihres Missgeschicks verhalten?

3. Typisieren Sie den Diabetes mellitus und begründen Sie Ihre Aussage.

4. Welche Anregungen sollte die Podologin der gepflegten alten Dame zur Pflege Ihrer Füße geben?

5. Welche konservativen Maßnahmen könnten dazu führen, dass sich der Allgemeinzustand der Dame verbessert? Begründen Sie Ihre Aussage.

Lösungen:

1. *Makroangiopathie und Mikroangiopathie führen zu einer nur mäßigen Blutung. Die Wunde wird aufgrund dieser diabetischen Gefäßveränderungen schlecht und langsam heilen. Die Polyneuropathie ist die Ursache dafür, dass Die Dame die Verletzung durch die Schere nicht spürt.*

2. *Die Podologin sollte die Dame über die Verletzung aufklären und ihr zur Beobachtung der Wunde und zur Desinfektion raten, bis die Wunde verheilt ist. Die Podologin sollte sie aufklären, dass der Heilungsverlauf aufgrund ihres Diabetes, einige Zeit in Anspruch nehmen wird.*

3. *Es ist ein Typ 2. Begründung: Auftreten des Diabetes im Alter von 74 Jahren, Adipositas, Bewegungsmangel.*

4. *Die Behandlung durch eine Podologin ist sinnvoll. Sie sollte auf passendes Schuhwerk achten, nicht barfuß laufen und keine Wärmflasche benutzen, sondern z. B. Lammfellschuhe tragen.*

5. *Gewichtsreduktion und Bewegung sind anzuraten, da sich die Blutzuckerwerte dadurch besser von selbst regulieren und weniger Medikamente eingenommen werden müssen. Die Mikroangiopathie, Makroangiopathie und Polyneuropathie sind aber irreversibel.*

16. Reproduktion und Genetik – Grenzen aufzeigen

◊ Wissensfrage

16.1 Beschreiben Sie die Meiose und grenzen Sie diese zur Mitose ab.

Die Meiose ist eine Reduktionsteilung. Sie ist eine besondere Form der Teilung des Zellkerns diploider Zellen, bei der im Unterschied zur gewöhnlichen Kernteilung, Mitose genannt, die Zahl der Chromosomen halbiert wird, indem jede Tochterzelle jeweils einen homologen Partner eines Chromosomenpaares erhält.

16.2 Beschreiben Sie das Wesentliche des Ablaufs der Meiose.

Die Meiose vollzieht sich immer in zwei Teilungsschritten, Meiose I und II genannt. Dies führt zur Bildung von vier haploiden Tochterzellen. Die Halbierung der Chromosomensätze ist eine Voraussetzung für die geschlechtliche Fortpflanzung, da sich sonst die Chromosomenzahl mit jeder Generation verdoppeln würde.

16.3 Schildern Sie, wie der Menstruationszyklus gesteuert wird.

Der Menstruationszyklus wird von dem Hormonen FSH und LH gesteuert, die vom Hypophysenvorderlappen gebildet werden. FSH stimuliert das Ovar zur Ausschüttung von Östogenen. Die Gebärmutterschleimhaut wird aufgebaut und der Eisprung erfolgt ca. 14 Tage nach der letzten Blutung.

LH stimuliert nach dem Eisprung den Gelbkörper zur Progesteronbildung. Das Progesteron ist für den Erhalt der Gebärmutterschleimhaut (Endometrium) zuständig. Kommt es nicht zur Befruchtung der Eizelle, so fällt die Konzentration von Östrogen und Progesteron ab. Das Endometrium wird abgestoßen, es kommt zur Monatsblutung.

16.4 Beschreiben Sie die menschliche Eizelle.

Die Eizelle enthält im Normalfall 22 Autosomen (Nichtgeschlechtschromosomen) und ein Gonosom (Geschlechtschromosom) in Gestalt eines X-Chromosoms. Die befruchtungsfähige Eizelle ist haploid, d. h. sie enthält nur einen Chromosomensatz. Die befruchtete Eizelle nennt man Zygote.

16.5 Definieren Sie den Begriff „Gravidität".

Zeitraum, in dem eine befruchtete Eizelle im Körper einer werdenden Mutter zu einem Kind heranreift. Die Schwangerschaft dauert von der Befruchtung bis zur Geburt durchschnittlich 266 Tage. In den ersten acht Wochen nach der Befruchtung der Eizelle wird das heranreifende Kind als Embryo bezeichnet. Ab der neunten Entwicklungswoche, nachdem die inneren Organe ausgebildet sind, wird die Bezeichnung Fetus bzw. Fötus verwendet.

16.6 Beschreiben Sie die Vorgehensweise der Amniozentese.

Zur Vorbereitung der Fruchtwasserentnahme ermittelt der Arzt mittels Sonographie die Lage des Kindes in der Gebärmutter, um eine geeignete Einstichstelle zur Fruchtwasserentnahme zu finden. An der ausgewählten Stelle wird unter Ultraschallkontrolle eine Punktion mit einer dünnen Nadel in die Bauchdecke und weiter in die Fruchtblase durchgeführt.
Es werden etwa 10 bis 20 ml Fruchtwasser entnommen, in dem sich kindliche Zellen befinden. Die Fruchtwasserprobe wird anschließend im Labor untersucht. Dort werden die Zellen vermehrt. Es sind abgestoßene Hautzellen, sowie Zellen des Magen-Darm-Trakts und der Nieren des Kindes. Erste Ergebnisse der Fruchtwasseruntersuchung können nach 24 bis 48 Stunden vorliegen. Eine umfassende Diagnostik kann aber erst nach einer Langzeitkultivierung erstellt werden. Nach dem Eingriff sollte die Schwangere einen Tag lang konsequent liegen, um einen Abort zu vermeiden.

16.7 Schildern Sie die Bedeutung des Begriffs „Nackentransparenz“ und nennen Sie Chromosomenaberrationen, bei denen auffallend häufig eine ungewöhnlich vergrößerte Nackentransparenz gefunden werden kann.

Der Begriff *Nackentransparenz* bezeichnet eine subkutane Flüssigkeitsansammlung (Ödem) zwischen der Haut und dem Weichteilgewebe über der zervikalen Wirbelsäule im Nackenbereich eines Fötus im Zeitraum zwischen der 11. und 14. Schwangerschaftswoche. In dieser Zeit entwickeln sich das Lymphsystem und die Nierenfunktion. Die Flüssigkeit kann deshalb noch nicht abgeleitet werden sammelt sich im Bereich des Nackens, wo die Haut sehr dehnbar ist. Infolge dieses Flüssigkeitsstaus entsteht die Nackentransparenz.

Chromosomenaberrationen:

- Trisomie 10
- Pätau-Syndrom (Trisomie 13)
- Trisomie 15
- Trisomie 16
- Edwards-Syndrom (Trisomie 18)
- Down-Syndrom (Trisomie 21)
- Trisomie 22
- Triple-X-Syndrom (Trisomie X)
- Turner-Syndrom (Monosomie X).

16.8 Mit welchen Fragestellungen befasst sich die Epigenetik?

Die Epigenetik befasst sich mit der Frage, welche Faktoren die Aktivität eines Gens und damit die Entwicklung der Zelle (dauerhaft) festlegen und ob bestimmte Festlegungen an die Folgegeneration vererbt werden.

16.9 Unterscheiden Sie den Genotyp vom Phänotyp.

Unter dem Phänotyp versteht man das äußere Erscheinungsbild eines Organismus, z. B. Augen- und Haarfarbe.
Der Genotyp wird oftmals als Erbbild bezeichnet. Alle in den Genen festgelegten Erbinformationen bilden in ihrer Gesamtheit den Genotyp.
So ist es möglich, dass zwei blauäugige Eltern ein braunäugiges Kind bekommen, weil ein Großelternteil die Gene für braune Augen vererbt hat.

16.10 Erläutern Sie die Intrazytoplasmatische Spermieninjektion und stellen Sie eine Prognose.

Die Intrazytoplasmatische Spermieninjektion ist eine Methode der künstlichen Befruchtung. Dabei wird das Spermium des Mannes, direkt in das Zytoplasma (Ooplasma) einer Eizelle eingespritzt. Ein Scheitern der Befruchtung kann annähernd ausgeschlossen werden.

16.11 Definieren Sie die In-vitro-Fertilisation und stellen Sie eine Prognose.

In-vitro-Fertilisation bedeutet „Befruchtung im Glas" und ist eine Methode der künstlichen Befruchtung.
In Deutschland ist diese Behandlung zulässig, wenn bei einem (Ehe-)Paar ein Jahr lang trotz regelmäßigem, ungeschütztem Geschlechtsverkehr die Schwangerschaft ausbleibt oder eine Präimplantationsdiagnostik angezeigt ist. Dies gelingt mit einer Erfolgsrate von ca. 50 % bis 70 %.

16.12 Unterscheiden Sie die Genmutation von der Genommutation und nennen Sie jeweils drei Beispiele.

Eine Genmutation ist eine strukturelle Veränderung einer DNA-Sequenz, die nur das jeweilige Gen selbst betrifft.
Beispiele:

- Sichelzellanämie
- Rot-Grün-Blindheit
- Bluterkrankheit.

Eine Gen**om**mutation ist eine Veränderung in der Zahl der Chromosomen einer Zelle oder des ganzen Organismus
Beispiele:

- Down-Syndrom (Trisomie 21)
- Triple-X-Syndrom (Trisomie X)
- Turner-Syndrom (Monosomie X).

16.13 Wann ist eine Stammbaumanalyse notwendig?

Zur Stammbaumanalyse durch einen Genetiker kommt es dann, wenn ein Paar einen Kinderwunsch hegt, aber in der Vergangenheit vermehrt Erbkrankheiten in der Familie aufgetreten sind. Mit einem genetischen Stammbaum ist die Einschätzung und etwaige Eingrenzung der Risiken möglich.

16.14 Unterscheiden Sie Chromosomenaberrationen von monogenen Erbgängen.

Chromosomenaberrationen, sind diverse Anomalien bei denen eine ordnungsgemäße Weitergabe von Chromosomen an die nächste Generation fehlschlägt.

Bei einem monogenen oder „einfachen" Erbgang ist nur *ein* Gen für die Ausprägung des Merkmals verantwortlich.
Beispiele sind:

- autosomal-dominanter Erbgang
- autosomal-rezessiver Erbgang
- X-chromosomal-dominanter Erbgang
- X-chromosomal-rezessiver Erbgang.

16.15 Beschreiben Sie die Fluoreszenz-in-situ-Hybridisierung und nennen Sie zwei Krankheiten, die mit dieser Methode nachgewiesen werden können.

Die Fluoreszenz-in-situ-Hybridisierung ist eine molekularbiologische Methode zum Nachweis von Nukleinsäuren (RNA oder DNA) in Geweben, einzelnen Zellen oder auf Metaphase-Chromosomen. Dabei wird eine künstlich hergestellte Sonde aus einer Nukleinsäure eingesetzt, die über Basenpaarungen an die nachzuweisende Nukleinsäure bindet.
Die Möglichkeit, das Vorhandensein von Teilen des Genoms im Fluoreszenzmikroskop zu bestimmen, wird für die klinische Diagnostik benutzt. Die Trisomie 21 und das Cri-du-Chat Syndrom können mit dieser Methode nachgewiesen werden.

16.16 Nennen Sie die Ursache für die Chorea Huntington.

Die Chorea Huntington wird autosomal-dominant vererbt. Der Gendefekt befindet sich auf Chromosom 4.

16.17 Beschreiben sie die Symptome der Chorea Huntington.

Die ersten Symptome treten um das 40. Lebensjahr auf. Auffälligste Krankheitszeichen sind plötzlich eintretende unwillkürliche Hyperkinesen der distalen Extremitätenabschnitte. Daher auch die Bezeichnung der Krankheit als Veitstanz. Außerdem kommt es zu Klavierspielbewegungen der Finger und Grimassieren des Gesichts mit Herausstrecken der Zunge. Durch unwillkürliche Kontraktionen der Muskulatur im Pharynx entstehen eine Dysarthrophonie (Stimmbildungsstörungen) und Dysphagie (Schluckstörungen).

16.18 Zeigen Sie die grundlegende Problematik der Mukoviszidose auf.

Die Mukoviszidose oder zystische Fibrose ist eine autosomal-rezessive vererbte Stoffwechselerkrankung.
Der Wassergehalt des Bronchialsekrets sowie der Sekrete der Bauchspeicheldrüse, der Leber, der inneren Geschlechtsorgane und deren Geschlechtsdrüsen sowie des Dünndarms, ist zu niedrig. Deshalb werden diese zähflüssig, wodurch es zu Funktionsstörungen in den betroffenen Organen kommt.

16.19 Erklären Sie die grundlegenden Aspekte der Medizinethik.

Die Medizinische Ethik beschäftigt sich mit den sittlichen Normsetzungen, die für das Gesundheitswesen gelten sollen. Sie hat sich aus der ärztlichen Ethik entwickelt und betrifft alle im Gesundheitswesen tätigen Personen, Institutionen und Organisationen und den Patienten.

Als grundlegende Werte gelten das Wohlergehen des Menschen, das Verbot zu schaden „Primum non nocere“ und das Recht auf Selbstbestimmung der Patienten. Von besonderer Wichtigkeit ist die Erhaltung der Menschenwürde.

17. Infektion und Abwehr – komplexe Prozesse

◊ Wissensfragen

17.1 Wie ist der Begriff „Fieber" definiert?

Unter Fieber, auch Pyrexie genannt, versteht man eine Erhöhung der rektal gemessenen Körpertemperatur über den Normwert von 37°C. Häufig wird auch ein Grenzwert von 38°C angegeben und der Zwischenbereich von 37,1°C bis 37,9°C als „subfebrile" Temperatur bezeichnet.

17.2 Erklären Sie die Bedeutung der Tonsillen und des lymphatischen Rachenrings bei Infekten des Nasen-Rachen-Raumes.

Krankheitserreger können über den Mund und die Nase in den Körper eindringen. Auf diesem Wege müssen sie die Mandeln passieren, die sich im Rachenraum hinter den seitlichen Gaumenbögen befinden. Diese Tonsillen gehören zu einer Gruppe von speziellen Geweben, deren Aufgabe es ist, die oberen Atemwege gegen das Eindringen von Bakterien und Viren zu schützen. Außer den Gaumenmandeln gehören zum lymphatischen Rachenring auch die Nasen-Rachen-Mandeln (Adenoide), die Seitenstränge im Bereich der seitlichen Rachenhinterwand und die Zungengrundmandeln.

17.3 Vergleichen Sie den grippalen Infekt mit der Influenza.

Beides sind virale Erkrankungen. Der grippale Infekt kommt drei Tage, bleibt drei Tage und geht drei Tage. Die Influenza setzt innerhalb weniger Stunden mit heftigem Schüttelfrost ein. Beide Erkrankungen gehen mit Husten, Schnupfen, Heiserkeit, Fieber und Gelenkbeschwerden einher, wobei die Symptomatik bei der Influenza deutlich heftiger ausgeprägt ist. Gegen die Influenza gibt es eine jährliche Grippeimpfung, die im Alter > 60 Jahre empfohlen wird.

17.4 Erklären Sie den Unterschied zwischen einer aktiven und einer passiven Impfung.

Bei einer aktiven Impfung werden attenuierte (abgeschwächte) Viren oder Fragmente von Viren injiziert. Der menschliche Körper bildet Antikörper, die spezifisch zu diesen Antigenen passen. Diese Impfung wirkt nach einigen Wochen und hält ca. 5 – 10 Jahre.

Bei der Passivimpfung werden Antikörper, die aus dem Serum eines Tieres gewonnen wurden injiziert. Der Impfschutz besteht sofort, hält aber nur sechs Wochen an, da er vom Immunsystem abgebaut wird.

17.5 Beschreiben sie das humorale Immunsystem.

Das humorale Immunsystem ist der Teil des Immunsystems, der nicht auf Zellen, sondern auf Plasmaproteinen basiert. Zu ihnen gehören:

- Antikörper (gegen Antigene)
- Komplementfaktoren (durchlöchern Bakterienwand)
- Lysozym (gegen Bakterien)
- Interferon (gegen Viren).[23]

17.6 Nach welchen Kriterien wird eine Rheumatoide Arthritis festgestellt?

- Morgensteifigkeit der Gelenke
- Arthritis in mindestens drei Gelenkregionen
- Arthritis der Fingergrund- oder mittelgelenke oder der Handgelenke
- Symmetrischer Befall
- Rheumaknoten.

17.7 Welcher Gruppe von Erkrankungen ist die Rheumatoide Arthritis zuzuordnen? Begründen Sie Ihre Aussage.

Sie ist eine Autoimmunerkrankung. Der Körper bildet Antikörper gegen die eigene Synovia.

[23] https://www.youtube.com/watch?v=Y_HiO8weLXs. Letzter Zugriff: 21.9.2014.

17.8 Erklären Sie die spezifische zelluläre Immunabwehr.

Sie besteht aus:

- Helferzellen (koordinieren die Immunreaktion)
- Killerzellen (vernichten infizierte oder krankhaft veränderte Zellen)
- Gedächtniszellen (werden bei erneutem Kontakt mit demselben Antigen sofort aktiviert und können innerhalb weniger Stunden eine Immunreaktion auslösen, die ein Ausbrechen einer Infektion verhindert)
- Suppressorzellen (hemmen während der Immunantwort die Aktivität anderer T- und B-Lymphozyten).

17.9 Beschreiben Sie folgende Abbildung.[24]

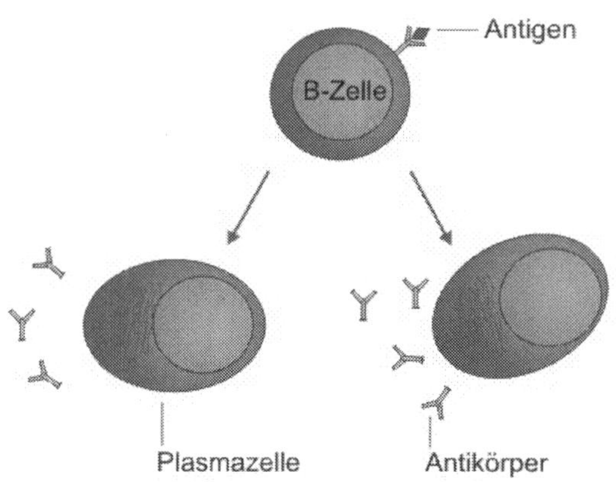

Eine B-Zelle wird nach Antigenkontakt zur Plasmazelle, die spezifische Antikörper produziert.

[24] Urheber: Dr. med. Mario Schubert. http://de.wikipedia.org/wiki/Immunsystem#mediaviewer/File:B-Zelle-Plasmazellen.png. Letzter Zugriff: 5.10.2014.

17.10 Erklären Sie den Grund für eine Transplantatabstoßung.

Eine Transplantatabstoßung ist eine Immunreaktion des Körpers auf ein körperfremdes Transplantat. Sie tritt dann auf, wenn das Immunsystem das transplantierte Organ oder Gewebe als fremd erkennt und bekämpft. Es reagiert dabei in gleicher Weise auf das fremde Gewebe wie es auf Krankheitserreger reagieren würde.

17.11 Organspende. Erläutern Sie das Vorgehen bei der Lebendspende.

Bei der Lebendspende spendet ein lebender Mensch eines seiner Organe oder die erforderlichen Zellen. Dies sind entweder paarig oder segmenthaft angelegte Organe oder Organe mit einer hohen Regenerationsfähigkeit. Gespendet werden von lebenden Personen Nieren und Leber. Auch Teile von Bauchspeicheldrüsen, Därmen und Lungen sind bereits bei Lebendspenden transplantiert worden.

17.12 Nennen Sie die Ursachen für den Diabetes mellitus Typ 1.

- Virusinfekt
- Autoimmunreaktion
- Genetische Disposition.

17.13 Worauf basiert die Prävention und Bekämpfung von Infektionskrankheiten?

- Hygiene
- Impfung
- Kenntnis und Vermeidung von Infektionsrisiken
- Früherkennung
- gezielter antimikrobieller Therapie
- Kenntnis der Pathogenese des Erregers.

~Reorganisation und Transfer

Wie unterscheidet sich die Allergie von der Pseudoallergie?

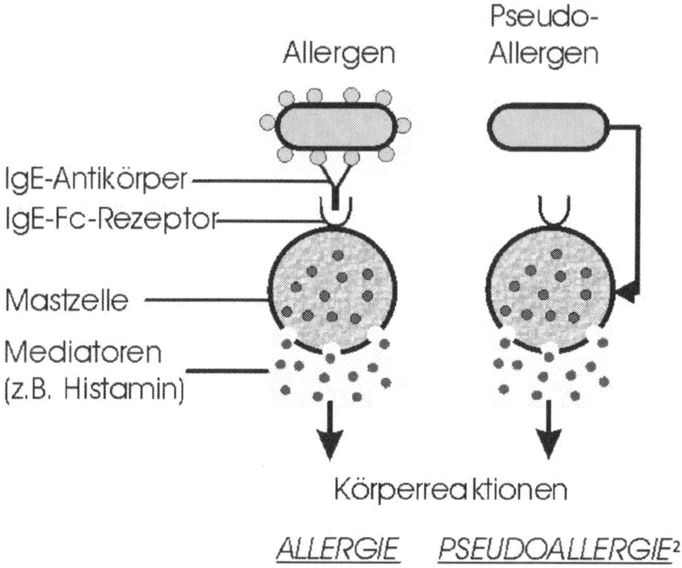

[25]

Lösung:

Die Pseudoallergie ist eine Unverträglichkeitsreaktion, die in ihrer klinischen Symptomatik sehr stark einer klassischen allergischen Reaktion vom Soforttyp ähnelt, allerdings ohne dass eine immunologische Reaktion nachweisbar wäre. Die häufigsten Auslöser sind Arzneimittel und Lebensmittelzusatzstoffe.

---

[25] Urheber: Dr. Jürgen Groth, http://commons.wikimedia.org/wiki/File:Allergie.png?uselang=de. Letzter Zugriff: 17.10.2014.

~**Reorganisation und Transfer**

Bewerten Sie die Kriterien *Organalter* und *Organqualität* für die Organspende.

Lösung:

Der ehemalige Grundsatz: Jung für jung und alt für alt, gilt nicht mehr ausschließlich.
Es ist möglich, einem Kind einen Teil einer Erwachsenenleber zu spenden, wenn die Qualität dieses Organs es zulässt. Die Lebensführung des Spenders ist ausschlaggebend für dessen Organqualität. Zur gesunden Lebensführung gehören z. B.:

- *Weglassen von Noxen, z. B. Alkohol, Nikotin und andere Drogen*
- *Normalgewichtigkeit, da sonst die inneren Organe verfettet sind*
- *Bewegung, damit alle Organe gut mit Sauerstoff und Nährstoffen versorgt werden*
- *Ca. 2 Liter Wasserkonsum pro Tag, um den Körper zu entgiften*
- *Regelmäßige Saunabesuche, um den Körper zu entgiften.*

*** Problemlösungsfrage**

Im Dezember 1999 lebten weltweit etwa 33,6 Millionen Menschen mit einer HIV-Infektion und/oder AIDS. Etwa 95 % dieser Infizierten und/oder Erkrankten fanden sich in den Entwicklungsländern.

Man rechnet mit etwa 8 – 10.000 neuen HIV-Infektionen pro Tag weltweit. In Westeuropa rechnet man mit einer Prävalenz von 0,065 % (80 % Männer, 20 %Frauen) mit etwa 480.000 HIV-Infektionen oder Aids-Fällen, wobei die heterosexuelle Übertragung mindestens so wichtig wie der Geschlechtskontakt zwischen Männern ist.

Ungünstigere Prävalenzzahlen findet man in Zentralafrika und Südostasien mit 5,6 % und einem über 50% großen Anteil bei den Frauen, wo die Hauptübertragung im Geschlechtskontakt zwischen Frau und Mann besteht.

Einen explosiven Anstieg beobachtet man in Osteuropa, wo z.B. in der Ukraine 1994 noch 44 HIV-Infektionen und bereits 1995 1.600 HIV-Infektionen gemeldet wurden.

In der Schweiz registrierte man seit 1983 bis Dezember 1999 6.742 Aids-Fälle, wovon 4.889 verstorben sind, seit 1985 verzeichnete man bis Ende 1999 24.270 HIV-Infektionen.

Ungefähr ein Drittel der Kinder von HIV-infizierten Frauen werden infiziert, von diesen entwickeln etwa 50 % innerhalb von 3 Jahren Aids.
50% der infizierten Erwachsenen entwickeln Aids innerhalb von 8 bis 10 Jahren.

1. Errechnen Sie die **Inzidenz** der HIV-Neuinfektionen pro Jahr weltweit.
2. Wie hoch war die HIV-Infektions **Inzidenz** in der Ukraine im Jahr 1995?
3. Wenn sich 95 % der weltweit Infizierten in den Entwicklungsländern befinden, wievielen Menschen entspricht das im Jahr 1999?
4. Tom ist Säugling einer AIDS-kranken Mutter. Wie hoch ist die Wahrscheinlichkeit, dass er sich bei ihr infiziert hat und die Krankheit in den ersten drei Lebensjahren zum Ausbruch kommt?
5. Errechnen Sie die AIDS-**Letalität** in der Schweiz für die Jahre 1983 – 1999 und geben Sie die Ergebnisse in Prozent an.
6. Wie kann eine perinatale HIV-Infektion gesenkt werden?
7. Warum kann ein AIDS-Patient an einer Pneumonie sterben?

Lösungen:

1. *8000 x 365 = 2.920.000*
   10000 x 365 = 3.650.000
   Die weltweite Inzidenz für HIV-Neuinfektionen beträgt 2.920.000 – 3.650.000 pro Jahr.

2. *1600 – 44 = 1556 Neuerkrankungen im Jahr 1995.*

3. $\frac{33.600.000}{100} = \frac{X}{95} = 31.929.000$

4. *33 : 2 = 16,5 %*

5. *Morbidität = 6.742*

   $\frac{4.889}{6.742} = 0{,}725$

   0,725 x 100 = 72,5 %

   Die Letalität in der Schweiz für den Zeitraum 1983 – 99 beträgt 72.5 %

6. *Eine prophylaktische antiretrovirale Kurzzeitbehandlung ist eine wirksame Methode zur Prävention einer Mutter-Kind-Übertragung des HI-Viruses. In Kombination mit Beratung, Unterstützung und der Anwendung sicherer Methoden bei der Säuglingsernährung, z. B. das Vermeiden von Stillen, kann das Infektionsrisiko des Kindes halbiert werden.*

7. *Wenn das Immunsystem durch eine T-Lymphozyten-Anzahl von < 400/µl Serum geschwächt ist, ist die Immunabwehr stark eingeschränkt und eine Pneumonie kann kaum noch bekämpft werden.*

18. Krebs in seiner epidemiologischen Bedeutung

◊ Wissensfragen

18.1 Welche Klassifizierung erschließt sich aus dem Begriff: „Tumor"?

Keine. Erst der Zusatz *benigne* oder *maligne* lässt eine Klassifizierung nach Dignität zu.

- Benigner Tumor = gutartige Geschwulst
- Maligner Tumor = Krebs.

18.2 Welche Maßnahmen dienen der Prävention von Krebserkrankungen?

- Gesunde Ernährung
- Bewegung
- Psychohygiene
- Minimierung von Risikofaktoren
- Impfung
- Früherkennung.

18.3 Beurteilen Sie den Einsatz von Tumormarkern.

Tumormarker gehören nicht zu den Früherkennungsmaßnahmen, obwohl sie häufig zur Früherkennung missbraucht werden. Falsch positive Werte können aber mehr Schaden anrichten, als Nutzen bringen. Tumormarker sind sehr gut zur Verlaufskontrolle bei der Krebstherapie geeignet.

18.4 In Deutschland leiden 28% aller Krebspatientinnen unter Brustkrebs. Etwa jede zehnte Frau erkrankt im Laufe ihres Lebens an Brustkrebs. In der Bundesrepublik gibt jedes Jahr 130 Neuerkrankungen pro 100.000 Einwohner; das sind insgesamt 57.000 Frauen. Welche Symptome sollten eine Frau bewegen sich von Gynäkologen untersuchen zu lassen?

- Verhärtung der Brust oder der Brusthaut
- Schmerzen, Druck oder Spannungsgefühl in der Brust
- Einziehungen der Brusthaut
- Entzündung der Brust und/oder der Brusthaut
- Jucken im Bereich der Brustwarze
- Veränderungen der Brustwarze
- Flüssigkeitsaustritt aus der Brustwarze (insbesondere blutiges Sekret)
- Allgemeinsymptome (z. B. allgemeines Schwächegefühle, Appetitverlust, Gewichtsverlust).

18.5 Frauen sollten sich regelmäßig die Brüste abtasten, da Brustkrebs zu schwerwiegenden Komplikationen führen kann. Nennen Sie diese.

- Lymphödem, führt zu einem dicken Arm auf der betroffenen Seite
- Metastasen in Lymphknoten, Lunge, Leber, Knochen
- Wenn die Lunge oder das Brustfell betroffen sind können Luftnot, chronischer Husten, blutiger Auswurf oder Schmerzen im Brustkorb auftreten
- Knochenmetastasen können Knochenschmerzen, Knochenbrüche oder Lähmungen auslösen
- Beim Befall der Leber können sich Bauchwassersucht (Aszites) oder Gelbsucht (Ikterus) einstellen
- Haben sich Metastasen im Gehirn gebildet, können Kopfschmerzen, Bewusstseinsstörungen, Lähmungen, Sensibilitätsstörungen, Sprachschwierigkeiten, Gedächtnisstörungen oder auch Wesensveränderungen die Folge sein.

19. Alter und Altern

19.1 Unterscheiden Sie das kalendarische, biologische, soziale und psychische Alter.

- Kalendarisches Alter – nach Geburtsdatum.
- Biologisches Alter – Alter in Abhängigkeit von Ernährung, Schlaf, Sport, Stress, Entspannungsverhalten, Alkohol- und Zigarettenkonsum, Gedächtnistraining und genetischer Disposition.

  Soziales Alter – Alter in Abhängigkeit vom Erleben sozialer Lebensabschnitte, z. B. Schule, Beruf, Elternrolle.
- Geistiges Alter. Subjektives Alter aufgrund des Bildes, welches der Mensch von sich selbst und seiner Leistungsfähigkeit hat.

19.2 Erklären Sie den Unterschied zwischen fluider und kristalliner Intelligenz und stellen Sie einen Bezug zur Alterung her.

- Fluide Intelligenz ist die Fähigkeit, logisch zu denken und Probleme zu lösen. Fluides Denken beinhaltet induktives Denken und deduktives Denken.
- Kristalline Intelligenz korreliert mit den Fähigkeiten, die von Wissen und Erfahrung abhängen, wie Vokabelwissen, generelle Informationen und Analogien.

Die fluide Intelligenz lässt im Alter nach.
Im Alter spricht man von Weisheit, welche auf die kristalline Intelligenz zurückzuführen ist.

19.3 Erklären Sie den Begriff Multimorbidität am Beispiel eines Patienten.

Multimorbidität
(multi = viele, Morbus = Krankheit)
beschreibt das gleichzeitige bestehen mehrerer Krankheiten in einem Körper, z. B. arterielle Hypertonie plus Diabetes mellitus plus Gicht plus Demenz.

19.4 Nennen Sie zu folgenden Organen jeweils eine Veränderung, die im Alter vorkommen kann.
Auge
Skelett
Ohr
Herz
Gehirn

- Auge: Trübung der Linse (Katarakt) oder Alterssichtigkeit.
- Skelett: Osteoporose oder Arthrose
- Ohr: Altersschwerhörigkeit
- Herz: Koronare Herzkrankheit
- Gehirn: Demenz.

19.5 Erklären Sie die Begriffe: Ultrakurzzeitgedächtnis, Kurzzeitgedächtnis und Langzeitgedächtnis. In welcher Form findet jeweils ein physiologischer Prozess im Gehirn des Menschen statt?

- **UKZG = Ultrakurzzeitgedächtnis,** (Millisekunden)

z. B. Telefonnummer sehen.

Physiologische Entsprechung: elektrische Gehirnströme.

- **KZG = Kurzzeitgedächtnis,** (Sekunden bis Stunden)

z. B. Telefonnummer beim Wählen merken, Lernen am Morgen vor der Klassenarbeit.

Physiologische Entsprechung: Aufbau einfacher Proteinstrukturen im Gehirn, die schnell wieder abgebaut werden.

- **LZG = Langzeitgedächtnis,** (unbegrenzt)

z. B. eine Telefonnummer wird mit Bedeutung versehen; das Geburtsdatum wird mit einem Bild verknüpft.

Physiologische Entsprechung: Aufbau komplexer Proteinstrukturen, die meist lange erhalten bleiben.

19.6 Kategorisieren Sie den Begriff „Behinderung" in sechs Bereiche.

- körperliche Behinderung
- Sinnesbehinderung (Blindheit, Gehörlosigkeit, Schwerhörigkeit, Taubblindheit, Geruchlosigkeit)
- Sprachbehinderung
- psychische (seelische) Behinderung
- Lernbehinderung
- geistige Behinderung.

19.7 Zählen Sie fünf Möglichkeiten der Unterstützung auf, die pflegende Angehörige nutzen können.

1. Essen auf Rädern
2. 24-Stundenbetreuer
3. Teilstationäre Betreuung in einem Heim
4. Tagespflege
5. Ambulanter Pflegedienst
6. Urlaub für pflegende Angehörige
7. Selbsthilfegruppe:
   https://www.deutsche-alzheimer.de/.

20. Existentielle Herausforderungen im Lebenslauf

20.1 Nennen Sie einige kritische Lebensereignisse. Unterscheiden Sie zwischen akuten und chronischen Ereignissen.

Akut: Suizid in der Familie, schwerer Verkehrsunfall, Fehlgeburt.

Chronisch: Demenz, Krebs, Behinderung.

20.2 Definieren Sie den Begriff Thanatologie.

Thanatologie befasst sich mit Begriffen des Todes (Scheintod, klinischer Tod, endgültiger Tod, Hirntod), mit den Kriterien der Todesfeststellung (sichere bzw. unsichere Todeszeichen), mit Vorgängen im Organismus vor dem Tod (Agonie) sowie nach dem Tod (frühe und späte Leichenveränderungen), mit Untersuchungen von Leichen (Leichenschau, Obduktion, Identifizierung) und mit den Todesarten (natürlicher und nicht natürlicher Tod).

20.3 Erklären Sie den Unterschied zwischen klinischem Tod und endgültigem Tod.

Bei klinischem Tod bestehen:

- Herz-Kreislauf-Stillstand
- Atemstillstand
- Bewusstlosigkeit
- weite, lichtstarre Pupillen
  Muskelerschlaffung
- Reflexverlust.

Die Reanimationszeit des Gehirns beträgt 5 – 10 Minuten.

Dann tritt der endgültige Tod – irreversibler Stillstand von Kreislauf und Atmung – ein.

20.4 Nennen Sie fünf unsichere Todeszeichen.

- Blässe der Haut
- Abnahme der Körperwärme
- Atemstillstand
- Herz-Kreislauf-Stillstand
- Fehlende Pupillenreaktion
- Fehlende Reflexe
- Muskelatonie.

20.5 Beschreiben Sie kurz die Phasen des Trauerprozesses nach Verena Kast.

1. Nicht-Wahrhaben-Wollen
2. Aufbrechende Emotionen
3. Suchen, finden, sich trennen
4. Neuer Selbst- und Weltbezug.

20.6 Definieren Sie den Begriff „Behinderung“ und nennen Sie Beispiele.

Der Begriff Behinderung wird als Umschreibung gebraucht für eine dauerhafte und gravierende Beeinträchtigung der gesellschaftlichen und wirtschaftlichen Teilnahme einer Person, verursacht durch das Zusammenspiel ungünstiger Umwelt-, sozialer oder anderer Faktoren. Behinderung ist keine Krankheit.

- körperliche Behinderung
- Sinnesbehinderung (Blindheit, Gehörlosigkeit, Schwerhörigkeit, Taubblindheit, Geruchlosigkeit)
- Sprachbehinderung
- psychische (seelische) Behinderung
- Lernbehinderung
- geistige Behinderung.

20.7 Definieren Sie “Palliativ Care“.

Ein Ansatz zur Verbesserung der Lebensqualität von Patienten und deren Familien, die mit Problemen konfrontiert sind, die mit einer lebensbedrohlichen Erkrankung einhergehen.
Maßnahmen:

- Vorbeugen und Lindern von Leiden, durch frühzeitiges Erkennen
- Einschätzung und Behandlung von Schmerzen, sowie anderen belastenden Beschwerden körperlicher, psychosozialer und spiritueller Art.
-

20.8 Zählen Sie Beispiele für die Palliativversorgung eines Patienten auf.

- Einem Patient mit einem inoperablen Kolo-rektalen Carzinom, wird ein Colostoma angelegt
- Schmerztherapie, z. B. PCA (Patient Controlled Anesthesia), im Volksmund *Schmerzpumpe* genannt, bei multiplen Knochentumoren
- Palliativbestrahlung zur Reduktion des Tumorwachstums, z. B. Bestrahlung von Knochenmetastasen, um Knochenbrüche zu vermeiden.

20.9 Was ist ein Hospiz?

Ein Hospiz ist eine vom Krankenhaus oder Seniorenheim unabhängige Pflegeeinrichtung, in der Schwerstkranke mit absehbarem Lebensende betreut werden. Wenn ein Sterbender nicht zu Hause gepflegt werden kann und keine Behandlung im Krankenhaus bzw. auf einer Palliativstation benötigt, bietet das stationäre Hospiz Geborgenheit und kompetente Betreuung.

Auch bei amazon erschienen:

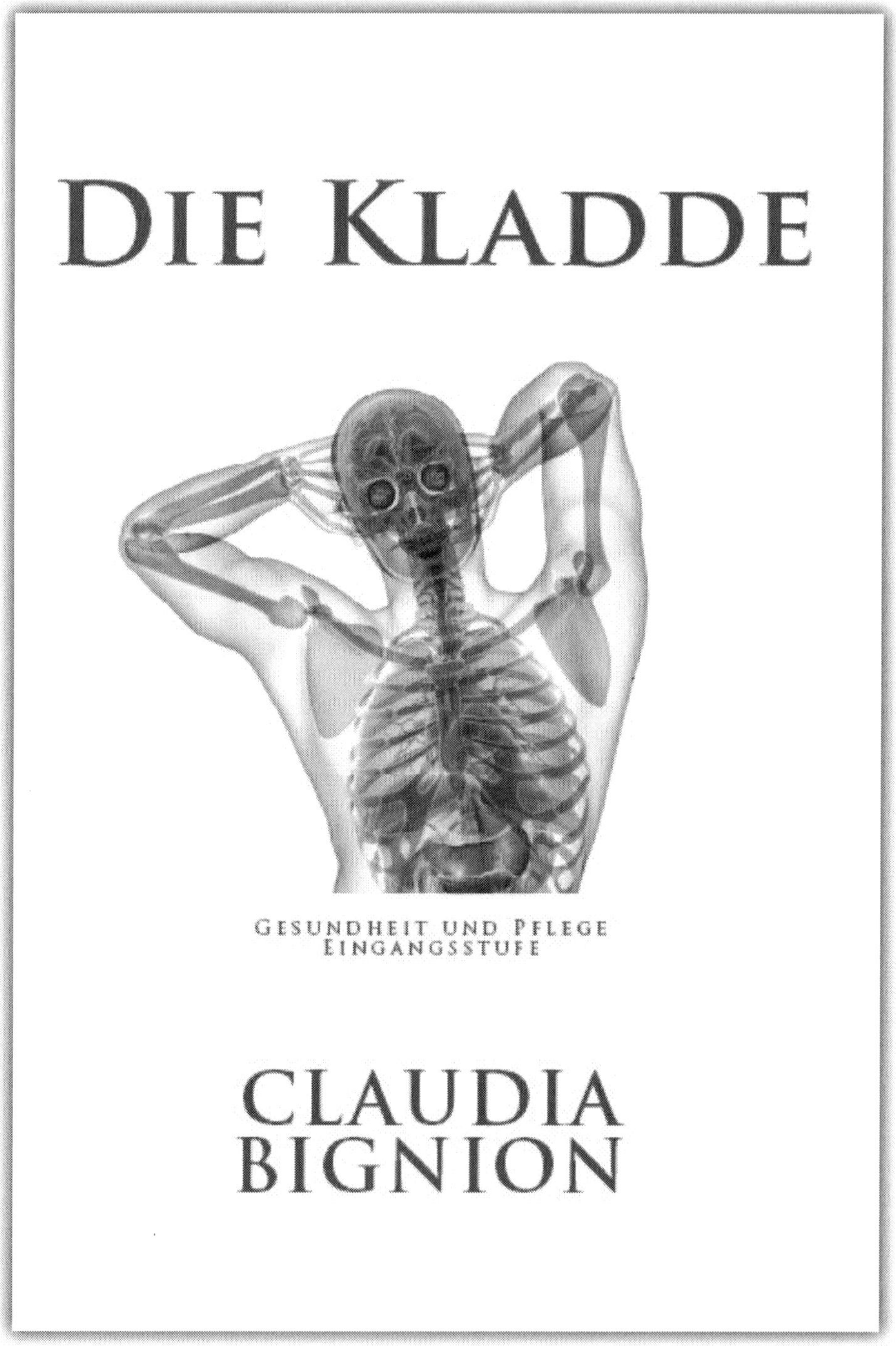

21. Abitur 2015 – Originalaufgaben mit Lösungen

Aufgabe 1

1.1 Herr Schmitz (38 Jahre alt) war 20 Jahre lang aktiver Leistungssportler im Volleyball. Aufgrund starker Schmerzen in den Knien musste er den intensiven Sport aufgeben und ist nun in seiner körperlichen Aktivität eingeschränkt. Seiter hat er an Gewicht zugelegt. Bei einer Körpergröße von 194 cm wiegt er jetzt 123 kg.
Der Orthopäde diagnostiziert eine fortgeschrittene Arthrose in beiden Kniegelenken.

1.1.1 Differenzieren Sie die Ursachen der fortgeschrittenen Arthrose von Herrn Schmitz. (1)

1.1.2 Beschreiben Sie die Veränderungen eines Gelenks bei Arthrose unter Einbezug der folgenden Abbildung 1 und leiten Sie daraus zwei weitere pathologische Folgen ab. (3)

A

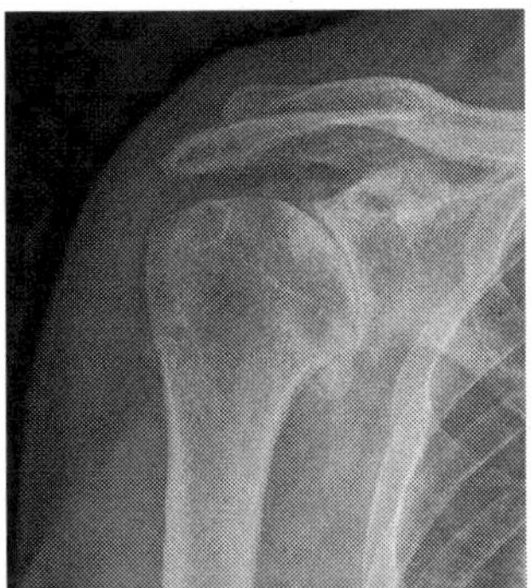

B

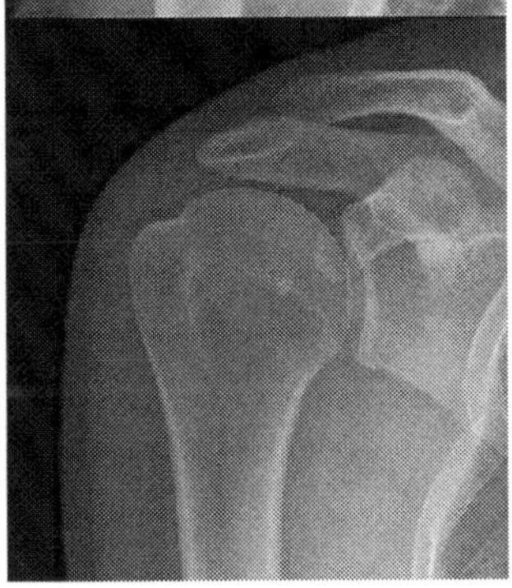

[26]

---

[26] Urheber: Hellerhoff.
http://commons.wikimedia.org/wiki/File:Omarthrose_rechts_mit_gesundem_Vergleich_-_Roe_ap_001.jpg?uselang=de. Letzter Zugriff: 18.5.2015.

1.1.3 Begründen Sie drei nicht operative (Konservative) = Therapiemöglichkeiten. (3)

1.2 Erstellen Sie für Herrn Schmitz ein Instrument zur Selbsteinschätzung bei Schmerzen und begründen Sie dessen Einsatz (zwei Aspekte). (3)

1.3 Der Orthopäde rät Herrn Schmitz zum operativen künstlichen Kniegelenksersatz. Stellen Sie die Chancen und Risiken dieser Operation dar (vier Angaben). (4)

1.4 Herr Schmitz erhält außerdem eine Ernährungsberatung.

1.4.1 Berechnen und bewerten Sie den BMI von Herrn Schmitz (Rechenweg angeben). (2)

1.4.2 In seinem Ernährungsprotokoll tauchen zwei Abendessen häufig auf. Berechnen Sie den Energiegehalt der beiden Abendessen mit Hilfe der Nährwerttabelle in Anlage 1 und bewerten Sie die beiden Mahlzeiten unter drei gesundheitsrelevanten Kriterien. (4)

Mahlzeit 1	**Mahlzeit 2**
200 g Wurst-Käse-Salat	200 g Kartoffelsalat
100 g Weizenbrot / Weißbrot (2 Scheiben)	65 g Spiegelei (1 Spiegelei)
0,5 l Exportbier (1 Flasche)	100 g Weizenvollkornbrot (2 Scheiben)
	0,5 l alkoholfreies Bier (1 Flasche)

Der essbare Anteil von 100 g verzehrsfertiger Lebensmittel enthält:

	Energie (kJ)	Eiweiß (g)	Fett (g)	Kohlenhydrate(g)	Ballaststoffe (g)
Wurst-Käse-Salat	1170	12	25	1	0,3
Kartoffelsalat	453	2	6	11	1
Weizenbrot/Weißbrot	994	8	1	49	3,2
Weizenvollkornbrot	836	8	1	41	7,5
Spiegelei	919	13	18	1	0
Exportbier	223	0	0	3	0
Bier alkoholfrei	104	0	0	5	0

1.5 Im Jahr 2011 sind 67.685 Männer aufgrund ihrer Arthrose insgesamt 4.971.052 Arbeitstage ausgefallen.
Errechnen und bewerten Sie den durchschnittlichen Prozentsatz, den ein Arbeitnehmer im Jahr 2011 dem Arbeitsplatz fern blieb (Rechenweg angeben). (3)
Hinweis:
5-Tage-Woche bei 52 Wochen, mit 30 Tagen Urlaub pro Jahr.

1.6 Das deutsche Modell der sozialen Sicherung baut auf einer Reihe von Grundprinzipien auf.

1.6.1 Definieren Sie drei dieser Grundprinzipien. (3)

1.6.2 Beurteilen Sie ein internationales Gesundheitssystem Ihrer Wahl anhand von vier selbst gewählten Kriterien. (4)

Aufgabe 2

2.1 Herr Walter, 58 Jahre, ein vielbeschäftigter Geschäftsführer eines renommierten Zeitungsverlags, hat seit acht Jahren einen manifesten Diabetes mellitus Typ II. Trotz intensiver Therapie schwanken seine Blutzuckerwerte erheblich. Bei der letzten ärztlichen Kontrolle war sein Arzt sehr unzufrieden mit den Blutzuckerwerten. Herr Walter gab an, durch seinen stressigen Berufsalltag keine Zeit für Familie, für seine Hobbies und damit eine gesunde Work-Life-Balance zu finden. Auf Nachfrage gab er zu, dass selbst Treppensteigen mittlerweile eine Belastung für ihn sei.

2.1.1 Benennen Sie vier Hormone, die Einfluss auf den Blutzuckerspiegel haben und geben Sie deren entsprechende Wirkung an. (2)

2.1.2 Stellen Sie dar, warum die Blutzuckerwerte von Herrn Walter trotz intensivierter Insulintherapie stark schwanken. (1)

2.2 Eine Möglichkeit der Diagnostik bei Diabetes mellitus ist der Glucosebelastungstest. Die Versuchspersonen trinken in nüchternem Zustand eine Zuckerlösung mit 100 g Glucose. Danach wird in Abständen von je einer halben Stunde Blut entnommen und sowohl die Glucose- als auch die Insulinkonzentration bestimmt.
Ordnen Sie die drei Diagramme einer Person mit Diabetes Typ I, einer Person mit Diabetes Typ II, sowie einer gesunden Person begründet zu. Gehen Sie dabei auf die Unterschiede der beiden Diabetestypen ein.

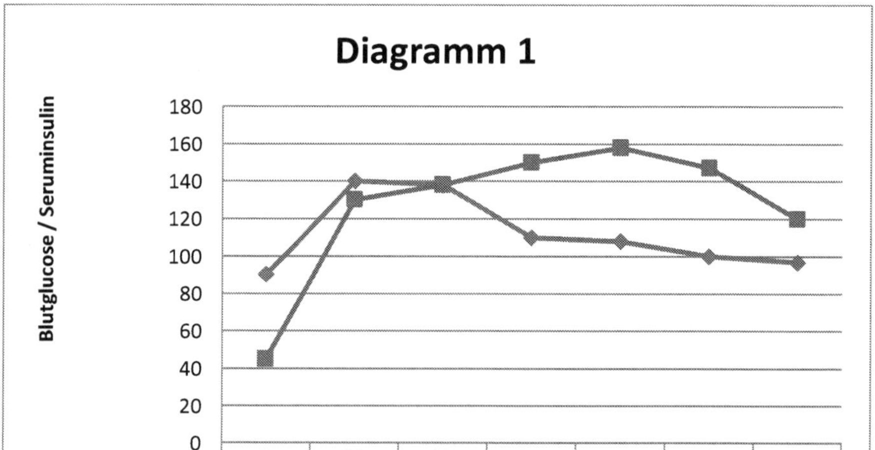

	0	30	60	90	120	180	240
Datenreihe1	90	140	138	110	108	100	97
Datenreihe2	45	130	138	150	158	147	120

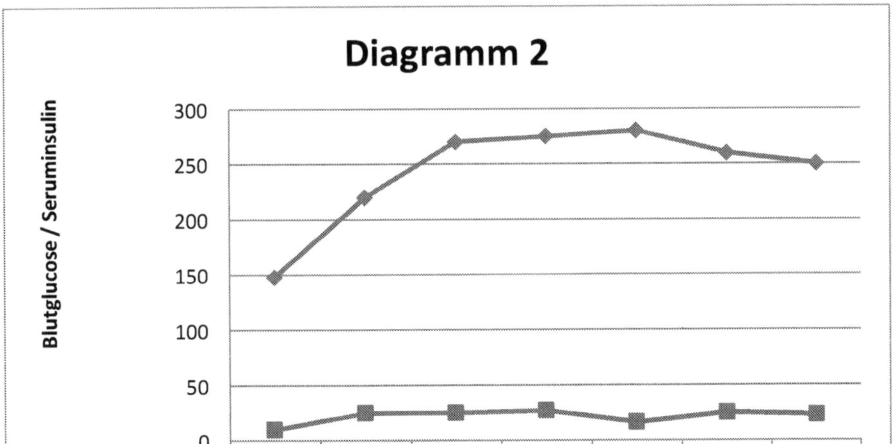

	0	30	60	90	120	180	240
Datenreihe1	148	220	270	275	280	260	250
Datenreihe2	10	25	25	27	16	25	23

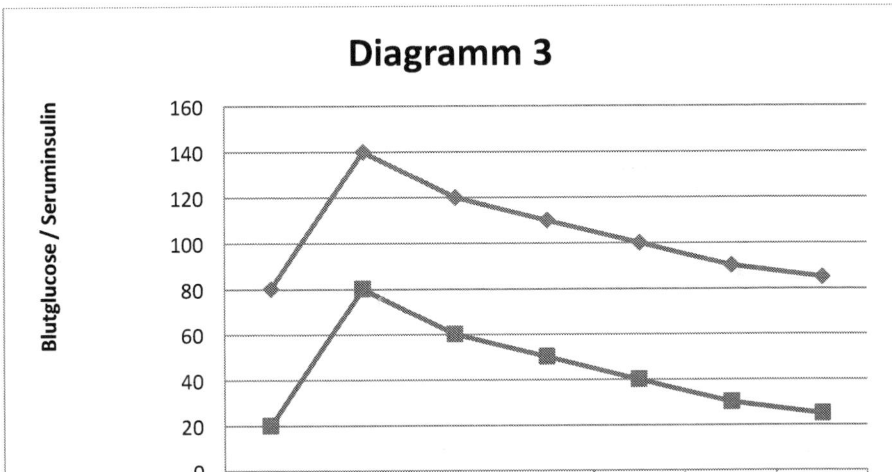

	0	30	60	90	120	180	240
Datenreihe1	80	140	120	110	100	90	85
Datenreihe2	20	80	60	50	40	30	25

Die Datenreihe auf der X-Achse beziffert die Minuten.
Datenreihe 1 entspricht dem Blutglucosespiegel.
Datenreihe 2 entspricht der Insulinkonzentration im Serum.

2.3 Bei Herrn Walter hat der über Jahre manifestierte Diabetes mellitus Spätfolgen an den Gefäßen verursacht.

2.3.1 Definieren Sie drei verschiedenen Blutgefäßarten (Arterien, Venen und Kapillaren). Vergleichen Sie den physiologischen Aufbau der verschiedenen Blutgefäße an zwei selbst gewählten Kriterien. (4)
2.3.2 Benennen Sie die pathologischen Gefäßveränderungen mit Fachwort und ordnen Sie diese den entsprechenden Gefäßtypen zu. (1)
2.3.3 Leiten Sie für vier Organe die diabetesspezifischen Spätfolgen ab. (2)

2.4 Im Rahmen eines schlecht eingestellten Diabetes mellitus kann es zu Schäden des Nervensystems kommen. Zeichnen Sie ein Neuron und benennen Sie die Bestandteile. (3)

2.5 Eine weitere Erkrankung des Nervensystems ist die Multiple Sklerose (MS), eine chronisch-entzündliche Erkrankung, bei der die Ummantelung der Nervenfasern angegriffen wird. Erklären sie die Auswirkungen auf die Erregungsleitung und leiten Sie zwei mögliche Symptome für einen MS-Betroffenen ab. (3)

2.6 Seit 1984 beobachten die Wissenschaftler unter der Leitung des Helmholtz Zentrums München im Rahmen der „Kooperativen Gesundheitsforschung in der Region Augsburg (KORA) den Gesundheitszustand der Augsburger Bevölkerung. Verschiedenste Studien und Fragestellungen, u. a. zu den Themen Herzkreislauferkrankungen und Diabetes mellitus wurden und werden bearbeitet. Ausgangspunkt des Projekts war, dass 1984 erstmalig ein repräsentativer Anteil aller 25- bis 74-jährigen Einwohner der Region Augsburg zur Studienteilnahme eingeladen wurde. Seither wurden im Abstand von jeweils fünf Jahren insgesamt vier weiter Gruppen mit jeweils 4000 bis 5000 Probanden in die KORA-Studie aufgenommen. In mehrjährigen Abständen erfolgen regelmäßige Folgeuntersuchungen und Folgebefragungen zur Gesundheit.

2.6.1 Analysieren Sie die KORA-Studie. Erläutern Sie die Forschungsrichtung und das Studiendesign. (4)
2.6.2 Die Prävalenz von Diabetes mellitus Typ 2 in der oben angegebenen Altersgruppe liegt bei 5,8 %. Erklären Sie diese Aussage. (1)
2.6.3 Definieren Sie weiterhin den Begriff Inzidenz und geben Sie an, welche Informationen Sie zur Inzidenzberechnung in der KORA-Studie vorfinden müssten. (1)

2.7 Entwickeln Sie ein Präventionskonzept zur Prophylaxe von diabetesbedingten Folgeerkrankungen für Herrn Walter. Formulieren Sie dazu sechs Maßnahmen zur Arbeitsplatzgestaltung und zum Gesundheitsverhalten. (3)

Aufgabe 3

3.1

Rückenschmerzen gehören zu den häufigsten gesundheitlichen Problemen. Nach Informationen der Bundeszentrale für gesundheitliche Aufklärung betreffen Rückenschmerzen in den Industrienationen fast jeden Menschen mindestens einmal in Leben.

3.1.1 Die Wirbelsäule bildet die große Längsachse des Skeletts und ermöglicht durch ihre Bauweise Beweglichkeit und Stabilität. Stellen Sie die Seitenansicht der Wirbelsäule schematisch dar und beschriften Sie die einzelnen Abschnitte und physiologischen Krümmungen. Kennzeichnen Sie in Ihrer Ansicht die Richtungsbezeichnungen dorsal und ventral. (3)

3.1.2 Die Stabilität der Knochen ergibt sich u. a. durch den Calciumeinbau und wird hormonell geregelt. Neben Vitamin D spielen hierbei zwei, den Blutcalciumspiegel regulierende Hormone eine wichtige Rolle. Benennen Sie diese Hormone mit ihrem Bildungsort und ordnen Sie diese den Geraden A und B in der Abb. begründet zu. (4)

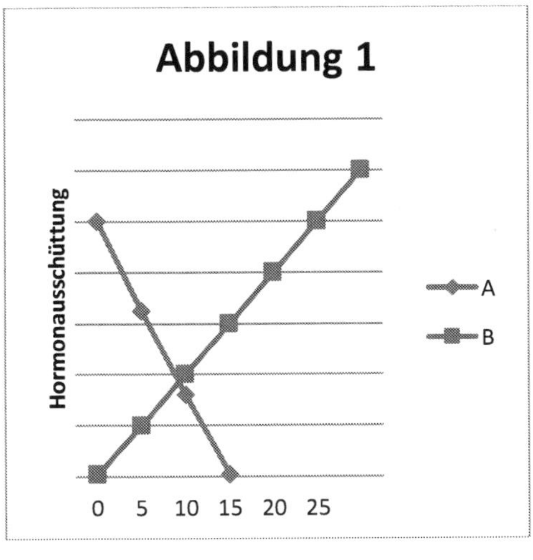

Blut-Calcium (Ca^{2+}) (mg/dL)

Abbildung 1: Sekretion (Ausschüttung) der Blut-Calcium-regulierenden Hormone in Abhängigkeit der Calcium-Konzentration im Blutplasma [Blut-Calcium Ca^{2+}]

3.2 Nach anfänglich symptomlosem Verlauf kann auch Osteoporose als häufige Alterserscheinung zu starken Rückenschmerzen führen. Typisch ist die Ausbildung eines Rundrückens oder sogenannten „Witwenbuckels“. Grund dafür ist der zunehmende Verlust der Knochenstruktur der Wirbelkörper.

3.2.1 Erläutern Sie diese Veränderungen auf zellulärer Ebene des Knochens unter Berücksichtigung der hormonellen Situation bei Frauen nach der Menopause. (3)

3.2.2 Geben Sie zwei sturzprophylaktische Maßnahmen zur Vermeidung von Frakturen bei Menschen mit Osteoporose an.

3.3 Eine der häufigsten Ursachen für Rückenbeschwerden sind Muskelverspannungen.

3.3.1 Ein möglicher medikamentöser Therapieansatz ist die lokale Anwendung von Muskelrelaxantien. Es handelt sich dabei um Substanzen, die zu einer vorübergehenden Entspannung der Muskulatur führen.
Formulieren Sie eine Hypothese zur Wirkungsweise dieser Therapie und der motorischen Endplatte. (3)

3.3.2 Leiten Sie zwei geeignete Präventionsmaßnahmen zur Vermeidung von Rückenschmerzen durch Muskelverspannung her. (2)

3.4 Brustkrebs (Mammakarzinom) ist der häufigste bösartige Tumor der Frau.

3.4.1 Erläutern Sie die Entstehung von malignen Tumoren auf zellulärer Ebene. (3)

3.4.2 Bei 5 – 10 % der Brustkrebspatientinnen lässt sich eine genetische Disposition feststellen. Hierfür verantwortlich sind u. a. die zwei Gene BRCA1 und BRCA2. Bei Verdacht auf eine solche Disposition wird das diagnostische Verfahren der PCR (Polymerase-Kettenreaktion) durchgeführt.
Beschreiben Sie das Prinzip der PCR und begründen Sie, weshalb ein Karyogramm als diagnostisches Verfahren in diesem Fall nicht geeignet ist. (3)

3.4.3 Die Töchter einer Patientin mit Brustkrebs stehen vor der Frage, ob sie einen Test zur Abklärung ihrer genetischen Disposition durchführen. Eine Tochter entscheidet sich für, die andere gegen den gendiagnostischen Test. (2)

3.4.4 Patientinnen mit Mammakarzinom entwickeln nicht selten Rückenschmerzen, welche ursächlich im Zusammenhang mit ihrer Krebserkrankung stehen. Erläutern Sie den Zusammenhang. (3)

3.4.5 Geben Sie jeweils eine geeignete medikamentöse und nichtmedikamentöse Therapiemaßnahme zur Schmerzbehandlung an und begründen Sie deren Wirkung. (3)

Aufgabe 4

20.8 Herz-Kreislauf-Erkrankungen zählen heute in Deutschland zu den am häufigsten vorkommenden Erkrankungen.

20.8.1 Erklären Sie den Begriff Prävalenz und vergleichen Sie in der dargestellten Tabelle folgende Gruppen:

- Frauen und Männer
- Zwei unterschiedliche Altersgruppen innerhalb eines Geschlechts.

4.1.2 Im Unterschied zu oberen Bildungsgruppen haben untere Bildungsgruppen mehrheitlich eine höhere Prävalenz von koronaren Herzerkrankungen; siehe Tabelle. Begründen Sie diesen Sachverhalt.

Frauen	%	Männer	%
Frauen gesamt	6,5	Männer gesamt	9,2
18 – 29 Jahre	0,5	**18 – 29 Jahre**	0,5
Untere Bildungsgruppe	0,2	Untere Bildungsgruppe	0,4
Mittlere Bildungsgruppe	0,7	Mittlere Bildungsgruppe	0,3
Obere Bildungsgruppe	0,3	Obere Bildungsgruppe	1,7
30 – 44 Jahre	0,7	**30 – 44 Jahre**	1,4
Untere Bildungsgruppe	0,9	Untere Bildungsgruppe	0,9
Mittlere Bildungsgruppe	0,7	Mittlere Bildungsgruppe	1,9
Obere Bildungsgruppe	0,5	Obere Bildungsgruppe	0,7
45 – 64 Jahre	3,5	**45 – 64 Jahre**	8,6
Untere Bildungsgruppe	5,6	Untere Bildungsgruppe	13,6
Mittlere Bildungsgruppe	3,0	Mittlere Bildungsgruppe	8,6
Obere Bildungsgruppe	2,8	Obere Bildungsgruppe	6,7
Ab 65 Jahre	19,1	**Ab 65 Jahre**	28,2
Untere Bildungsgruppe	23,3	Untere Bildungsgruppe	26,0
Mittlere Bildungsgruppe	15,0	Mittlere Bildungsgruppe	30,1
Obere Bildungsgruppe	14,5	Obere Bildungsgruppe	25,8

4.2 Zum Verständnis krankhafter Veränderungen dient das gesunde Herz als Ausgangspunkt.

4.2.1 a. Beschriften Sie die in der Herzabbildung gekennzeichneten Herzklappen und Gefäße.
b. Kennzeichnen Sie die Fließrichtung des Blutes mit den entsprechenden Pfeilen. Benutzen Sie ———▶ für sauerstoffreich und - - - - - - - - > für sauerstoffarm. (3)

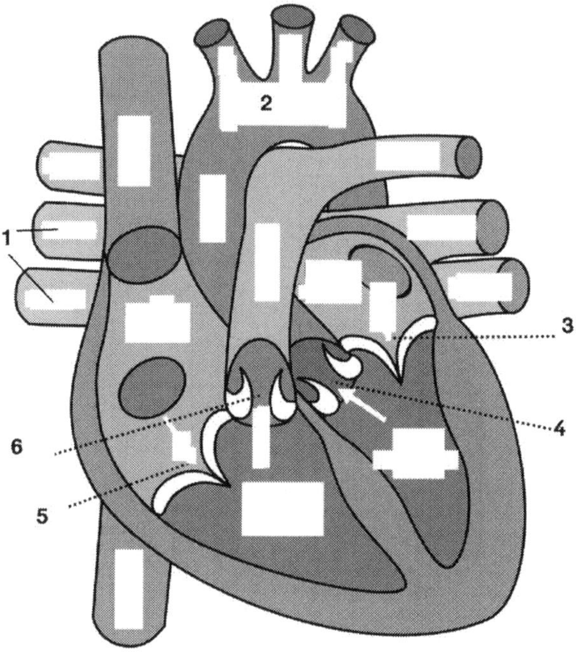

27

4.2.2 Beschreiben Sie die Entstehung eines Herzinfarktes unter Einbeziehung zweier Risikofaktoren. (4)

4.3 Ein Baustein der Therapie von Herzinfarktpatienten ist der Einsatz von gerinnungshemmenden Medikamenten.

4.3.1 Erläutern Sie, weshalb Vitamin-K-haltige Lebensmittel nur in Maßen verzehrt werden sollen, wenn als gerinnungshemmendes Medikament z. B. Cumarinderivate (Vitamin-K-Antagonist) eingenommen werden. (2)

4.3.2 Bei der Einnahme von gerinnungshemmenden Medikamenten kommt der Krankenbeobachtung eine besondere Stellung zu. Geben Sie zwei konkrete Beobachtungsparameter an. (1)

---

27 http://upload.wikimedia.org/wikipedia/commons/thumb/3/33/Diagram_of_the_human_heart_%28cropped%29_de.svg/2000px-Diagram_of_the_human_heart_%28cropped%29_de.svg.png. Letzter Zugriff: 12.6.2015.

4.4 Ein Lungenödem kann eine Komplikation im Rahmen eines Herzinfarktes sein. Dabei sammelt sich vermehrt Flüssigkeit zwischen den Zellen des Lungengewebes (sog. Interstitium) und/oder den Lungenbläschen (Alveolen) an.

4.4.1 Erläutern Sie den Entstehungsprozess eines Lungenödems nach einem Herzinfarkt. (3)

4.4.2 Nennen und begründen Sie ein Hauptsymptom des Lungenödems. (2)

4.5 Eine wichtige Maßnahme insbesondere bei Herzinfarktpatienten bildet die regelmäßige Kontrolle des Blutdrucks.

4.5.1 Nennen Sie physiologische und pathologische Blutdruckwerte eines Erwachsenen. (1)

4.5.2 Beschreiben Sie die Einzelschritte der Blutdruckregulation über die Niere. Verwenden Sie dazu nachstehende Begriffe: Renin, Angiotensin I, Angiotensin II, Angiotensin Converting Enzyme (ACE). (2)

4.5.3 Stellen Sie den Zusammenhang zwischen Bluthochdruck, arteriosklerotischen Gefäßveränderungen und Blutdruckregulation dar. Begründen Sie warum eine medikamentöse Blutdrucksenkung dauerhaft sinnvoll ist. (4)

4.6 Grundsätzlich steht jedem Patienten mit einem Herzinfarkt eine Rehabilitation im Rahmen einer Anschlussbehandlung zu. Nennen sie zwei Rehabilitationsziele und leiten Sie daraus jeweils zwei Maßnahmen ab. (4)

Lösungsvorschläge Abitur 2015

Lösungsvorschlag Aufgabe 1

1.1.1 Starke Gelenkabnützung: durch Leistungssport, später zusätzlich durch Übergewicht. (1)

1.1.2 Verlust des hyalinen Knorpels, Gelenkdeformation von Kopf und Pfanne, Verringerung des Gelenkspaltes, z. B. Entzündung der Innenschicht der Gelenkkapsel, Fehlstellung der Gelenke, Muskelatrophie, Einsteifung des Gelenks. (3)

1.1.3 z. B.
Ruhigstellung: keine Gelenkreizung, keine Schmerzen
Gewichtsreduktion: Reduzierung der Gelenkbelastung
Krankengymnastik: Muskelaufbau, Gelenkentlastung
Orthetische Maßnahmen: Einlagen, Korrektur von Fehlstellungen
Medikamentöse Therapie: entzündungshemmend, schmerzhemmend. (3)

1.2 z. B. Numerische Rangskala, verbale Rangskala, visuelle Rangskala.
Begründung: Dokumentation, Unterscheidung von Schmerzen und Schmerzintensität, individuelle Therapie von Herrn Schmitz; Überprüfung der Wirkung von Schmerzmedikamenten. (3)

1.3 Chancen:
Mobilität wiederhergestellt, sportliche Aktivität möglich, soziale Kontakte besser möglich, Gewichtsreduktion, weniger Medikamente, geringere Leber- und Nierenbelastung. (2)

Risiken:
Operationsrisiken (Narkose, keine Garantie für Gelenkfunktion), schmerzhafte Korrektur der zuvor entstandenen Fehlstellungen, Haltbarkeit des Gelenks zeitlich begrenzt. (2)

1.4

1.4.1 $123kg / (1{,}94m)^2$ = > adipös

1.4.2

Mahlzeit 1	Energie
200 g Wurst-Käse-Salat	2340 kJ
100 g Weizenbrot / Weißbrot (2 Scheiben)	994 kJ
0,5 l Exportbier (1 Flasche)	1115 kJ
Gesamt:	4449 kJ

Mahlzeit 2	Energie
200 g Kartoffelsalat	906 kJ
65 g Spiegelei (1 Spiegelei)	597 kJ
100 g Weizenvollkornbrot (2 Scheiben)	836 kJ

0,5 l alkoholfreies Bier (1 Flasche)	520 kJ
	2859 kJ

Bewertung:
Beide Mahlzeiten sind sehr Energieriech
Beide Malhzeiten enthalten wenige Vitamine (kein frisches Obst / Gemüse)
Mahlzeit 2 ist deutlich energieärmer als Mahlzeit 1
Mahlzeit 2 enthält keinen Alkohol
Mahlzeit 2 enthält durch Vollkornbrot mehr Ballaststoffe
Mahlzeit 2 hat eine höhere biologische Wertigkeit (Kartoffel-Ei)
Mahlzeit 1 ist fettreicher als Mahlzeit 2 (4)

1.5 4.971.052 : 67.685 = 73,4 Fehltage pro Jahr
52 x 5 – 30 = 230 Arbeitstage pro Jahr
(73,4 : 230) x 100 % = 31,9 % (32 %) der Arbeitszeit sind Fehlzeiten, d. h. die Ausfallzeit der Arbeitnehmer bei Arthrose beträgt fast ein Drittel der Arbeitszeit oder Arbeitnehmer mit der Diagnose *Arthrose* können nur 68 % der Leistungsanforderung erbringen = großer volkswirtschaftlicher Schaden. (3)

1.6

1.6.1 Sozialstaatsgebot: Aufgabe des Staates für soziale Gerechtigkeit zu sorgen; der Staat stellt eine ausreichende medizinische und pflegerische Versorgung sicher.
Solidaritätsprinzip: Alle Mitglieder einer Solidaritätsgemeinschaft stehen füreinander ein; tragendes Grundprinzip.
Subsidiaritätsprinzip: Erst wenn die eigenen Mittel aufgebraucht sind, greift z. B. die Sozialhilfe.
Versicherungspflicht: Pflichtversicherung für fast alle Arbeiter und Angestellten.
Sachleistungsprinzip: Die Leistungen werden überwiegend als Sachleistung- und/oder Dienstleistung gewährt.
Kostenerstattungsprinzip: Privatversicherte erhalten nach abgeschlossenem Versicherungsumfang die Kosten rückwirkend erstattet. (3)

1.6.2. z. B. Großbritannien:
Vorteil:

- Grundversorgung ist für jeden Einwohner gewährleistet;
- Steuerfinanziertes System / kostenlose Leistung
- Kostenlose Medizinabgabe an Schwangere, Senioren und Kinder
- Gesundheitszentren bieten schnelle hausärztliche Versorgung.

Nachteil:

- Teilweise sehr lange Wartezeiten für anstehende Operationen
- Häufig Abwanderung ins Ausland zur medizinischen Versorgung
- Qualität stark von der finanziellen Situation des Staates abhängig
- Patienten haben kein Kostenbewusstsein, da alles kostenlos ist. (4)

Lösungsvorschlag Aufgabe 2

2.1.1

- Insulin, senkt den Blutzuckerspiegel
- Glucagon, steigert den Blutzuckerspiegel
- Adrenalin, steigert den Blutzuckerspiegel
- Kortison, steigert den Blutzuckerspiegel. (2)

2.1.2 Stress erhöht die kontrainsulinären Hormone Adrenalin und Kortison und führt daher zu erhöhten Blutzuckerspiegelwerten trotz Insulingabe. (1)

2.2 (5)

Diagramm 1 – Diabetes mellitus Typ II:

- Blutglucosespiegel steigt, erhöhte Insulinkonzentration
- Insulinmenge nimmt auch dann zu, wenn der Blutglucosespiegel schon sinkt
- Resistenz der Insulin-Rezeptoren führt zu hohen Insulin- und Blutglucosewerten durch verminderte Glucoseaufnahme in die Zelle.

Diagramm 2 – Diabetes mellitus Typ I:

- Vor dem Belastungstest ist die Glucosekonzentration knapp doppelt so hoch wie beim Gesunden
- Niedrige deutlich eingeschränkte Aktivität der Beta-Zellen der Bauchspeicheldrüse führt zu niedrigen Blutinsulinspiegel und hoher Blutglucosekonzentration.

Diagramm 3 – Gesunde Person:

- Der Aufnahme von Glucose ins Blut folgt praktisch ohne Zeitversetzung ein Insulinanstieg
- In den folgenden drei Stunden wird die normale Blutglucosekonzentration wiederhergestellt, die Insulinkonzentration ist nach dieser Zeit noch leicht erhöht gegenüber der Ausgangssituation
- Ein intaktes Pankreas produziert als Folge eines Anstiegs der Blutglucosekonzentration sofort Insulin, welches den Transport des Zuckers in die Zellen veranlasst und so den Blutzuckerspiegel nach drei Stunden normalisiert.

2.3.1

Arterien sind Gefäße, die vom Herzen weg führen.
Venen sind Gefäße, die zum Herzen hin führen.
Kapillaren dienen dem Stoffaustausch. (4)

Kriterien	Arterien	Venen	Kapillaren
Schichten	dreischichtig	dreischichtig	einschichtig
Muskulatur	Starke Muskulatur	Dünne Muskulatur	Keine Muskulatur
Lumen	Kleines Lumen	Großes Lumen	Sehr kleines Lumen
Besonderheiten		Venenklappen	semipermeabel

2.3.2
Mikroangiopathie, Makroangiopathie, Niereninsuffizienz. (1)

2.3.3.
Niere – Nephropathie, Niereninsuffizienz
Auge – Retinopathie, Erblindung
Herz – Koronarsklerose, Angina pectoris, Myokardinfarkt
Gehirn – Cerebralsklerose, Apoplex, vaskuläre Demenz
Gefäße – pAVK, diabetischer Fuß. (2)

2.4
Skizze der Nervenzelle mit z. B. Zellkörper, Nucleus, Nissl Schollen, Dendriten, Axonhügel. Axon, Schwann´sche Zellen, Ranvier´Schnürringen, Endknöpfchen. (3)

2.5
Die Demyelinisierung führt zu einer Verzögerung bei der saltatorischen Erregungsleitung. Damit wird die Erregungsweiterleitung verzögert oder sie entfällt.
Mögliche Symptome: Lähmungen, eingeschränkte Beweglichkeit und/oder Sensibilitätsstörungen. (3)

2.6.1
Quantitative Forschungsrichtung aufgrund der Größe der Stichprobe, der Art der Datenerhebung und des Studiendesigns.

Kohortenstudie, da es sich um eine Längsschnittstudie handelt, bei der eine Stichprobe exponierter und nicht exponierter Personen hinsichtlich ihres Risikos einer Merkmalsausprägung (Erkrankung) untersucht wird. Hierzu werden über den Untersuchungszeitraum hinweg zu unterschiedlichen Zeitpunkten Daten erhoben. (4)

2.6.2
5,8 % aller Menschen der definierten Alternsgruppe (55 – 75-jährige) der Einwohner der Region Augsburg sind an Diabetes mellitus Typ II erkrankt. (1)

2.6.3
Inzidenz ist die Rate der Neuerkrankungen an Diabetes mellitus Typ II in einem definierten Zeitraum.
Folgende Angaben fehlen:
- Definierter Zeitraum
- Anzahl der Neuerkrankungen an Diabetes mellitus Typ II. (1)

2.7
Präventionskonzept:
Änderungen des Gesundheitsverhaltens: Stressreduktion, Veränderung des Essverhaltens, Ernährungsumstellung, Bewegungsförderung.

Verbesserung der Rahmen- und Arbeitsbedingungen: Delegation von Arbeiten, Work-Life-Balance, Inanspruchnahme von betrieblicher Gesundheitsförderung. (3)

Lösungsvorschlag Aufgabe 3

3.1.1 Skizze der Seitenansicht der Wirbelsäule mit HWS (Halswirbelsäule), BWS (Brustwirbelsäule), LWS (Lendenwirbelsäule), Kreuz- und Steißbein.
Kennzeichnung der Krümmungen: Halslordose, Brustkyphose, Lendenlordose, Sakralkyphose.
Kennzeichnung *dorsal* und *ventral*.

3.1.2

Hormon	**Bildungsort**	**Begründete Zuordnung**
Parathormon	Nebenschilddrüse	Zuordnung:Gerade A Begründung: Gerade A zeigt hohe Hormonausschüttung bei niedriger Calcium-Konzentration im Blut bzw. sinkende Hormonausschüttung bei steigender Calciumkonzentration; dies korreliert mit der Wirkung des Parathormons, das bei Bedarf eine erhöhte Freisetzung von Calcium aus dem Knochen bewirkt.
Calcitonin	Schilddrüse	Zuordnung: Gerade B Begründung: Gerade B zeigt den umgekehrten Verlauf von A (niedrige Hormonausschüttung bei hoher Calcium-Konzentration im Blut bzw. steigende Hormonsekretion bei sinkender Calciumkonzentration; dies korreliert mit der Wirkung des Calcitonins, das die Freisetzung von Calcium aus dem Knochen hemmt und damit gleichzeitig den Einbau von Calcium in die Knochenmatrix fördert.

3.2.1 Zelluläre Ebene des Knochens:
Beteiligte Zellen und ihre Funktion: Osteoblasten bauen Knochenmatrix auf; Osteoklasten bauen Knochenmatrix ab; dieser Prozess befindet sich normalerweise in einem dynamischen Gleichgewicht, bei dem Östrogen regulatorisch wirkt.
Durch Nachlassen der Östrogen-Produktion des Eierstocks während der Wechseljahre bzw. Verlust höherer Osteoklastenaktivität, d. h. Knochenabbau.

3.2.2 z. B. Gehsicherheitstraining, Gehhilfen (Rollator, Dreipunkt-Gehstock, etc.), Anpassung der Wohnbedingungen (Handgriffe, helle Räume), etc.

3.3.1 z. B. Muskelrelaxantien wirken als Hemmstoffe der Signalübertragung von der Nervenzelle auf die Muskelfaser; die Relaxantien lagern sich an die Acetylcholin-Rezeptoren auf der postsynaptischen Seite an, ohne jedoch eine Öffnung der spannungsgesteuerten Natriumkanäle zu bewirken (keine Depolarisation); aufgrund der Erregung wird Acetylcholin aus den Vesikeln in den synaptischen Spalt freigesetzt; allerdings kann Acetylcholin keine Wirkung an der Muskelfaser erzielen, da die für es spezifischen Rezeptoren durch das Muskelrelaxans reversibel blockiert sind; die Folge ist eine Reduktion des Muskeltonus.

3.3.2 z. B.

- richtiges Tragen und Heben → Verhaltensprävention, da der Einzelne sein Verhalten bewusst anpasst bzw. verändert
- Ergonomie am Arbeitsplatz → Verhaltensprävention, da z. B. der Arbeitgeber Arbeitsbedingungen und Verhältnisse schafft, um schädliche Einflüsse zu vermeiden. (2)

3.4.1 Unkontrollierte Zellteilung:
- Zellzyklus wird normalerweise durch wachstumsregulierende Genprodukte gesteuert: Überwachung durch Proto-Onkogene und Tumorsuppressorgene;
- Dabei wirken Proto-Onkogene zellteilungsfördernd; Tumorsuppressorgene hemmend auf die Zellteilung
- Kanzerogene (radioaktive Strahlung; Chemikalien im Zigarettenrauch, etc.) können krebsauslösende Mutationen in den o. g. wachstumsregulierenden Genen auslösen → dadurch werden aus Proto-Onkogenen dann Onkogene, die auch ohne Wachstumsfaktoren die Zelle zur Teilung anregen bzw. Tumorsuppressorgene so mutieren, dass ihr hemmender Einfluss auf die Zellteilung nicht mehr vorhanden ist →Folge unkontrollierte Zellteilung führt zur Entartung („Krebs"). (3)

3.4.2 Prinzip der PCR:
PCR ist ein Verfahren zur gezielten Vervielfältigung von DNA-Abschnitten in kurzer Zeit. Verläuft in mehreren Zyklen, von denen jeder aus folgenden Abschnitten besteht: doppelsträngige DNA wird zu Einzelsträngen getrennt → Anlagerung der Starter-Moleküle (Primer) → Synthese von neuen komplementären DNA-Strängen mit einem hitzestabilen Enzym → mehrmalige Wiederholung der Schritte.

Begründung der Anwendung:
Erkennen der Genmutationen (Deletionen / Duplikation innerhalb des Gens oder auch Punktmutationen) betreffen nur kleine Sequenzabschnitte; diese sind nur über Vervielfältigungsmethoden der DNA und weitere nachfolgende spezifische Methoden zu erkennen; Karyogramm erkennt nur Genmutationen und evtl. Chromosomenmutationen. (3)

3.4.3
<u>Entscheidung für einen gendiagnostischen Test:</u>
- Quälender Unsicherheit kann ein Ende gesetzt werden
- Testergebnis kann zu Wahrnehmung regelmäßiger Vorsorgeuntersuchungen führen.

<u>Entscheidung gegen einen gendiagnostischen Test:</u>
- Bei positivem Befund → schwere Belastung; im Vorliegenden Fall (Brustkrebs) existiert keine Therapie zur Heilung bzw. eine Krankheitsvorbeugung ist nicht möglich
- Diagnostischer Test hat begrenzte Aussagekraft (gibt Wahrscheinlichkeiten bei bestehender Disposition; allerdings heißt das noch lange nicht, dass die Erkrankung ausbricht → Entscheidung vorsorglich Brüste zu entfernen. (3)

3.4.4
Ursachen für Rückenschmerzen können auf Metastasen des Primärtumors zurückzuführen sein; Brustkrebs metastasiert häufig in den Knochen → Knochenmetastasen im Wirbelbereich; Tumorgewebe zerstört Knochengewebe→ Kompression von Spinalnerven → Schmerzen. (3)

3.4.5

Medikamentös:

- Opioid-Analgetika (z. B. Tramadol, Morphin) → starke Schmerzstillung durch Wirkung an Endorphinrezeptoren (Opiatrezeptoren) des ZNS Nicht-Opioid-Analgetika (z. B. Voltaren®, Aspirin®, Paracetamol) → Synthesehemmung der schmerzvermittelten Prostaglandine.

Nicht-medikamentös:

- Lagerung → geeignete Lagerung vermindert Entstehen schmerzhafter Reize, z. B. Ruhigstellung bei bewegungsabhängigen Schmerzen
- Massage → unterstützt allgemeine Entspannung
- Verminderung von Angst und Depression durch Gespräche.

Lösungsvorschlag Aufgabe 4

4.1.1

- Prävalenz: mit der Prävalenz wird die Krankheitshäufigkeit in Prozent angegeben. Sie benennt, wie viele Menschen aus einer Bevölkerungsgruppe insgesamt erkrankt sind.

Vergleich:

- Männer haben mehrheitlich eine höhere Prävalenz für koronare Herzerkrankungen im Vergleich zu Frauen
- Bei beiden Geschlechtern haben Jüngere eine niedrigere Prävalenz im Vergleich zu Älteren (ab 65 Jahren). (2)

4.1.2

- höhere Bildungsschichten haben häufig einen besseren Zugang zu Gesundheitsinformationen
- dadurch Verhaltensänderung (Prävention, Gesundheitsförderung) möglich. (2)

4.2.1

1. Lungenvenen
2. Aorta
3. Mitralklappe
4. Aortenklappe
5. Tricuspidalklappe
6. Pulmonalklappe

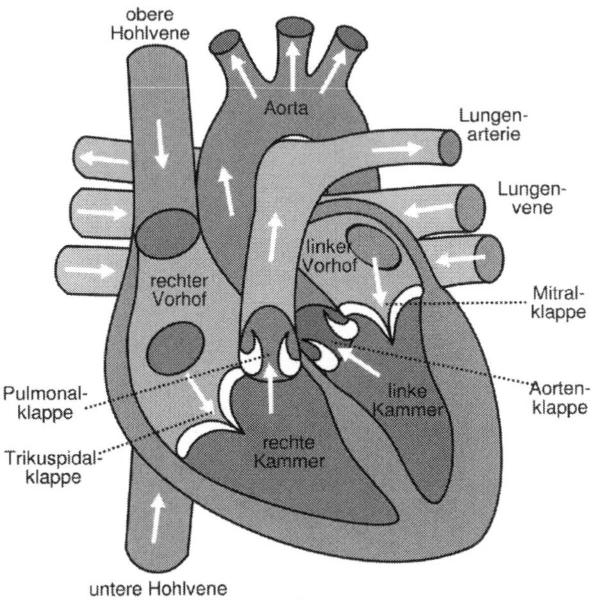

[28]

4.2.2

Aufgrund einer Hypertonie und/oder erhöhter Blutfettwerte (LDL-Cholesterinerhöhung) kann es zu arteriosklerotisch veränderten Gefäßabschnitten kommen → Bildung von Plaques → Thrombusbildung → Verschluss einer oder mehrerer Koronararterien bzw. ihrer Äste → Sauerstoffunterversorgung des distal des Verschlusses gelegenen Myokards → irreversible Nekrose. (4)

4.3.1

Im menschlichen Körper wird das fettlösliche Vitamin K zur Herstellung bestimmter Eiweiße (Proteine) benötigt. Das sind vor allem Eiweiße, die bei der Blutgerinnung eine wichtige Rolle spielen (Blutgerinnungsfaktoren). Ohne Vitamin K kann der Körper die Faktoren nicht herstellen. Cumarinderivate sind Antagonisten des Vitamin K und hemmen somit die Bildung der Gerinnungsfaktoren (z. B. Faktor X) in der Leber. Beim Verzehr von Vitamin-K-haltigen Lebensmitteln wird die Wirkung dieser Medikamente herabgesetzt. (2)

4.3.2 Beobachtungsparameter: Puls, Blutdruck, Hämatombildung. (1)

---

[28] https://upload.wikimedia.org/wikipedia/commons/thumb/3/33/Diagram_of_the_human_heart_%28cropped%29_de.svg/2000px-Diagram_of_the_human_heart_%28cropped%29_de.svg.png. Letzter Zugriff: 18.6.2015.

4.4.1 Die Pumpschwäche des linken Herzens führt zu einem Blutstau im Lungenkreislauf. Das Blut staut sich dann von der linken Herzkammer in die Lunge zurück, weil es das Herz nicht schafft, das Blut komplett in den Körper zu pumpen. Dadurch erhöht sich der Druck in den Lungenvenen und / oder Kapillaren. In der Folge kommt es zu Flüssigkeitsansammlungen im Gewebe. (3)

4.4.2 z. B. Atemnot. Wassergefüllte Alveolen fallen für die Diffusionsvorgänge aus → Einschränkung der Sauerstoffaufnahme. (2)

4.5.1 Normalwert: 120/80 mmHg. Grenzwert der WHO für die Hypertonie liegt bei dauerhaft > 140/90 mmHg. (1)

4.5.2

- Ausschüttung von Renin bei fallendem Blutdruck
- Renin bewirkt, dass Angiotensinogen (unwirksame Vorstufe) in Angiotensin I umgewandelt wird
- Angiotensin I wird durch das ACE zu Angiotensin II
- Angiotensin II wirkt gefäßverengend und somit blutdrucksteigernd. (2)

4.5.3

Bluthochdruck begünstigt das Auftreten von Gefäßschäden, es kann zu arteriosklerotischen Veränderungen kommen.
Gefäßverengende Veränderungen im Blutzuflussgebiet der Niere lösen einen Zustand scheinbaren niedrigen Blutdrucks aus.
Auslösung des Renin-Angiotensin-Regelkreises → Blutdruck steigt → weitere arteriosklerotische Veränderungen möglich.

➔ Blutdrucksenkende Medikamente unterbrechen den Teufelskreis. (4)

4.6 Rehabilitationsziele:

- Vermeidung / Vorbeugung einer drohenden Behinderung
- Erhalt oder Verbesserung der Erwerbsfähigkeit
- Vermeidung von Pflegebedürftigkeit
- Abwenden einer Verschlimmerung der Gesundheitssituation
- Verbesserung der Teilhabe am Leben in der Gemeinschaft.

Rehabilitationsmaßnahmen:

- Stress: Stressreduktion, Entspannungstechniken
- Ernährung: Gewichtsreduktion durch Ernährungsumstellung, cholesterinarme Ernährung
- Wiedereingliederung in das Berufsleben / Umschulung
- Herzsportgruppe
- Psychologische Betreuung. (4)

Auch bei amazon erschienen:

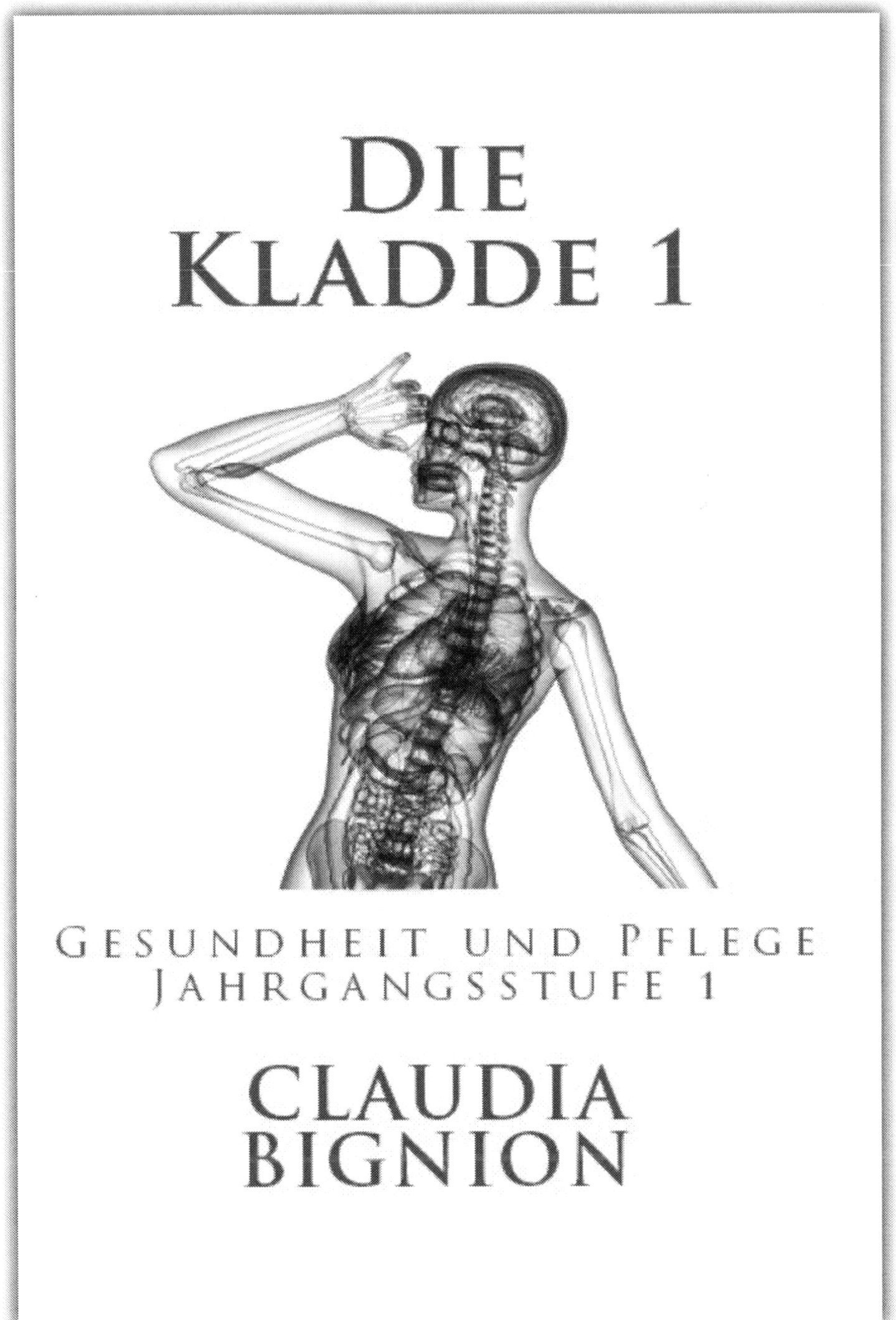

22. Abitur 2016 – Originalaufgaben mit Lösungen

Aufgabe 1

Das Blut ist unser Lebenssaft und zirkuliert durch die Pumpleistung des Herzens lebenslang durch den Körper. Die Erythrozyten als Bestandteil des Blutes übernehmen dabei die Aufgabe des Gastransports.

1.1 Nennen Sie zwei weitere Arten von Blutzellen und geben Sie deren Funktion an. (2)

1.2 Der Gastransport findet nach dem Gasaustausch in der Lunge zunächst über den kleinen Blutkreislauf statt.

1.2.1 Begründen Sie die Notwendigkeit des Gasaustausches. (2)

1.2.2 Beschreiben Sie den kleinen Blutkreislauf bis zum Beginn des großen Kreislaufs. Beginnen Sie Ihre Beschreibung mit der Vena cava inferior und Vena cava superior. Verwenden Sie die Fachsprache und kennzeichnen Sie sauerstoffreiche Abschnitte durch Unterstreichen. (4)

1.3 Bei Frau Weishaupt besteht die Gefahr eines manifesten Eisenmangels, der sich unter anderem in den typischen Symptomen (Blässe, Leistungsabfall) einer Anämie äußert. Der Hausarzt verordnet ihr deshalb eine orale Eisentherapie.

1.3.1 Erklären Sie die Entstehung der in 1.3 genannten Symptome. (2)

1.3.2 Schon nach einigen Tagen leidet Frau Weishaupt an einer Obstipation - eine Nebenwirkung der Eisentherapie.
Definieren Sie Obstipation und begründen Sie zwei Maßnahmen um der Obstipation entgegenzuwirken. (3)

1.4 Das aufgenommene Eisen wird im Dünndarm resorbiert.
Um Stoffe transportieren zu können, verfügt der Körper über verschiedene Mechanismen.
1.4.1 Überprüfen Sie, ob die gegebenen Kriterien für die drei ausgewählten Transportmechanismen in der Tabelle der Anlage 1 zu treffen.
Tragen Sie entsprechend ein: zutreffend (ja) oder nicht zutreffend (nein). Übertragen Sie die Tabelle in ihre Reinschrift. (3)

Kriterien	Transportmechanismus		
	Diffusion	Passiver Transport	Aktiver Transport
Mit einem Carrier			
Gegen das Konzentrationsgefälle			
Mit Energieverbrauch			

1.4.2 Die folgende Grafik (Abb. 1) veranschaulicht modellhaft den Transportmechanismus von Eisen vom Dünndarm ins Blut.

Interpretieren Sie den Kurvenverlauf und stellen Sie eine Hypothese für den vorliegenden Transportmechanismus auf, über den Eisen in den Körper resorbiert wird. (4)

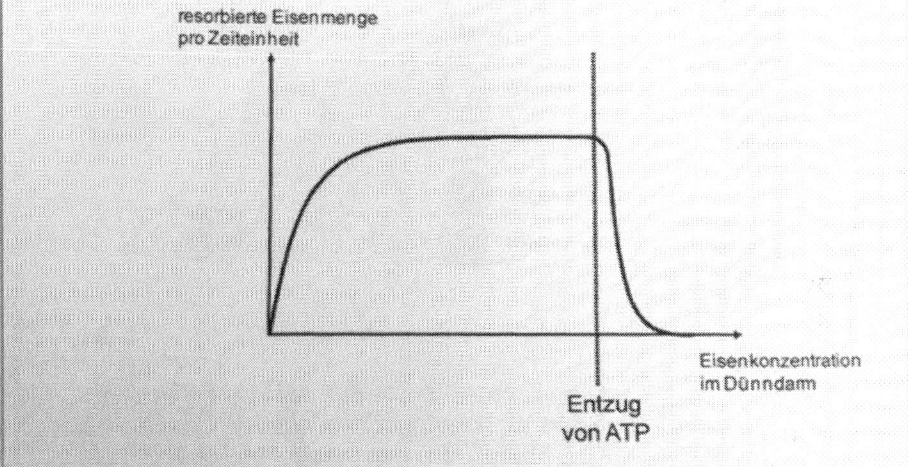

Abb. 1 Modellhafter Transportmechanismus von Eisen vom Dünndarm ins Blut

1.5 Im Mittelmeerraum tritt häufig eine Sonderform der Anämie, die Thalassämie, auf. Sie ist gekennzeichnet durch eine gestörte Hämoglobinbildung, die zu einer gestörten Funktion der Erythrozyten führt. Der Körper reagiert mit einem frühzeitigen Abbau der ineffektiven Erythrozyten.

Thalassämie kann nur durch die regelmäßige Verabreichung von Bluttransfusionen oder über eine Stammzellspende therapiert werden.

1.5.1 Nicht jedes Spenderblut ist für einen Empfänger geeignet. Geben Sie begründet an, welche zwei wichtigen Merkmale zwischen dem Spender- und dem Empfängerblut vor einer Transfusion untersucht werden müssen. (2)

1.5.2 Ordnen Sie die in 1.5 genannten Therapiemöglichkeiten der kausalen bzw. symptomatischen Therapie zu. (2)

1.6 Die Thalassämie beruht auf einem Gendefekt und wird autosomal-rezessiv vererbt.

1.6.1 Definieren Sie diesen Erbgang am vorliegenden Beispiel. (1)

1.6.2 Der folgende Stammbaum (Abb. 2) stellt einen autosomalen Erbgang dar und kann sowohl rezessiv, als auch dominant interpretiert werden. (3)

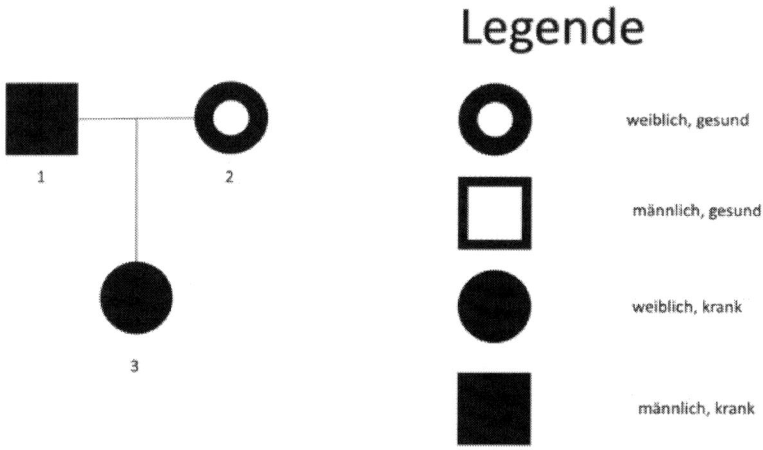

Abb. 2

Geben Sie für einen autosomal-rezessiven und einen autosomal dominanten Erbgang alle möglichen Genotypen für alle Personen (1 – 3) an und begründen Sie die jeweiligen Genotypen für Person 2.

1.6.3 Erweitern Sie den Stammbaum aus Aufgabe 1.6.2 bei einer Person um eine Generation so, dass sich der Stammbaum einem autosomal-dominanten Erbgang zuordnen lässt. Begründen sie Ihr Ergebnis. (2)

Übertragen Sie den Stammbaum in Ihre Reinschrift und verwenden Sie zur Erweiterung die in 1.6.2 angegebenen Symbole der Legende.

Aufgabe 2

2.1 Herr Müller ist ein viel beschäftigter Geschäftsführer einer mittelständischen Firma. Er hat mit seinem Vater die Firma aufgebaut und überlegt, die Geschäfte langfristig seinem Sohn zu übergeben. Er möchte mit 66 Jahren aber noch nicht in den Ruhestand gehen. Herr Müller kompensiert seinen stressigen Alltag mit Nikotin und Alkohol. Er leidet seit Jahrzehnten an einem stressbedingten Magengeschwür. Dabei verspürt er schon lange Magenschmerzen mit Übelkeit und Brechreiz. Gegen die Schmerzen nimmt Herr Müller das Schmerzmittel Aspirin® (Acetylsalicylsäure) ein. Er ist vor kurzem sehr erschrocken, denn er hat schwarzen Stuhlgang abgesetzt. Im Magen wurde außerdem das Bakterium Helicobacter pylori nachgewiesen. Dieses führt zur verstärkten Bildung von Salzsäure.

2.1.1 Benennen Sie die Abschnitte 1 bis 8 des Verdauungstraktes und geben Sie vier Begriffe im Fach Wort an (Abb. 1). Übernehmen Sie die Ziffern in Ihre Reinschrift. (2)

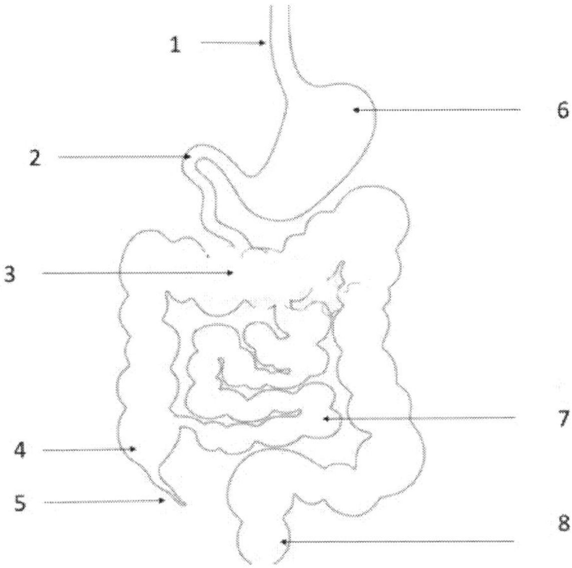

2.1.2 Das Magengeschwür ist ein lokaler Defekt der Magenschleimhaut.
Stellen sie eine Hypothese zur Entstehung eines Magengeschwüres auf, und begründen Sie diese. (3)

2.1.3 Herr Müller gehört zu den Personen, bei denen sich aus einem Magengeschwür ein Karzinom entwickelt hat. Nach dieser Diagnose wird unter anderem der Magen operativ entfernt.

Begründen Sie, ausgehend von den Funktionen des Magens, drei mögliche therapeutische Konsequenzen für den Patienten. (3)

EPIC Studie (European Prospektive Investigation into Cancer and Nutrition)

2.2 Seit 1994 führt die Abteilung „Epidemiologie von Krebserkrankungen" des Deutschen Krebsforschungszentrums die Studie „Gesundheit, Ernährung, Krebs" (EPIK Heidelberg) mit circa 25.500 Teilnehmern durch. Sie ist Teil der europäischen Langzeitstudie EPIC, die mit fast 520.000 Teilnehmern zu den größten Studien ihre Art weltweit zählt.

Die EPIC Studie erfasst verschiedene Merkmale (umfangreiche Erhebung von Daten über die Ernährungs- und Rauchgewohnheiten, die körperliche Aktivität, das subjektive Befinden, die Krankengeschichte und Medikamenteneinnahme, Blutwerte, Blutdruck- und Körpermessungen) von Studienteilnehmern und erhebt die im Laufe der nachfolgenden Lebenszeit auftretenden Erkrankungen.

Die Auswertung der EPIC Studie beruht vor allem auf der möglichst lückenlosen Erfassung von Krebsneuerkrankungen, anderen chronischen Krankheiten und die Rate der Todesfälle bezogen auf die Population mit den jeweiligen Todesursachen. Deshalb kommt der Nachbeobachtung aller Studienteilnehmer eine entscheidende Bedeutung zu. In der Heidelberger Studie werden alle Teilnehmer in regelmäßigen Zeitabständen (ca. alle drei Jahre) per Fragebogen erneut zu ihrem Gesundheitszustand befragt.

2.2.1 Analysieren Sie die EPIC Studie hinsichtlich der Forschungsrichtung und des Studiendesigns. (4)

2.2.2 Erklären Sie die beiden epidemiologischen Maßzahlen, die in der EPIC Studie erfasst werden. (2)

2.2.3 Erläutern Sie angelehnt an die EPIC Studie differenzierte Ernährungs- und Verhaltensempfehlungen zur Prävention von Krebserkrankungen. (3)

2.3 Die Wahrscheinlichkeit an Krebs zu erkranken verändert sich im Laufe des Lebens. (3)

Nehmen Sie Stellung zu dieser Aussage und begründen Sie diese mit zwei biologischen Veränderungen auf zellulärer Ebene.

2.4 Herr Müller sagt: „Man ist so jung, wie man sich fühlt, ich könnte noch mindestens zehn Jahre arbeiten. Ich bin froh, eine sinnvolle Aufgabe zu haben."

Definieren Sie die vier verschiedenen Altersbegriffe und ordnen Sie die obige Aussage von Herrn Müller begründet einem dieser Begriffe zu. (4)

Formulieren Sie für die übrigen Altersbegriffe entsprechende Aussagen, die aus dem Fallbeispiel von Herrn Müller (vgl. 2.1.) abgeleitet werden.

2.5 Herr Müller fühlt sich aufgrund der hohen Arbeitsdichte in seiner Firma und seiner Krebsdiagnose gestresst.

2.5.1 Stellen Sie die Stressentstehung nach dem transaktionalen Stressmodell von Lazarus in einer sachlogischen Struktur grafisch dar, z. B. in einem Pfeildiagramm. Übertragen Sie das Fallbeispiel von Herrn Müller (vgl. 2.1) auf das Modell. (4)

2.5.2 Empfehlen Sie Herrn Müller begründet zwei Strategien zur Stressbewältigung. (2)

Aufgabe 3

3.1 Ein junges Paar wünscht sich seit fünf Jahren ein Kind. Auf natürlichem Wege hat dies bisher nicht zum Erfolg geführt. Das Paar suchte daher die Kinderwunschambulanz auf. (5)

Der Reproduktionsmediziner erklärt dem Paar anhand einer schematischen Darstellung den physiologischen Ablauf des weiblichen Zyklus (siehe Abb. 1).

3.1.1 Ordnen Sie den Buchstaben A - D die entsprechenden zyklussteuernden Hormone zu und erläutern Sie deren Kurvenverläufe zusammenhängend.

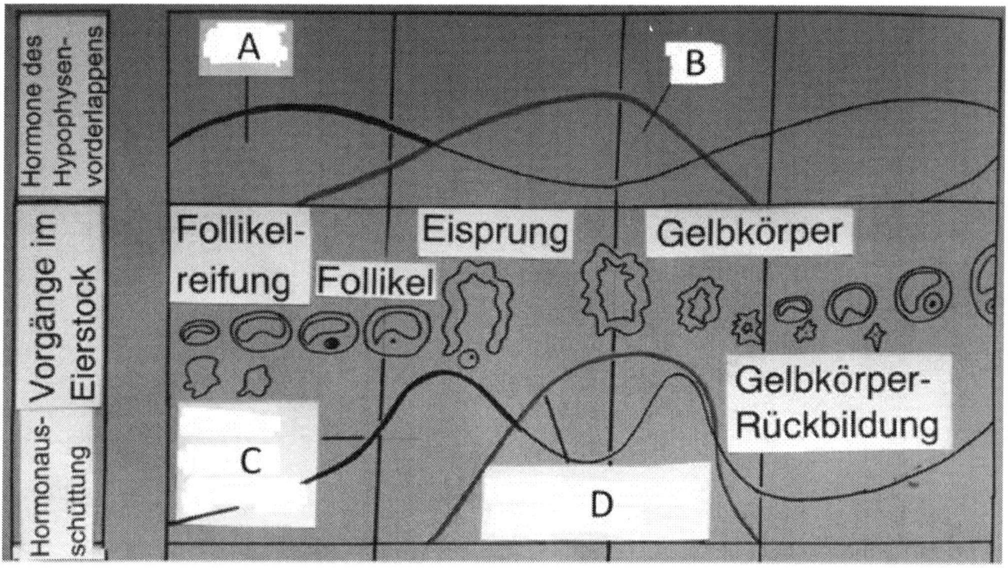

3.1.2 Der Arzt erklärt das Paar über Gründe der ungewollten Kinderlosigkeit auf. Begründen Sie eine mögliche Ursache für die Frau und den Mann. (2)

3.2 Nach weiterer Diagnostik stellt sich heraus, dass die Notwendigkeit einer assistierten Fortpflanzung besteht.

3.2.1 Beschreiben Sie zwei Verfahren der assistierten Fortpflanzung ihrer Wahl und arbeiten Sie einen grundlegenden Unterschied heraus. (3)

3.2.2 Einige Firmen bieten ihren Mitarbeiterinnen das einfrieren von Eizellen an ("Social Freezing"), um sie für eine mögliche Schwangerschaft in späteren Lebensjahren bereitzustellen.
Diskutieren Sie diese Entwicklung unter ethischen Gesichtspunkten.
Führen Sie jeweils ein Argument pro und ein Argument contra aus Sicht der Frau und des Arbeitgebers an. (4)

3.2.3 Stellen Sie die Phasen der Meiose anhand beschrifteter Skizzen am Beispiel der Spermatogenese dar. Gehen Sie exemplarisch von einem diploiden Chromosomensatz von drei homologen Chromosomenpaaren (2n = 6) aus. (3)

3.3 Nach einer erfolgreich verlaufenen assistierten Fortpflanzung bekommt die schwangere Frau einen Mutterpass ausgehändigt. Dort ist ihre Blutgruppe: AB, Rh^- vermerkt.

Erläutern und beurteilen Sie das Risiko einer Rhesusinkompatibilität. (3)

3.4 Während der Schwangerschaft wird regelmäßig der Blutdruck gemessen. Beschreiben Sie den Zusammenhang zwischen den Druckverhältnissen und Herzklappenstellungen während der vier Phasen der Herzaktion exemplarisch für die linke Herzhälfte. (4)

3.5 Trotz einer Schwangerschaft raucht jede fünfte Frau bis zur Geburt weiter. Entwickeln Sie eine Hypothese zur Entstehung einer möglichen Folge des Rauchens für das ungeborene Kind. (2)

3.6 Laut Statistischem Bundesamt lag die Geburtenrate in Deutschland im Jahr 2013 bei 1,4 Kindern. Zuwanderung kann darauf Einfluss nehmen.
Nehmen Sie Stellung zur aktuellen Flüchtlingssituation in Deutschland im Bezug auf gesellschaftliche und individuelle Folgen der demographischen Entwicklung. Berücksichtigen Sie dabei vier verschiedene Aspekte. (4)

Aufgabe 4

4.1 Der Fast-Food-Boom in Deutschland bleibt ungebrochen: 90 Prozent der Bundesbürger besuchen zumindest gelegentlich ein Fast-Food-Restaurant, über 60 Prozent mindestens einmal im Monat und rund ein Viertel der 14- bis 30-jährigen sogar mindestens einmal pro Woche.

4.1.1 Stellen Sie dar, weshalb diese Entwicklung das Risiko für Artriosklerose erhöhen kann. (2)

4.1.2 Erläutern Sie die Pathogenese der Arteriosklerose. (3)

4.2 Durch arteriosklerotische Veränderungen der Nierenarterien kann sich eine Niereninsuffizienz entwickeln. Für viele dieser Patienten ist die Dialyse lebensnotwendig.

4.2.1 Erklären Sie das Wirkprinzip der Dialyse. (3)

4.2.2 Dialysepatienten sind in ihrer Lebensgestaltung häufig eingeschränkt.
Erläutern Sie dies an zwei selbst gewählten Beispielen. (2)

4.3 Bei einem Schlaganfall gehört die Arteriosklerose zu den häufigen Ursachen. Sie stellt den Hauptgrund für den Verschluss von Blutgefäßen dar.

4.3.1 Beschriften Sie den Ausschnitt aus den Strukturen des ZNS (Querschnitt Kopf), indem Sie die Ziffern in Ihre Reinschrift übernehmen und geben Sie jeweils eine Funktion der Strukturen 1, 3 und 4 an. (2)

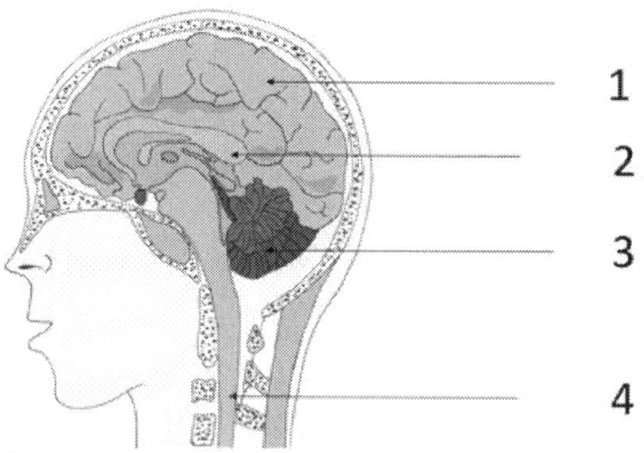

[29]

[29] https://upload.wikimedia.org/wikipedia/commons/8/8e/Gehirn.jpg?uselang=de. Letzter Zugriff: 27.5.2016.

4.3.2 In der bildgebenden Diagnostik ergibt sich folgender pathologischer Befund:

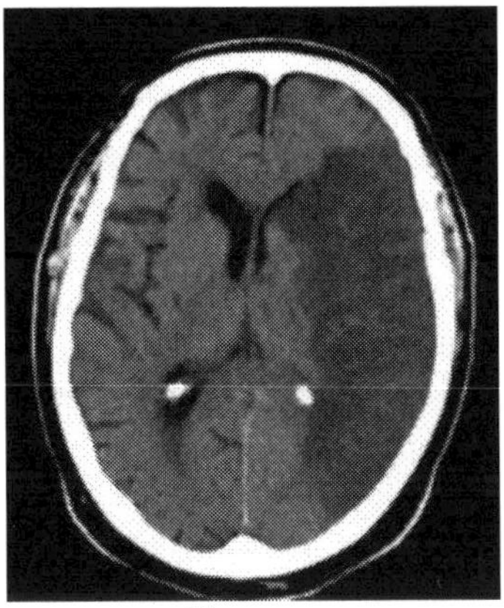

CT Schädel[31]

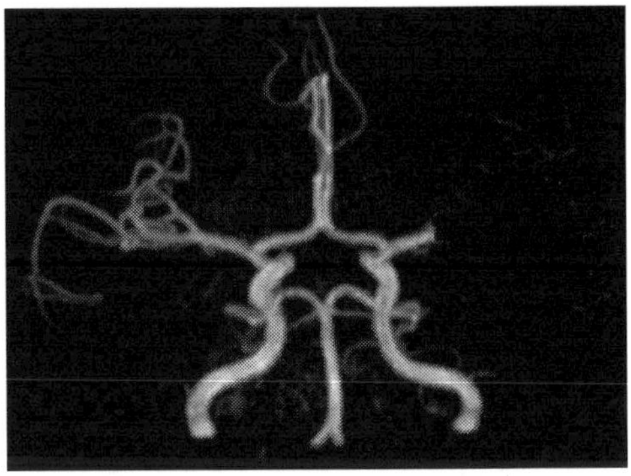

Magnet-Resonanz-Angiographie, Hirnarterien[30]

Beschreiben Sie die Befundbilder des Patienten (Aufsicht von caudal). (2)

4.3.3 Der in 4.3.2 vorgestellte Patient hat Lähmungserscheinungen. Erläutern Sie anhand anatomischer Strukturen, welche Körperhälfte betroffen ist. (2)

4.3.4 Bei der Pflege und Betreuung von Schlaganfallpatienten hat die Förderung der Mobilität für den Betroffenen und die Gesellschaft eine besondere Bedeutung. Begründen Sie diese Aussage. (2)

4.4 Jeder zweite Schlaganfall führt zu Schluckstörungen.
Viele Betroffene zeigen zudem keine Schutzreaktion, wie z. B. Husten, so dass unbemerkt Nahrung in die Luftröhre eindringen kann („stille Aspiration").

4.4.1 Begründen Sie drei pflegerische Maßnahmen, um die Gefahr des Verschluckens zu minimieren. (3)

4.4.2 Nennen Sie vier weitere Symptome eines Schlaganfallpatienten. (2)

---

[30] Verändert nach: https://www.radiologie-leipzig.de/files/images/content/mrt/20_mrt-angiopraphie.jpg. Letzter Zugriff: 27.5.2016.

[31] Verändert nach: http://www.neuroonkologie-bochum.de/gfx/schlaganfall_media_total_infarkt.jpg. Letzter Zugriff: 27.5.2016.

4.5 Nach einem Schlaganfall leidet jeder dritte Patient an einer Depression. Für dieses Krankheitsbild sind multifaktorielle Ursachen verantwortlich. Ein Mangel der Neurotransmitter Serotonin und Noradrenalin im zentralen Nervensystem gilt als eine Ursache von Depressionen.

4.5.1 Zeichnen Sie eine Synapse und beschriften Sie vier an der Erregungsleitung beteiligte Strukturen. (2)

4.5.2 Antidepressiva greifen insbesondere in den Serotonin- und Adrenalinhaushalt ein und lindern damit die Symptome einer Depression. Entwickeln Sie zwei Hypothesen zur Wirkungsweise dieser Medikamente an der Synapse. (3)

4.5.3 Neben der medikamentösen Therapie gibt es weitere Säulen in der Behandlung von Depressionen. Geben Sie zwei weitere Behandlungsmöglichkeiten begründet an. (2)

Lösungsvorschläge Abitur 2016
Lösungsvorschlag, Aufgabe 1

1.1 Leukozyten, Abwehrfunktion; Thrombozyten, Gerinnungsfunktion (2)

1.2.1 Aufnahme von Sauerstoff in den Bluttransport → zu den Zellen → Energiegewinnung → Abgabe von Kohlenstoffdioxid als Stoffwechselausscheidungsprodukt aus dem Blut → Abatmung (2)

1.2.2 Über die Vena cava superior und die Vena cava inferior gelangt das sauerstoffarme Blut in das rechte Atrium. Mit der Eröffnung der Trikuspidalklappe fließt das Blut über den rechten Ventrikel und die Pulmonalklappe der Arteria pulmonalis in die Lungenkapillaren. (1,5)
sauerstoffarm: unterstrichen (0,5)

Nach dem Gasaustausch in den Alveolen strömt das sauerstoffreiche Blut über die Pulmonalvenen in das linke Atrium zurück.
Über die Mitralklappe fließt es in den linken Ventrikel und weiter über die Aortenklappe der Aorta in den Körperkreislauf. (2)

1.3.1 Blässe: die Hämoglobinbildung ist gestört, durch Eisenmangel (Eisen ist Bestandteil von Häm → Erythrozytenbestandteil)
Leistungsabfall: unzureichende Erythrozytenzahl und damit unzureichende Sauerstoffbindung und -versorgung zur Energiegewinnung. (2)

1.3.2 Definition der Obstipation: Darmentleerung, seltener als dreimal pro Woche, harter Stuhl, erschwerte Stuhlentleerungsmaßnahmen,
Zum Beispiel: ballaststoffreiche Kost → durch Unverdaulichkeit und späterem einwirken von Darmbakterien wird das Darmvolumen erhöht → Anregung der Darmperistaltik.
Ausreichende Flüssigkeitszufuhr → Erhöhung des Darmvolumens, weiche Stuhlkonsistenz.
Regelmäßige Bewegung → Anregung der Darmperistaltik.
Colonmassage – Anregung der Darmperistaltik. (3)

1.4.1

Kriterien	Transportmechanismus		
	Diffusion	Passiver Transport	Aktiver Transport
Mit einem Carrier	nein	ja	ja
Gegen das Konzentrationsgefälle	nein	nein	ja
Mit Energieverbrauch	nein	nein	ja

1.4.2 Kontinuierlicher Kurvenanstieg → je mehr Eisen vorhanden ist, umso mehr Eisen kann resorbiert werden (noch freie Carrier). (1)
Plateauphase → trotz hoher Eisenkonzentration bleibt die Resorptionsrate konstant (alle Carrier sind besetzt). (1)
Entzug von ATP → keine Energie für den aktiven Transport vorhanden. (1)
Begründung: z. B. mit Carriertransport (wegen Sättigung), ATP-Verbrauch. (1)

1.5.1 z. B. Blutgruppe; Rhesusfaktor → Vermeidung der Antigen-Antikörper-Reaktion. (2)

1.5.2 Bluttransfusion: symptomatisch → Behandlung eines Symptoms. Stammzellspende: kausal → behebt die Ursache der Erkrankung. (2)

1.6.1 Autosomal: die Thalassämie kommt erst bei Zusammentreffen von zwei defekten Allelen zur Ausprägung (homozygot). (1)

1.6.2 Autosomal-rezessiv: A = intaktes Allel; a = defektes Allel
1: aa / 2: Aa / 3: aa
Person 2 muss genotypisch heterozygot sein, sonst könnte die Tochter nicht krank sein.

Autosomal-dominant: A = defektes Allel. a = intaktes Allel
1: Aa oder AA / 2: aa / 3: Aa

1.6.3 z. B.

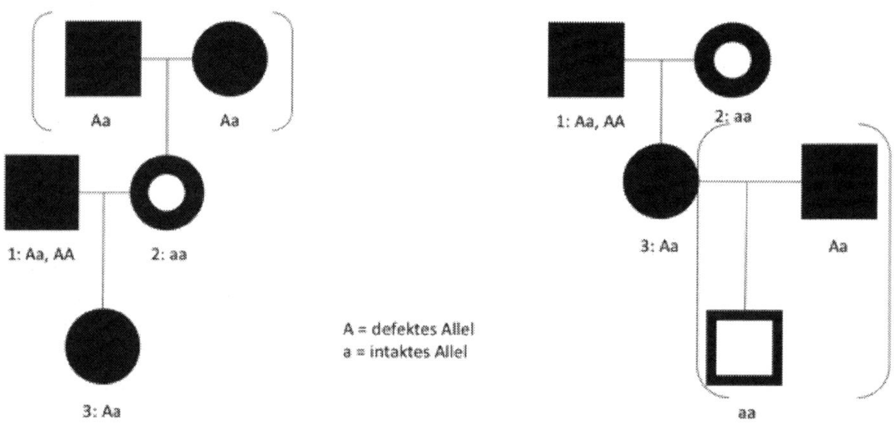

→ Nur kranke Eltern (mit jeweils heterozygoten Allelen) können bei einem autosomal-dominanten Erbgang gesunde Kinder haben.

(2)

Lösungsvorschlag, Aufgabe 2

2.1.1

1	Speiseröhre (Ösophagus)	5	Wurmfortsatz (Appendix vermiformis)
2	Zwölffingerdarm (Duodenum)	6	Magen (Gaster, Ventriculus)
3	Dickdarm (Colon, Intestinum crassum)	7	Dünndarm (Intestinum tenue)
4	Blinddarm (Caecum, Zökum)	8	Enddarm (Rectum)

(2)

2.1.2 Ein Magengeschwür entsteht, wenn die aggressiven Faktoren gegenüber den protektiven Faktoren der Magenschleimhaut überwiegen.

Protektive Faktoren: Magenschleim, Bikarbonat.
Aggressive Faktoren: das proteolytische Enzym Pepsinogen, eine Vorstufe des Pepsins; Salzsäure (HCl); Helicobakter pylori, Nikotinabusus, NSAR (Aspirin®) und Stress, regen die Belegzellen zur Sekretion von HCl an. (3)

2.1.3 z. B.

- kleine Mahlzeiten
- Substitution des intrinsic factors (Aufnahme von Vitamin B12 / Blutbildung) parenteral, da der einzige Produktionsort die Belegzellen des Magens sind
- Substitution von Pepsin (Eiweißspaltung) oral, da der Produktionsort von Pepsin die Hauptzellen des Magens sind
- Verstärkte Hygiene bei der Zubereitung und Aufnahme der Lebensmittel, da die Salzsäure als keimabtötende Substanz fehlt. (3)

2.2.1 Forschungsrichtung: quantitative Forschungsrichtung, begründet durch die Art und die Größe der Stichprobe, dem Ursache-Wirkungs-Zusammenhang und dem Studiendesign: Kohortenstudie.

Studiendesign: Längsschnitt bzw. prospektive Kohortenstudie: Aus einer definierten Grundgesamtheit wird eine Stichprobe (Kohorte) gezogen, in der Risikofaktoren erhoben, und Krankheiten erfasst werden. Die Studie erhebt alle drei Jahre erneut Daten dazu. (4)

2.2.2

- Inzidenz: Anzahl der Krebsneuerkrankungen in einem definierten Zeitraum und in einer definierten Stichprobe
- Mortalität: Rate der Todesfälle bezogen auf die Gesamtpopulation oder alternativ bei richtiger Erklärung
- Letalität: Rate der Todesfälle an einer bestimmten Erkrankung bezogen auf die Gesamtzahl der Erkrankungsfälle. (2)

2.2.3 Information, Beratung bzw. Anleitung zu nachfolgenden Schwerpunkten:

- Die Begrenzung des Alkoholkonsums bei Männern auf nicht mehr als 20 - 24 g und Frauen nicht mehr als 10 - 12 g Alkohol täglich
- Der verstärkte Verzehr von Obst und Gemüse, die Reduzierung der Aufnahme von

tierischen Fetten und rohem Fleisch, Aufnahme von ballaststoffreicher Kost, Aufnahme von kanzeroprotektiven Nahrungsmitteln
- Reduktion des Körpergewichts auf Normalgewicht
- Verzicht auf Tabakkonsum und wenn der Verzicht nicht möglich ist, Verzicht des Rauchens in Gegenwart von Nichtrauchern, da im Tabakrauch Tumorpromotoren und Kanzerogene enthalten sind
- Tägliche moderate körperliche Bewegung. (3)

2.3 Die Anzahl der Krebserkrankungen steigt im Alter an.
Biologische Veränderungen: z. B.
- Abnehmende Funktion der Lymphozyten, Zunahme der Auto-Antikörper (Immunseneszenz)
- Zunahme / Häufung von Mutationen.

Durch die Immunseneszenz und die steigende Wahrscheinlichkeit von Mutationen in den Proonkogenen und Tumorsuppressorgenen erhöht sich auch das Krebsrisiko mit zunehmendem Lebensalter. (3)

2.4
Kalendarisches Alter - das kalendarische Alter wird gezählt vom Tage der Geburt. In den meisten Fällen wird es mit einer Geburtsurkunde belegt.
„Ich bin 66 Jahre alt."

Biologisches Alter - das biologische Alter geht von einer allgemeinen, durchschnittlichen körperlichen und geistigen Entwicklungsnorm aus.
„Du bist zwar 66 Jahre alt, siehst aber aus und wirkst wie 59."

Soziologisches Alter - die Erwartung der sozialen Umgebung, dazu gehören zum Beispiel Freunde, Arbeitskollegen, Nachbarn und die gesamte Gesellschaft, beeinflussen unser Verhalten. Soziologisches / soziales Alter bedeutet: ab einem bestimmten Alter darf/muss man bestimmte Verhaltensweisen zeigen, die von der sozialen Umgebung erwartet werden. Altersstufen: Kind, Jugendlicher, Erwachsener, alter Mensch.
„Du bist nun im Rentenalter und kannst deshalb deine Geschäfte abgeben."

Psychologisches Alter - Beim psychologischen / psychischen Alter geht es um das innere erleben des Menschen.
„Man ist so alt, wie man sich fühlt". (4)

2.5.1 Individuelle Lösung, z. B. (4)

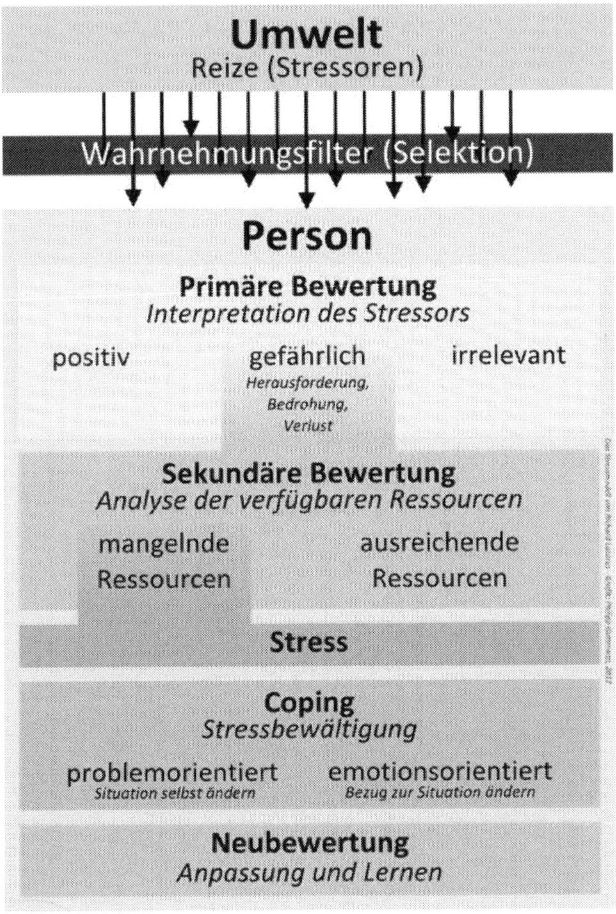

Zeitmangel, Schmerzen, Arbeitsbedingungen

Herr Müller

Gefährlich

Mangelnde Ressourcen, Kompensation mit Nikotin, Alkohol und Schmerzmittel

Stress

Kein Coping

Keine Neubewertung

[32]

2.5.2

- Entspannungstechniken, wie PMR, Yoga, Wellness, autogenes Training, Meditation: Reduktion der Sympathikus Aktivität, Reduktion der Adrenalinausschüttung, Blutdruckregulation, ausblenden der Stressoren
- Selbstmanagement: innere Balance finden, persönliche Ziele setzen, Ressourcen erkennen, Konfliktbewältigung
- Regelmäßige Bewegung ohne Leistungsdruck (kontinuierlicher Abbau von Stresshormonen)
- Zeitmanagement (klare Ziele setzen, Zeit effektiv nutzen, Stressor Zeitmangel ausschalten) und Pausenmanagement (Atmosphäre, Atmung, Bewegung, Entspannung, leichte Kost). (2)

---

[32] https://commons.wikimedia.org/wiki/File:Transactional_Model_of_Stress_and_Coping_-_Richard_Lazarus.svg?uselang=de. Letzter Zugriff: 7.6.2016.

Lösungsvorschlag, Aufgabe 3

3.1.1 Die Abbildung zeigt den Fall die Follikelreifung im Ovar in Abhängigkeit der Hormone.
A: LH, **B**: FSH, **C**: Östrogen, **D**: Progesteron. (1)

In den 14 Tagen vor dem Eisprung (Ovulation) reift der Follikel unter FSH heran (FSH-Kurve leicht ansteigend) → ansteigende Östrogen-Konzentration → wirkt hemmend auf weitere FSH-Ausschüttung (Abfall der FSH-Kurve) und gleichzeitig stimulierend auf Abgabe von LH aus der Hypophyse→ Anstieg von LH → Ovulation. (2)

Follikelrest → Gelbkörper → Progesteron wird vom Gelbkörper ausgeschüttet → Anstieg der Progesteronkurve nach Ovulation → Progesteron hemmt die Sekretion von LH; gleichzeitig produziert der Gelbkörper Östrogen (leichter Anstieg der Kurve nach der Ovulation) → Hemmung von FSH und LH. (2)

3.1.2
Frau:
Ursachen: verklebte Eileiter, ausbleiben der Follikelreifung, fehlender Eisprung.
Begründung: Nicht erkannte frühere Chlamydieninfektion, genetisch bedingte Hormonstörung (zu geringe FSH- oder Östrogenkonzentration), Funktionsstörungen der Schilddrüse können den Eisprung beeinflussen, Beeinflussung des Hypothalamus durch Stress, Krankheit oder Medikamente; Syndrom der polyzystische Ovarien. (1)

Mann:
Ursache: unzureichende Qualität (zum Beispiel eingeschränkte Spermienbeweglichkeit) oder Quantität (zu geringe Sperminproduktion) der Keimzellen.
Begründung: Verschlüsse in den ableitenden Samenwegen aufgrund von Infektionen, Hodenhochstand, Krampfaderbildung in den Hoden, retrograde Ejakulation, erbliche Faktoren (zum Beispiel Klinefelter Syndrom). (1)

3.2.1
Insemination: Spermien werden nach Aufbereitung (z. B. Swim-up-Methode) über einen Katheter direkt in die Gebärmutter (intrauterine Insemination) oder den Eileiter (intratubuläre Insemination) eingeführt.
In-vitro-Fertilisation Eizellenentnahme nach Hormonbehandlung (Stimulation über FSH) der Frau; Eizellen und Spermien werden in einer Zellkulturschale gemeinsam im Brutschrank für circa 20 Stunden inkubiert; maximal drei befruchtete Eizellen werden zur weiteren Entwicklung gebracht; Übertragung von höchstens drei Embryonen in die Gebärmutter (Embryonentransfer).

Grundlegender Unterschied zwischen diesen beiden Methoden:
→ Insemination: Befruchtung in vivo d.h. auf natürlichem Wege im Körper der Frau;
IVF: Befruchtung in vitro d.h. außerhalb des Körpers.
→ IVF: Die Entnahme von Einzellen ist ein chirurgischer, belastender Eingriff und kann mit Komplikationen für die Frau einhergehen.

3.2.2
Sicht der Frau
Pro:
- Frauen müssen ihre Karriere in jungen Jahren nicht wegen Familienplanung unterbrechen
- Qualität der Eizellen ist in jungen Jahren besser (biologische Uhr wird angehalten)
- Kinderwunsch auch in späteren Lebensjahren noch realisierbar. (1)

Contra:
- Stellenwert von Familie mit Kindern ist höher einzustufen
- Beeinflussung der privaten Planung durch Arbeitgeber
- Möglichkeiten zur Vereinbarkeit von Familie und Beruf werden nicht berücksichtigt
- Kryokonservierung stellt keine Sicherheit dar
- Kostspielig: eventuell nur für finanziell gut gestellte Paare möglich. (1)

Sicht des Arbeitgebers
Pro:
- Motivation für Mitarbeiterinnen in der Firma zu bleiben, die dieses Angebot macht
- Insbesondere weibliche Mitarbeiterinnen werden im Unternehmen gehalten
- Energie und Leistungsfähigkeit der jungen Frau werden genutzt. (1)

Contra:
- Beziehung zwischen Frau und Arbeitgeber kann dadurch belastet sein
- Sicherheit, dass die Frau im Unternehmen bleibt, ist nicht gewährleistet
- Zusätzliche Kosten für das Unternehmen. (1)

3.2.3 Beschriftete Skizze (Fließschema) der Spermatogenese (erste und zweite Reifeteilung) mit drei homologen Chromosomenpaaren → Ergebnis vier haploide Spermien. (3)

3.3
Erläuterung und Risikobeurteilung der Rhesusinkompatibilität:
- Rhesus positiv → Antigen D auf Erythrozyten vorhanden
- Rhesus negativ → Antigen D fehlt
- Falls die Mutter Rhesus negativ und das Kind Rhesus positiv ist, kann es bei Übertritt von Blut zur Bildung von Anti-D-Antikörpern im Blut der Mutter kommen (erste Schwangerschaft)
- Bei der zweiten Schwangerschaft gleicher Konstellation werden erneut Anti-D-Antikörper gebildet und gelangen über die Plazenta in den kindlichen Blutkreislauf und verursachen eine Agglutination mit den Antigenen D auf den kindlichen Erythrozyten
- Problematisch in der Regel bei zweiter Schwangerschaft mit Rhesus positivem Kind. (3)

3.4 Systole:

- Anspannungsphase der Systole: Anspannung Kammermyokard →Druckanstieg in linker Kammer (Druck noch unzureichend, Aortenklappe bleibt geschlossen)
- Austreibungsphase der Systole: zunehmende Muskelkontraktion → Kammerdruck übersteigt Aortendruck, Aortenklappe wird aufgestoßen → Blut strömt aus der linken Kammer in die Aorta. (2)

Diastole:

- Entspannungsphase der Diastole: Druck in der Kammer sinkt unter Aortendruck → Aortenklappe schließt (Segelklappen noch geschlossen, da Vorhofdruck noch unter Kammerdruck)
- Füllungsphase der Diastole: Vorhofdruck steigt über Kammerdruck → Mitralklappe öffnet sich → Blut strömt aus dem linken Vorhof in die linke Kammer → am Ende der Füllungsphase erfolgt Schließen der Mitralklappe→ neue Systole beginnt. (2)

3.5 Durch das Rauchen werden viele Erythrozyten, statt mit Sauerstoff, mit Kohlenmonoxid besetzt. Unzureichender Sauerstofftransport im Blut der Frau und damit unzureichende Sauerstoffversorgung des ungeborenen Kindes → Verzögerung des Wachstums und der Entwicklung des Kindes. (2)

3.6 Schlüssige Stellungnahme zu den möglichen gesellschaftlichen Folgen:

- Zuwachs an Arbeitskräften im Pflegebereich, Handwerksbetrieben, etc.; Arbeitskräftemangel kann ausgeglichen werden
- Steigende Sozialabgaben, langfristig jedoch höhere Einnahmen in die Sozialkassen
- Veränderte Bevölkerungsentwicklung (Demographie), zum Beispiel steigende Geburtenrate, veränderter Lebensraum, Zuwachs junger Menschen (Beschreibung)
- Steigende Wohnungsproblematik in Ballungsräumen. (2)

Mögliche individuelle Folgen:

- Aus Sicht der Migranten: Heimatlosigkeit, Bildungschancen, Armutsrisiko
- Auseinandersetzung bzw. Kennenlernen anderer Kulturen
- Steigende Wohnungsproblematik in Ballungsräumen, Obdachlosigkeit
- Konkurrenz auf dem Arbeitsmarkt
- Verständigungsschwierigkeiten. (2)

Lösungsvorschlag, Aufgabe 4

4.1.1 Fastfood ist in der Regel fettreich und somit energiereich; Gefahr von Übergewicht und krankhaft veränderter Blutfettwerte (z. B. Cholesterin) bei regelmäßigem Konsum. (2)

4.1.2 Einfluss von Risikofaktoren → Endothelschädigung → Blutzellen (Makrophagen) dringen in die Gefäßwand und lagern Fette, Cholesterin ein → Entzündung der Gefäßwand → Vermehrung von Muskel- und Bindegewebszellen → arteriosklerotischen Plaques → Einengung des Durchmessers und Verlust an Elastizität → Blutgerinnsel auf Plaques → Durchblutungsstörungen in den nachgeschalteten Gefäßgebieten. (3)

4.2.1

- Im Hämodialysator fließt das Blut des Patienten in eine Richtung, auf der einen Seite der semi-permeablen Membran vorbei, die Spülflüssigkeit (Dialysat) auf der anderen Seite in der anderen Richtung (Gegenstromprinzip).
- Durch den Konzentrationsunterschied zwischen Blut und Dialysierflüssigkeit entsteht eine Diffusionskraft. Die auszuscheidenden Substanzen diffundieren in das Dialysat, bis der Konzentrationsunterschied abgebaut ist (harnpflichtige Stoffe treten so über winzige Poren in der Membran in die Flüssigkeit über).
- Auch umgekehrt gelangen z. B. Elektrolyte vom Dialysat in das Blut des Patienten. (3)

4.2.2

- Eingeschränkte Ernährung → biologisch hochwertige Eiweißnahrung,
Begründung: geringere Harnstoffbildung bei ausreichender Zufuhr essenzieller Aminosäuren
- eingeschränkte Flüssigkeitszufuhr →
Begründung: Verhinderung von Ödemen und Hypertonie
- kontrollierte Kaliumzufuhr →
Begründung: Hyperkaliämie führt zu schweren Herzrhythmusstörungen, bis zum Herzstillstand.
- Eingeschränkte Freizeitgestaltung / eingeschränkte Berufsausübung
Begründung: zeitliche Gebundenheit an regelmäßige Dialyse, reduzierte körperliche und geistige Belastbarkeit. (2)

4.3.1

1. Großhirn: Sitz des Bewusstseins
2. Balken
3. Kleinhirn: koordinierendes motorisches Zentrum
4. Rückenmark: Schaltzentrum, Leistungsstrang. (2)

4.3.2 Verschattung des linken Gehirnareals.
Linkes Gehirngefäß stellt sich nicht regelrecht dar. (2)

4.3.3 Die rechte Körperhälfte ist betroffen.
Die meisten Pyramidenbahnen kreuzen im unteren Hirnstamm zur Gegenseite.
Deshalb versorgt die Pyramidenbahn der rechten Großhirnhälfte die linke Körperhälfte und umgekehrt. (2)

4.3.4

Betroffener: Mobilität fördert die Selbstständigkeit und Sicherheit und damit die Zufriedenheit, das Wohlbefinden und die Gesunderhaltung des Patienten.

Gesellschaft: Mobilität bedeutet weniger Folgeerkrankungen und damit einen geringeren diagnostischen, therapeutischen und pflegerischen Aufwand. Damit entstehen geringere volkswirtschaftliche Kosten. (2)

4.4.1

- Essen und Trinken in aufrechter Sitzhaltung, Schwerkraft unterstützt den physiologischen Schluckvorgang
- Möglichst keine Unterhaltung während des Essens, nur sprechen, wenn der Mund leer ist. Trennung von Atmung und Schluckvorgang
- Mundhöhle nach jedem Essen reinigen (Mund und Zähne säubern), Speisereste können auch noch nach einer Mahlzeit aspiriert werden. (3)

4.4.3 Sprachstörungen, Gleichgewichtsstörungen, Taubheitsgefühl, Bewusstseinsstörungen. (2)

4.5.1 Zeichnung einer Synapse mit Beschriftung von:

- Präsynaptischem Endknöpfchen
- Präsynaptischer Membran
- Synaptischem Spalt
- Postsynaptischer Membran. (2)

4.5.2

- Durch die Hemmung der Wiederaufnahme des Serotonins und Noradrenalins in die Präsynapse, ist die Konzentration der Neurotransmitter im synaptischen Spalt erhöht → Stimmungsaufhellung
- Durch Hemmung der transmitterabbauenden Enzyme, ist die Konzentration der Neurotransmitter im synaptischen Spalt erhöht → Stimmungsaufhellung. (3)

4.5.3

- Psychische Unterstützung → in einer Psychotherapie geht es vor allem darum, depressionstypische Denkmuster, negative Gefühle und passive Verhaltensweisen abzubauen und durch aktivere, positivere Verhaltensmuster zu ersetzen
- Lichttherapie → bei der Lichttherapie wird der Neurotransmitter Serotonin vermehrt ausgeschüttet
- Angehörigenberatung → Unterstützungspotenzial für den Patienten, Aufklärung über das Krankheitsbild, Verhaltensmaßnahmen im Umgang mit dem Patienten. (2)

Die Kladde 2

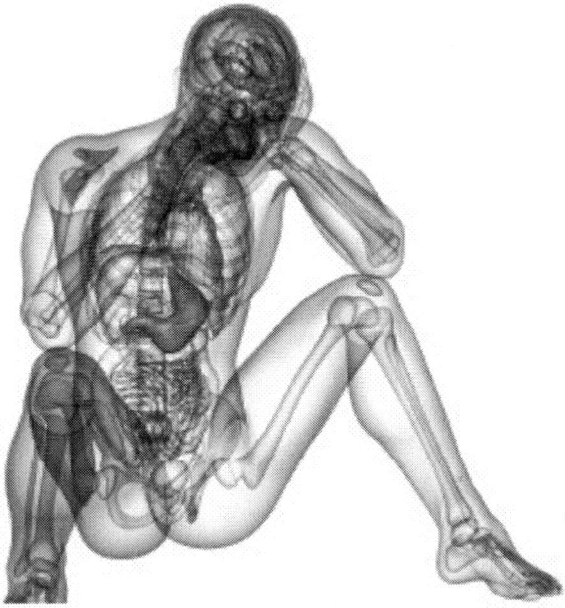

Gesundheit und Pflege
Jahrgangsstufe 2

Claudia Bignion

23. Abitur 2017 – Originalaufgaben mit Lösungen

Aufgabe 1

Hey Lea wir treffen uns heute Abend im „Veggie"! Du weißt schon, vegane Küche und so ☺ ☺ bist du dabei?

Hey klingt super! Kann leider nicht ☹

Was ist los??????

Muss morgen zum Doc - Darmspiegelung ☹ Hab voll Durchfall . . .

Oh du Arme! Lass hören wie es war. Bis bald! CU

Auszug aus einem Chat unter Jugendlichen

1.1.1 Die Koloskopie ist die Spiegelung des Dickdarms durch ein flexibles Sichtgerät (Koloskop). Das Koloskop wird über den After eingeführt und bis kurz vor den Übergang des Dünndarms vorgeschoben, um Veränderungen des Dickdarms zu erkennen.

Verfolgen Sie den Weg des Koloskops, indem Sie alle sechs Abschnitte des Dickdarms ausgehend vom After in richtiger Reihenfolge benennen. Geben Sie vier anatomische Strukturen im Fachwort an. (3)

1.1.2 Chronisch entzündliche Darmerkrankungen können eine Indikation für die Entfernung eines Darmabschnitts sein. Nennen Sie vier Schichten der Darmwand, die bei einem chirurgischen Eingriff nacheinander durchtrennt werden. (1)

1.1.3 Erklären Sie die Unterschiede bezüglich histologischem Aufbau und den dazugehörigen Funktionen der innersten Schicht von Magen und Dünndarm. Stellen Sie Ihre Ergebnisse in Form einer Tabelle übersichtlich dar. (4)

1.1.4 Eine häufige Begleiterkrankung von entzündlichen Darmerkrankungen ist eine Anämie. Erläutern Sie einen pathologischen Zusammenhang. (2)

1.1.5 Bei chronischen Darmentzündungen ist die Diarrhoe ein Kardinalsymptom. Entwickeln Sie eine Hypothese für die Entstehung dieses Kardinalsymptoms und leiten sie begründet eine Komplikation der Diarrhoe her. (3)

1.2 Aufgrund der Diarrhoe kann es zu einer verminderten Harnproduktion der Niere kommen.

1.2.1 Die kleinste funktionelle Einheit der Niere bildet das Nephron.

Zeichnen Sie schematisch den Aufbau des Nephrons (mit Sammelrohr). Beschriften Sie sechs Strukturen bzw. Abschnitte in Ihrer übersichtlichen Darstellung. (4)

1.2.2 Erklären Sie das Gegenstromprinzip bei der Bildung des Sekundärharns anhand eines selbst gewählten Abschnitts aus Ihrer Zeichnung. (vgl. 1.2.1). (3)

1.3 Chronische Erkrankungen stellen eine große Herausforderung insbesondere für junge Menschen dar.

1.3.1 Beschreiben Sie eine mögliche Folge für junge Menschen mit chronisch-entzündlichen Darmerkrankungen auf psychischer und sozialer Ebene. (2)

1.3.2 Für die Bewältigung einer Erkrankung spielen im salutogenetischen Modell nach Antonovsky Widerstandsressourcen eine entscheidende Rolle. (2)

Stellen Sie zwei Widerstandsressourcen am Beispiel eines jungen Menschen mit einer chronisch entzündlichen Darmerkrankung dar.

1.4 Vegane Restaurants liegen insbesondere bei jungen Menschen aktuell im Trend. Die vegane Lebensweise verzichtet vollständig auf jegliche Art tierischer Produkte.

Leiten Sie zwei Gründe her, die aus persönlicher und gesellschaftlicher Sicht für eine vegane Ernährung sprechen. (2)

1.5 Morbus Crohn gehört zu den entzündlichen Darmerkrankungen, bei der ein Defekt in der genetisch bedingten Abwehr nachgewiesen wurde.
Defensine sind antimikrobielle Peptide, die ins Darminnere abgegeben werden. Bei gesunden Menschen existiert ein Gen mit vier Defensin-produzierenden Abschnitten, während bei erkrankten Menschen einer dieser vier Abschnitte fehlt.

1.5.1 Ordnen Sie diesen Defekt begründet einer Mutationsart zu. (1)

1.5.2 Um diese Mutation nachzuweisen, wird die Polymerase-Ketten-Reaktion (PCR) durchgeführt. (3)

Beschreiben Sie dieses Verfahren und begründen Sie welches Ergebnis nach Ablauf der PCR für einen Betroffenen im Vergleich zum Gesunden zu erwarten ist.

Aufgabe 2

2.1 Die Fallot´sche Tetralogie ist ein komplexer angeborener Herzfehler. Sie gehört zu den häufigsten angeborenen Fehlbildungen des Herzens.

Die Fallot´sche Tetralogie umfasst vier pathologische Veränderungen:

- Eine Einengung der Lungenarterien bzw. der zugehörigen Herzklappe
- Eine unvollständige Trennung der beiden Herzkammern
- Eine Herzmuskelvergrößerung der rechten Herzkammer
- Eine teilweise Verlagerung des Ursprungs der Hauptschlagader auf die Gegenseite.

2.1.1 Skizzieren Sie den physiologischen Aufbau des Herzens und beschriften Sie in der Fachsprache die vier Herzräume, die zu- und abführenden Gefäße, die Herzscheidewand und die vier Herzklappen. (4)

2.1.2 Markieren Sie in Ihrer Skizze (vergleiche Aufgabe 2.1.1.) die Lokalisation der pathologischen Veränderungen der Fallot Tetralogie. (1)

Bei der Untersuchung des kleinen Blutbildes eines erkrankten Neugeborenen am fünften Lebenstag ergeben sich folgende Werte:

Nr.	**Blutwert**	**Referenzbereich 5. Lebenstag**	**Laborbefunde vom 18.2.2017**
1	Leukozyten	100 – 250 / nl	200 / nl
2	Hämoglobin	11,4 – 14,2 g / dl	11,7 g / dl
3	Hämatokrit	58 – 62 %	69 %
4	MCH	33 – 38 pg	33,2 pg
5	Thrombozyten	150.000 – 400.000 / µl	293.000 / µl
6	Erythrozyten	4,4 – 6,1 Mio. / µl	6,7 Mio. / µl

2.2.1 Leiten Sie begründet aus den vier Fehlbildungen der Fallot´schen Tetralogie die Veränderungen im vorliegenden Blutbild her. (4)

2.2.2 Erläutern Sie ausgehend von den pathologischen Veränderungen des Blutbildes eine akute Komplikation für Neugeborene. (2)

2.3 Die Fallot´sche Tetralogie wird auch die „Blue Baby Krankheit" genannt.
Die betroffenen Kinder haben eine bläuliche Hautfarbe. Die Zyanose ist besonders gut an der Zunge, den Lippen sowie den Finger und Zehenspitzen zu beobachten.

2.3.1 Leiten Sie die Entstehung und die Gefahr der Zyanose entsprechend der Einzelerkrankungen der Fallot´schen Tetralogie her. (2)

2.3.2 Geben Sie eine weitere Farbveränderung der Haut an und begründen Sie deren Entstehung. (2)

2.4 Bei der Herzmuskelhypertrophie der rechten Herzkammer kommt es bei der Fallot´schen Tetralogie zu einer Vergrößerung der Herzmuskelzellen.

2.4.1 Begründen Sie die verschiedenen physiologischen dicken der Herzmuskelschlicht an den beiden Herzkammern.
Erstellen Sie eine Hypothese für die Entstehung der bei der Fallot Tetralogie vorliegenden Herzmuskelvergrößerung an der rechten Kammer. (3)

2.4.2 Vergleichen Sie anhand von zwei selbst gewählten Kriterien die drei verschiedenen Muskelgewebearten. (3)

2.5 Das Elektrokardiogramm (EKG) ist eine diagnostische Möglichkeit bei Herzerkrankungen. Die beiden nachfolgenden Abbildungen zeigen ein physiologisches (vgl. Abbildung 2) und ein pathologisches (vgl. Abbildung 3) EKG:

Physiologisches EKG:

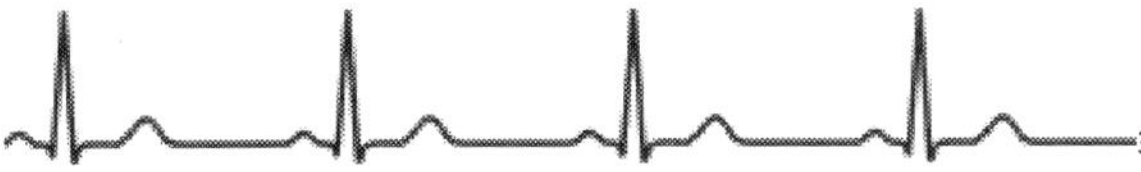[33]

Abb. 2

Pathologisches EKG:

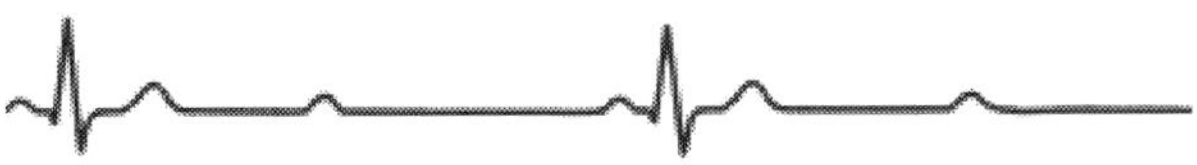

Abb. 3

2.5.1 Ordnen Sie den einzelnen Abschnitten des EKG die Erregungsstadien des Herzens zu. Übertragen Sie dazu einen physiologischen EKG-Abschnitt aus Abbildung 2 auf Ihr Lösungsblatt und beschriften Sie diesen. (1)

2.5.2 Analysieren Sie das pathologische EKG (vgl. Abbildung 3) unter Berücksichtigung des Reizbildungs- und Reizleitungssystem des Herzens. (3)

2.6 Das Neugeborene und seine Eltern werden in der kommenden Zeit gehäuft im Krankenhaus behandelt. Ein Case Manager begleitet den gesamten Betreuungsprozess durch ein kontinuierliches Unterstützungsmanagement.

2.6.1 Übertragen Sie den Regelkreis des Case Managements auf den Behandlungs- und Betreuungsprozess des Neugeborenen. (3)

2.6.2 Diskutieren Sie aus volkswirtschaftlicher und gesundheitspolitischer Perspektive zwei Argumente für den Einsatz eines Case Managers in einer Gesundheitseinrichtung. (2)

---

[33] https://commons.wikimedia.org/wiki/File:Electrocardiogram_of_a_healthy_man,_21_years_old.jpg?uselang=de.

Aufgabe 3

3.1 Seit 2007 empfiehlt die stetige Impfkommission (STIKO), Mädchen ab zwölf Jahren zur Vorbeugung von Gebärmutterhalskrebs (Zervixkarzinom) zu impfen.
Grundlage dieser Empfehlung ist die Erkenntnis, dass Gebärmutterhalskrebs oft über eine jahrzehntelang zurückliegende Infektion mit sexuell übertragbaren humane Papillomviren (HPV) ausgelöst werden kann.

3.1.1 Krebsregistrierdaten werden ständig aktualisiert und veröffentlicht. Das folgende Diagramm (vergleiche Abbildung 1) zeigt epidemiologische Zahlen zum Gebärmutter-halskrebs.

Leiten Sie zwei Hypothesen für die im Diagramm dargestellte Entwicklung ab. (2)

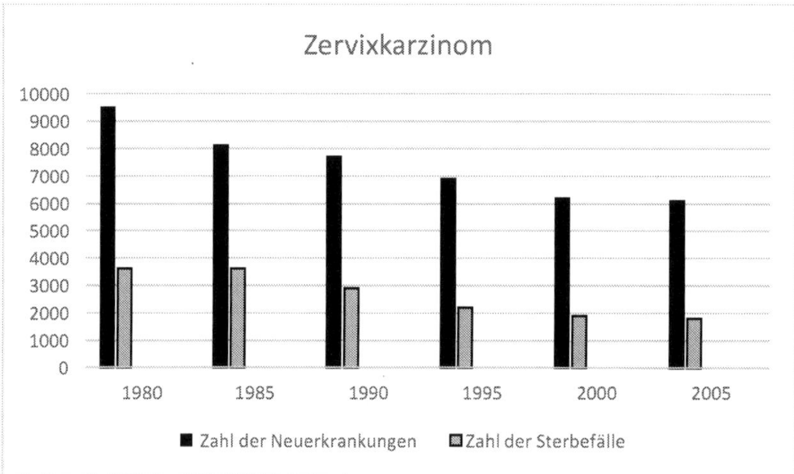

Abb.1 Jährliche Neuerkrankungs- und Sterbefälle, Deutschland 1980 - 2005

3.1.2 Definieren und berechnen Sie eine der dargestellten epidemiologischen Maßzahlen für das Jahr 2004. Geben Sie den Rechenweg an. (2)

3.1.3 Die Impfempfehlungen der STIKO werden jährlich vom Robert-Koch-Institut veröffentlicht. Nennen Sie eine weitere Einrichtung des öffentlichen Gesundheitsdienstes und geben Sie eine Aufgabe an. (1)

3.1.4 Humane Papillomaviren (vor allem Typ 16 und 18) wirken als Karzinogene an Zellen des Gebärmutterhalses.

Erläutern Sie zwei Aspekte auf molekular-genetischer Ebene, worin sich eine Krebszelle von einer gesunden Zelle der Gebärmutterschleimhaut unterscheidet. (3)

3.1.5 Die Gesundheitsversorgung von Krebspatientinnen orientiert sich an medizinischen Leitlinien.

Begründen Sie zwei Ziele, die mit solchen medizinischen Leitlinien verfolgt werden. (2)

3.1.6 Zielgerichtete Therapien sind neue Arten der medikamentösen Krebstherapie, deren Wirkstoffe an Vorgängen auf Zellebene ansetzen, die eine zentrale Rolle beim Tumorwachstum spielen.

Entwickeln Sie eine Hypothese für einen möglichen Wirkmechanismus der zielgerichteten Therapie. (3)

3.1.7 Erläutern Sie am Beispiel von Gebärmutterhalskrebs die Unterschiede zwischen Primär- Sekundär- und Tertiärprävention. (3)

3.2 Sobald Viren in den Körper eindringen, werden sie vom Immunsystem bekämpft.

Erläutern Sie anhand von Skizzen die zelluläre Immunantwort und benennen Sie alle beteiligten Strukturen. (4)

3.3 „Ein HPV-Test für das Screening des Zervixkarzinoms bei Frauen über 30 Jahre Jahren muss eine optimale Balance zwischen klinischer Sensitivität und Spezifität aufweisen, so die Forderung einer europäischen Leitlinie."

Nehmen Sie Stellung zu dieser Aussage. (2)

3.4 Eines der wichtigsten Verfahren zur Behandlung von Gebärmutterhalskrebs ist die Operation, um das Tumorgewebe vollständig zu entfernen. (2)

Hat sich die Krebserkrankung bereits auf Nachbarorgane wie die Eierstöcke ausgedehnt, müssen auch diese entfernt werden.

3.4.1 Leiten Sie begründet aus den physiologischen Funktionen der Eierstöcke zwei Folgen der Eierstockentfernung für die Betroffene ab.

3.4.2 Postoperativ leidet die Patienten häufig unter chronischen Schmerzen im Bauchraum. Erklären Sie anhand eines Pfeilschemas den Weg vom Schmerzreiz bis zur Schmerzwahrnehmung. (3)

3.4.3 Grundlage der Behandlung chronischer Schmerzen bildet das biopsychosoziale Schmerzmodell. (3)

Erläutern Sie zwei Kernaussagen dieses Modells und dessen Bedeutung für die Schmerztherapie.

Aufgabe 4

Die echte Grippe, auch Influenza genannt, ist eine akute Erkrankung der Atemwege. Sie ist eine ernsthafte, mitunter auch lebensbedrohliche Erkrankung, die durch Grippeviren ausgelöst wird. Erkältungen oder „grippale Infekte“ dagegen werden von anderen Krankheitserregern verursacht.

Die Ständige Impfkommission (STIKO) empfiehlt unter anderem allen Personen ab dem Alter von 60 Jahren eine Impfung gegen die saisonale Influenza. Die europäische Union hatte in einer Resolution das Ziel definiert, dass in allen Mitgliedsstaaten unter älteren Personen eine Influenzaimpfquote von mindestens 75 % bis 2015 erreicht werden sollte.

Interpretieren Sie folgendes Diagramm (vgl. Abb. 1) und nennen Sie zwei Maßnahmen, wie die Forderung der Europäischen Union künftig erreicht werden kann. (3)

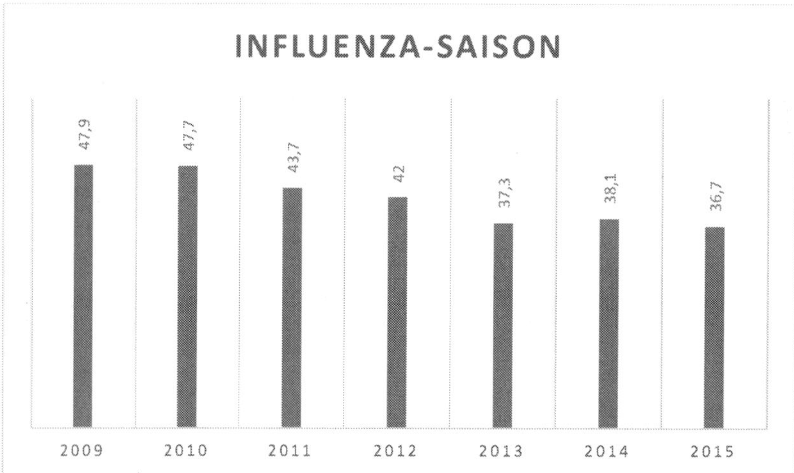

Abb.1 Bundesweite Impfquote für eine Influenza-Impfung bei Personen > 60 Jahre.

4.1.2 Die Influenza ist ein negativer Wirtschaftsfaktor - nehmen Sie zu dieser Aussage Stellung (zwei Aspekte). (2)

4.1.3 Vergleichen Sie aktive und passive Immunisierung tabellarisch anhand von drei selbst gewählten Kriterien und skizzieren Sie im Anschluss für beide Arten der Immunisierung den Kurvenverlauf der Antikörperkonzentration (Titer) im Zeitverlauf. (4)

4.1.4 Benennen Sie vier Maßnahmen die Sie persönlich ergreifen können, um das Ansteckungsrisiko mit Influenzaviren zu minimieren. (2)

4.2 Die Pneumonie (Lungenentzündung) kann eine schwere Komplikation der Influenza darstellen. Auslöser dieser Entzündung können Bakterien sein.

4.2.1 Skizzieren Sie den Atemtrakt ausgehend vom Kehlkopf und beschriften Sie vier wesentliche Strukturen in der Fachsprache. (3)

4.2.2 Fieber ist ein mögliches Symptom der Pneumonie. (3)

Beschreiben Sie stichwortartig die Entstehung von Fieber.

4.2.3 Begründen Sie zwei pflegerische Maßnahmen zur Unterstützung des Patienten beim Fieberabfall. (3)

4.2.4 Zur Diagnostik einer Pneumonie kann eine Röntgenuntersuchung (vgl. Abb. 2) herangezogen werden.

Leiten Sie ab, wie die unterschiedlichen Hell-Dunkel-Kontraste bei einer gesunden Lunge gegenüber einer schweren Lungenentzündung im Röntgenverfahren zustande kommen. (2) [34]

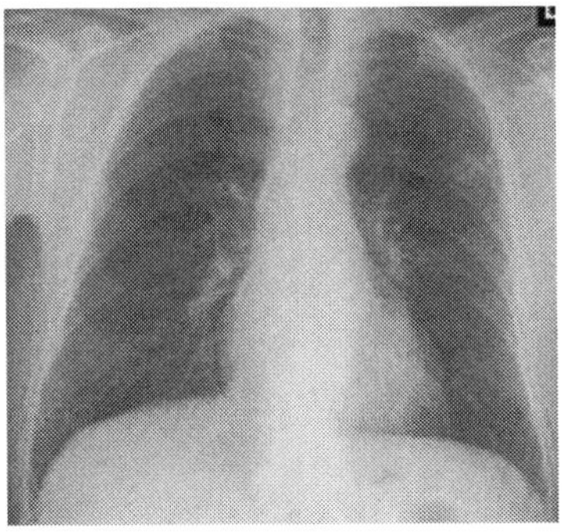

ohne Lungenentzündung

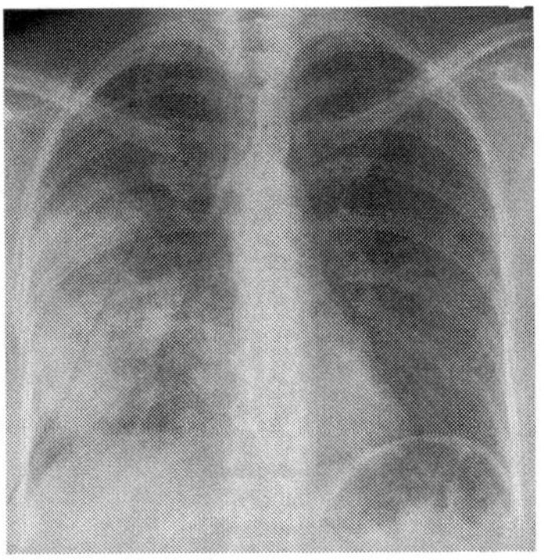

schwere Lungenentzündung

4.2.5 Die Behandlung mit Antibiotika beschränkt sich nur auf Pneumonien, die durch Bakterien verursacht werden. (3)

Beschreiben Sie drei mögliche Wirkmechanismen von Antibiotika auf zellulärer Ebene.

4.2.6 Pneumokokken zählen zu den häufigsten bakteriellen Auslösern von Lungenentzündungen. Bakteriophagen sind Viren, die gezielt diese Bakterien befallen, sich in ihren vermehren und diese damit zerstören. Cpl -1 ist ein Enzym der Bakteriophagen, das speziell zur Therapie einer pneumokokkeninduzierten Pneumonie eingesetzt wird.

Stellen Sie zwei Vorteile des oben beschriebenen Therapieansatzes mit Cpl -1 gegenüber einer Antibiotikatherapie begründet dar. (2)

4.2.7 Mögliche Maßnahmen zur Pneumonieprophylaxe sind zum Beispiel:

- Atemübungen
- Verschiedene Positionierungen (Körperhaltungen)
- Ausreichende Flüssigkeitszufuhr.

Leiten Sie mögliche positive Wirkungen dieser prophylaktischen Maßnahmen her. (3)

[34] Von Hellerhoff - Eigenes Werk, CC BY-SA 3.0, https://commons.wikimedia.org/w/index.php?curid=12218989.

Lösungsvorschläge Abitur 2017
Lösungsvorschlag, Aufgabe 1

1.1.1 Mastdarm – Rektum
S-förmiger Grimmdarm – Sigma
Absteigender Grimmdarm – Colon deszendens
Querverlaufender Grimmdarm – Colon transversum
Aufsteigender Grimmdarm – Colon aszendens
Blinddarm – Caecum (3)

1.1.2 Schichten von außen nach innen:
Serosa, Muskularis, Submukosa, Mukosa (1)

1.1.3

	Magen	**Dünndarm**
Aufbau	Mukosa ist stark gefaltet → enthält viele schlauchförmige Drüsen, welche Magensaft herstellen; diese Drüsen enthalten unterschiedliche Zellarten: • Belegzellen • Nebenzellen • Hauptzellen.	Kerckring´sche Falten mit Zotten und Krypten; zwischen den Krypten liegen verschiedene Lymphfollikel (Peyer´sche Plaques) und Drüsenzellen, z. B. die Lieberkühn´schen Drüsen und Becherzellen sowie der Ausführungsgang der Brunner´schen Drüsen; Enterozyten tragen Mikrovilli.
Funktion	Abgabe von Magensaft zur Verdauung und Resorption. Magensaft: Salzsäure → Desinfektion, Aktivierung von Pepsinogen. Denaturierung: Pepsinogene und Pepsin → Eiweißspaltung. Magenschleim → Schutz der Magenwand. Intrinsic Factor → Resorption von Vitamin B_{12}.	Oberflächenvergrößerung → Vergrößerung der Resorptionsfläche für die Nährstoffe und Vitamine etc. Lymphfollikel (Peyer Plaques) sind zuständig für die Abwehr von Krankheitserregern. In verschiedenen Drüsen und Zellen wird er Dünndarmsaft gebildet (Schleim, Verdauungsenzyme).

(4)

1.1.4 Durch die Entzündung der Dünndarmschleimhaut kann ist zu Resorptionsstörungen und/oder Blutverlust kommen.
Aus diesem Grund ist z. B. ein Mangel an Vitaminen (z. B. Vitamin B12) und Mineralstoffen (z. B. Eisen) sehr häufig. Dies führt oft zu einer Anämie.

Begründung: Vitamin B_{12} (Cobalamin) und Eisen (das Bestandteil des Hämoglobins) sind an der Blutbildung (u. a. Erythrozyten, Erythropoese) im Knochenmark beteiligt. (2)

1.1.5 Zum Beispiel:
Entzündung und Ulzeration in der Darmschleimhaut des Colons →

- Funktionsverlust: mangelnde Rückresorption von Wasser → Flüssigkeitsmenge im Stuhl erhöht
- Austritt von Plasma und Serumproteinen aus durchlässigen Kapillargefäßen in das Darmlumen
- → Erhöhung der Osmolarität → Flüssigkeitsgehalt im Stuhl nimmt zu → eventuell zusätzliche Anregung der Darmperistaltik, Diarrhoe.

Komplikationen:
Zum Beispiel:

- Elektrolyt- und Wassermangel, da die Elektrolyte im Wasser gelöst sind bringt ein Wasserverlust automatisch einen Elektrolytverlust mit sich
- Dehydratation durch Flüssigkeits- und Elektrolytmangel mit Volumenmangel
- Perianale Hautreizung durch häufigen, enzymhaltigen und wässrigen Stuhlgang. (3)

1.2.1 Skizze des Nephrons mit Sammelrohr → siehe verwendetes Lehrbuch. (4)

Beschriftung:
Baumann´sche Kapsel, Glomerulus, proximaler Tubulus, Henle´sche Schleife, intermediärer Tubulus, distaler Tubulus, Vasa rekta, Sammelrohr.

1.2.2 Das Gegenstrom Prinzip beschreibt den Austausch zwischen den Röhren des Tubulussystems und Sammelrohrs sowie zwischen Blutgefäßen bei gegensätzlicher Flussrichtung in den Röhren, welches ein effektiver Mechanismus zur Harnkonzentrierung ist.
z. B.

- Aufsteigender und absteigender Schenkel der Henle´schen Schleife (Tubulus) bilden gegensinnige Röhren
- Aktiver Transport von Elektrolyten aus dem aufsteigenden Schenkel des Tubulus ins Gewebe → Wasser kann aufgrund der Undurchlässigkeit des aufsteigenden Schenkels nicht folgen → Osmolarität im Gewebe steigt
- Erhöhte Osmolarität im Gewebe → bewirkt wiederum einen vermehrten Wasserausstrom aus dem absteigenden, wasserdurchlässigen, benachbarten Schenkel des Tubulus (steigende Gradient zum Nierenmark hin)
- Wasser diffundiert aus dem Gewebe in die Blutgefäße → Mechanismus wird permanent erneuert. (3)

1.3.1 Zum Beispiel:
Auf sozialer Ebene:
Soziale Isolation - eingeschränkte Teilhabe an gemeinsamen Aktivitäten wie Sport und Essengehen mit z. B. Freunden (Peergroup), Familie usw.

Auf psychischer Ebene:
Ängste und Niedergeschlagenheit bezüglich der Auswirkungen der Krankheit, z. B. Schmerzen, Schamgefühl, Sorgen in Bezug auf berufliche und private Perspektiven. (2)

1.3.2 Zum Beispiel:

- Wissen und Intelligenz (psychische und personale Ressourcen):
  → Der Betroffene informiert sich, versteht die Grundlagen der Krankheit und deren Bedeutung in Bezug auf seine Lebensführung
- Intakte Familie und Freunde/soziales Netz (soziale Ressourcen):
  → Die Familie trägt die Krankheit mit und richte z. B. ihre Ernährung danach aus, bietet emotionalen Rückhalt in belastenden Situationen;
  → Austausch mit Betroffenen über soziale Medien. (2)

1.4 Zum Beispiel:
persönliche Gründe:

- Tierische Fette werden durch vegane Ernährung vermieden → das wirkt einem hohen Cholesterinspiegel entgegen → reduziert das Risiko von Herz-Kreislauf-Erkrankungen
- Tierische Nahrungsmittel fördern Übersäuerung → Säure-Basen-Gleichgewicht wird verschoben → reduziert das Risiko von Nierensteinen und Gicht
- Protest gegen Massentierhaltung → gleicher Stellenwert von Tier und Mensch.

Gesellschaftliche Gründe

- Beitrag für eine bessere Umwelt (ökologischer Fußabdruck) → Massentierhaltung erfordert große Mengen an Getreide → hoher Wasserverbrauch → umwelt-politischer Aspekt
- Entgegenwirken von Antibiotikamissbrauch in der Tierzucht → Vermeidung von Antibiotikaresistenzen
- Verringerung der Kosten die durch Volkskrankheiten wie z. B. Herz-Kreislauf-Erkrankungen und Krebserkrankungen entstehen. (2)

1.5.1 Genmutation: Deletion →, Verlust eines DNA Abschnitts in einem Gen. (1)

1.5.2 Polymerase Kettenreaktion (PCR): gezielte Vervielfältigung von DNA.

- Gewinnung von DNA aus Zellen von gesunden und Morbus Crohn Patienten
- Synthese von zwei Starter-Molekülen (Primer), die spezifisch an den Anfangs- und Endsequenzen der Defensin-Genabschnitte binden
- Mehrere Zyklen aus:

- Trennung der DANN-Doppelstränge in Einzelstränge (Denaturierung)
- Anlagerung der Primer an die komplementären Sequenzen (Annealing bzw. Hybridisierung)
- Verlängerung der beiden Primer durch eine hitzestabiles Enzym (Taq-Polymerase) → dadurch neue Synthese von komplementären DANN-Strängen (Polymerisation bzw. Elongation).
-

Ergebnis: nach der Vervielfältigung der Defensin-Gen- Abschnitte von gesunden Personen und an Morbus Crohn erkrankten Personen wird die Länge der PCR-Produkte verglichen. Es zeigt sich, dass das PCR-Produkt bei erkrankten Personen im Vergleich zu gesunden Personen durch die Deletion verkürzt ist. (3)

Lösungsvorschlag, Aufgabe 2

2.1.1 Skizze → siehe Lehrbuch.
Fachwörter: Atrium dextrum, Atrium sinistrum, Ventriculus dexter, Ventrikulus sinister, Vena cava superior, Vena cava inferior, Vena pulmonalis, Truncus pulmonalis, Aorta, Septum cardiale, Aortenklappe, Pulmonalklappe, Mitralklappe, Trikuspidalklappe. (4)

2.1.2 Markierung der vier pathologischen Veränderungen der Fallot´schen Tetralogie:

- Einengung der Lungenarterien bzw. der zugehörigen Herzklappe
- Unvollständige Trennung der beiden Herzkammern
- Herzmuskelvergrößerung der rechten Herzkammer
- Teilweise Verlagerung des Ursprungs der Aorta auf die Gegenseite. (1)

2.2.1 Erythrozytenzahl und Hämatokrit-Wert erhöht:
Die unvollständige Trennung der beiden Herzkammer und teilweise Verlagerung des Ursprungs der Aorta auf die Gegenseite → Vermischung des arteriellen und venösen Blutes → niedriger pO_2 im Blut → erhöhte Ausschüttung des Hormons Erythropoetin in der Niere → Erythropoese im Knochenmark angeregt → Anzahl der Erythrozyten im Blut steigt und damit steigt auch der Hämatokrit (prozentualer Anteil der zellulären Blutbestandteile). (4)

2.2.2 Hoher Hämatokrit → erhöhte Anzahl der zellulären Blutbestandteile gegenüber dem Gesamtvolumen des Blutes → Steigerung der Viskosität des Blutes → Gefahr von Thrombose und Embolie. (2)

2.3.1 Verengung der Pulmonalarterie bzw. Klappenstenose und Mischblut durch unvollständige Trennung der Herzkammern, teilweise Verlagerung des Ursprungs der Aorta → Blutfluss zur Lunge verringert → pO_2 vermindert → Zyanose → Unterversorgung der Zelle mit Sauerstoff (Hypoxämie) → Wachstums- und Entwicklungsstörungen des Neugeborenen. (2)

2.3.2
Zum Beispiel Ikterus
Die Gelbfärbung entsteht durch den pathologisch bedingten Übertritt von Gallenbestand-teilen (Gallen- oder Lebererkrankungen, Hämolyse), insbesondere die Billirubin (Abbauprodukt von Hämoglobin) in das Blut und später in die Haut und Skleren des Auges. (2)

2.4.1 Physiologisch:
Rechte Herzkammer: circa 4 mm, linke Kammer: circa 10 - 12 mm. Die Muskulatur der linken Kammer muss eine größere Kraft aufbringen, da von hier aus das Blut in den Körperkreislauf gepumpt wird. Dieser setzt dem Herzen einen höheren Austreibungswiderstand entgegen als der Lungenkreislauf.

Pathologisch:
Pulmonalarterienstenose → erhöhter Widerstand im Lungenkreislauf → Blutdruckanstieg im Lungenkreislauf → kompensatorische Hypertrophie des Myokards → Myokardhypertrophie der rechten Kammer. (3)

2.4.2 Zum Beispiel:

Kriterien	**Quergestreiftes Muskelgewebe**	**Glattes Muskelgewebe**	**Herzmuskelgewebe**
Mikroskopischer Aufbau	Symmetrische Myofibrillen, die parallel in der Muskelfaser liegen. Jede Zelle besitzt mehrere randständige Kerne.	Meist längliche, mehr verzweigte Muskelzellen. Jede Zelle hat einen Zellkern in der Zellmitte.	Glatte und quergestreifte Muskelzellen und Glanzstreifen.
Steuerung/ Innervation	Willkürlich.	Nicht willkürlich, wird durch vegetatives Nervensystem beeinflusst.	Reizbildungs- und Reizleitungssystem. Nicht willkürlich. Beeinflusst durch das vegetative Nervensystem.
Lokalisation	Skelettmuskulatur.	z. B. Darm, Blutgefäße.	Herz.

(3)

2.5.1 Skizze → siehe verwendetes Lehrbuch.

EKG Abschnitte:

- P-Welle: Vorhoferregung
- QRS-Komplex: Kammererregung
- T-Welle: Erregungsrückbildung der Kammer. (1)

2.5.2

- Doppelt so viele Vorhofaktionen (P-Welle) wie Kammerkomplexe (QRS-Komplexe) registriert
- Atrio-Ventrikulärer Block (AV-Block) → Erregungsüberleitung vom Vorhof zur Kammer ist verzögert bzw. unterbrochen
- Nur jede zweite Vorhoferregung wird auf die Kammer übergeleitet. (3)

2.6.1 Regelkreis des Case-Managements

1. Identifikation des Neugeborenen als Fall (Case), da hoher Versorgungsbedarf.
2. Assessment, Bedarfserhebung: Informationssammlung bezüglich medizinischer, therapeutischer und pädagogischer Aspekte.
3. Versorgungsplan erstellen (Ziele, Arbeitsschritte und Verantwortungsbereiche) unter Einbeziehung der Eltern und dem multiprofessionellen Team.
4. Umsetzung des Versorgungsplans.

5. Monitorring: Überwachung der zielgerichteten Steuerung der Leistungserbringung über die Sektorgrenzen des Krankenhauses hinaus.
6. Evaluationsphase: Wurden die Ziele erreicht? → Wenn nicht, neuer Zyklus ab Schritt 2.

2.6.2 Höherer Kostendruck, z. B. durch die Umsetzung der DRG (Diagnosis Related Groups) → damit Gefahr von Schnittstellenproblem, Diskontinuität in der Versorgung und Versorgungsabbrüchen. Durch die mangelnde Vernetzung der Sektoren steigt damit die Gefahr eines Drehtüreffektes und der Erbringung von Doppelleistungen → höhere volkswirtschaftliche Kosten.

Begleitung des Patienten durch eine Bezugsperson mit der Feststellung von sonderpädagogischem Förderbedarf. (3)

Lösungsvorschlag, Aufgabe 3

3.1.1 Zum Beispiel:
Die Abbildung zeigt die jährlichen Neuerkrankungs- und Sterbefälle sowie altersstandardisierte Neuerkrankungs- und Sterberaten in Deutschland im Zeitraum von 1980 - 2004.

- Die Zahl der Neuerkrankungen an Gebärmutterhalskrebs hat zwischen 1980 und 2004 abgenommen
- Außerdem ist ein deutlicher Rückgang der Sterberate zu erkennen. Im Jahr 2004 starben jedoch immer noch circa 1700 je 100.000 Frauen an Gebärmutterhalskrebs.

Mögliche Gründe für diese Erkrankung, z. B.

- Eingeführte Krebsfrüherkennung Programme der gesetzlichen Krankenkassen → Erkennung von Vorstufen des bösartigen Tumors
- Wirksame Aufklärung über die Erkrankung → Vermeidung sexueller Übertragung (Kondome). (2)

3.1.2 Zum Beispiel:
Die Inzidenz einer Erkrankung bezeichnet die Anzahl der Neuerkrankungen für die bestimmte Krankheit innerhalb eines bestimmten Zeitraums und bezogen auf eine definierte Population/Stichprobe.

Inzidenz für das Jahr 2004:

$$\text{Inzidenz} = \frac{\text{Anzahl der Neuerkrankungen der Stichprobe}}{\text{Anzahl aller Personen der Stichprobe}} = \frac{\text{(ca.) } 6100}{100.000} = 0{,}061 = 6{,}1\ \%$$

Die Mortalität beziffert die Anzahl der Sterbefälle durch eine bestimmte Krankheit innerhalb eines definierten Zeitraums und bezogen auf eine definierte Population/Stichprobe.

Mortalität für das Jahr 2004:

$$\text{Mortalität} = \frac{\text{Anzahl der an der Krankheit Verstorbenen}}{\text{Anzahl aller Personen der Stichprobe}} = \frac{\text{(ca.) } 1800}{100.000} = 0{,}018\ 0\ 1{,}8\ \%$$

(2)

3.1.3 Zum Beispiel:
Bundeszentrale für gesundheitliche Aufklärung (BZgA)
Aufgabe:

- Erarbeitung und Veröffentlichung von Grundsätzen, Inhalten und Methoden der praktischen Gesundheitserziehung zu vielfältigen Themen. (1)

3.1.4 Eine gesunde Zelle steuert den Zellzyklus und damit Zeitpunkt und Häufigkeit der Zellteilung durch wachstumsregulierenden Gene: Proto-Onkogene und Tumor- Suppressor-Gene. Deren Genprodukte fördern (Proto-Onkogen) bzw. hemmen (Tumor-Suppressor-Gen) die Zellteilung.

Ihre Gehirnaktivität wird auch durch Wachstumsfaktoren aus Nachbarzellen reguliert.

Mutationen in den wachstumsregulierenden Genen führen zum Verlust der Kontrolle des Zellzyklus → unkontrollierte Zellteilung.

Durch Mutation eines zellteilungsfördernden Proto-Onkogens entsteht ein krebsauslösendes Onkogen. Dadurch wird die Zellteilung übermäßig und stetig angeregt → Tumorentstehung.

Durch Mutation eines Tumor-Suppressor-Gens entfällt die Hemmung der Zellteilung.
Die Zelle teilt sich schneller als gesunde Zellen, ohne dass DANN-Schäden repariert werden können → Tumorentstehung. (3)

3.1.5
Zum Beispiel Ziele:

- Dienen der Sicherung und Verbesserung der gesundheitlichen Versorgung von Krebspatienten (Prävention, Diagnostik, Therapie und Nachsorge in der Onkologie)
- Sollen die Entscheidungsfindung von Ärzten und Patienten für eine angemessene Versorgung im Rahmen einer Krebserkrankung unterstützen
- Wichtiges Instrument des Qualitätsmanagements in der Onkologie
- Grundlage zur Entstehung oder Aktualisierung von Disease Management Programmen.

Begründung:

- Leitlinien geben den wissenschaftlichen Erkenntnisstand der Medizin, z. B. in der Onkologie, zu einem bestimmten Zeitpunkt wieder und werden als Handlungsempfehlungen nach einer bestimmten Methodik entwickelt
- Aktueller Stand des medizinischen Wissens und medizinischen Fortschritts soll abgebildet werden (Evidenzbasierung). (2)

3.1.6 Zum Beispiel:
Hemmung von Wachstumssignalen in Tumorzellen (Signaltransduktionshemmer)

- Wirkstoffe (Monoklonale Antikörper) richten sich gegen Rezeptor (Andockstelle für Wachstumssignale) auf Tumorzellen
- Ziel ist es, die Bindestellen des Rezeptors zu blockieren, um ein Andocken von wachstumsfördernden Faktoren aus der Umgebung der Zelle zu verhindern
- Zellen erhalten kein Signal mehr zur Teilung → unkontrollierte Zellteilung wird verhindert.

Unterbinden der Sauerstoff und Nährstoffzufuhr des Tumors:

- Tumorzellen regen Neubildung von Blutgefäßen (Angiogenese) an.
- Angiogenesehemmer hemmen die Neubildung von Blutgefäßen durch Unterdrückung der Signalweiterleitung auf die Blutgefäße → verhindert, dass der Tumor weiter wächst. (3)

3.1.7 Zum Beispiel:
Primärprävention:

- Richtet sich an alle gesunden Frauen
- Setzt vor dem Auftreten von Gebärmutterhalskrebs ein
- Maßnahmen, durch die Risiken bzw. Ursachen dieser Krankheit vermieden werden
- Z. B. aktive Immunisierung gegen Gebärmutterhalskrebs, Kondome, Aufklärung.

Sekundärprävention:

- Maßnahmen zur Erkennung einer Krankheit im Frühstadium
- Behandlungserfolg ist im frühen Krankheitsstadium meist höher
- Z. B. Krebsfrüherkennungsuntersuchungen der Frau, Untersuchung des Gebärmutterhalses, Abstrich vom Gebärmutterhals.

Tertiärprävention:

- Setzt nach dem Auftreten einer Krankheit ein
- Maßnahmen, um die Verschlimmerung einer Krankheit zu verhindern beziehungsweise deren Spätfolgen zu vermeiden oder hinauszuzögern
- Z. B. engmaschige Kontrolluntersuchung postoperativ, erkennen von Metastasen, Informationen zu Selbsthilfegruppen. (3)

3.2 Darstellung der zellulären Immunantwort anhand von Skizzen, siehe verwendetes Lehrbuch.

Erläuterung, zum Beispiel:

Virusinfizierte Zellen → Antigenpräsentation auf MHC-Protein → ruhende T-Killerzelle bindet mit passivem T-Zell-Rezeptor und wird aktiviert.

Makrophage phagozytiert Virus → Antigen Präsentation auf MHC-Protein, Anlagerung der T-Helferzellen mit ihrem T-Zell-Rezeptor → Aktivierung der T-Helferzelle → Ausschüttung von Zytokinen → Aktivierung der T-Killer-Zelle.

Aktivierte T-Killerzelle gibt Perforine an veränderte Körperzelle ab → Durchlöcherung und damit Zerstörung der virusinfizierten Zelle (Apoptose), keine weitere Virusvermehrung.

Aktivierte T-Killerzellen bilden einen Zellklon → Verstärkung der zellulären Immunantwort. (4)

3.3 Zum Beispiel:

- Diagnostische Tests müssen generell zwei Kriterien genügen, um reliabel und valide zu sein: Sensitivität und Spezifität
- Sensitivität = Wahrscheinlichkeit, dass eine erkrankte Person einen positiven Befund erhält
- Spezifität = Wahrscheinlichkeit, dass eine gesunde Person einen negativen Befund erhält
- Je höher Sensitivität und Spezifität desto höher die Testgenauigkeit. (2)

3.4.1 Funktion der Eierstöcke (Ovarien):

- Bildung der weiblichen Sexualhormone Östrogen und Progesteron
- Bereitstellung von befruchtungsfähigen Eizellen.

Folgen der operativen Entfernung:
Östrogen- und Progesteronmangel - Folgen:

- Störung/Verlust des weiblichen Zyklus → fehlende Eireifung, fehlender Aufbau der Gebärmutterschleimhaut → Unfruchtbarkeit
- verminderter Einbau von Calcium in den Knochen -> Osteoporoserisiko steigt. (2)

3.4.2 Zum Beispiel:
Gewebeschädigung durch eine Operation und mögliche Verwachsungen im Bauchraum → Freisetzung chemischer Stoffe (z. B. Prostaglandine) Nozizeptoren (Schmerzrezeptor) reagieren auf diese chemischen Stoffe → Schmerzsignale gelangen über afferente, periphere Nervenfasern zum Rückenmark → Weiterleitung zum Thalamus → sensorische Rindenfelder des Großhirns → bewusste Wahrnehmung des Schmerzes. (3)

3.4.3 Biopsychosoziales Schmerzmodell:

- Ganzheitliches Modell zur Erklärung der Entstehung und Aufrechterhaltung von chronischen Schmerzen
- Geht von einer multifaktoriellen Schmerzentstehung aus
- Biologische Einflussfaktoren (z. B. entzündliche Prozesse, Operation, genetische Disposition)
- Psychologische Einflussfaktoren (z. B. berufliche Anspannung, psychische Belastung aufgrund der Operation)
- Soziale Einflussfaktoren (z. B. sozioökonomischer Status).

Diese Faktoren beeinflussen und verstärken sich gegenseitig. (3)

Bedeutung:
In der Prävention, Diagnostik und Therapie von Schmerzen
Erfassung diagnostisch relevanter ganzheitlicher Informationen (biologische, psychologische und soziale Einflussfaktoren)
Planung und Durchführung ganzheitlicher Therapien
Unterstützung der aktiven Rolle des Betroffenen. (3)

Lösungsvorschlag, Aufgabe 4

4.1.1 Zum Beispiel:
Das Diagramm zeigt die Influenza-Impfquote im Zeitraum von 2008 -2015 bei Personen über 60 Jahre.
Die Impfquote liegt in allen Influenza-Saisons von 08/09 - 14/15 unter den geforderten 75 %.
Insgesamt sinkt die Impfquote in dieser Zeit um über 10 % von 47,9 % auf 36,7 %.
Gründe können hierfür in mangelndem Wissen, Impfmüdigkeit, Berichterstattung über Nebenwirkungen und Unwirksamkeit des Impfstoffs etc. liegen.
Maßnahmen, zum Beispiel:

- TV Werbung, da es in fast jedem Haushalt in Deutschland einen Fernseher gibt und somit viele Menschen erreichbar wären
- Aufklärung durch den Hausarzt, da dieser gegebenenfalls regelmäßig aufgesucht wird
- Informationsmaterial der Krankenkassen, die Zugang zu den Zielgruppen haben. (3)

4.1.2 Zum Beispiel:
Die Influenza zählt zu den Krankheiten, die einen großen wirtschaftlichen Effekt haben können. Im Falle einer Epidemie stecken sich viele Personen über Tröpfchen- und Kontaktinfektion an. Die Krankheitsquote unter den Arbeitnehmern ist hoch. Insgesamt wird dadurch weniger konsumiert und produziert. Gesteigerte Arzt- und Medikamentenkosten kommen hinzu. (2)

4.1.3 Zum Beispiel:

Kriterien	**Passive Immunisierung, Heilimpfung**	**Aktive Immunisierung, Schutzimpfung**
Art des Impfstoffs, Wirkung Immunsystem	Zuführung körperfremder Antikörper zur Bekämpfung einer akuten Infektion.	Verabreichung abgeschwächter oder abgetöteter Erreger (Antigene).
Dauer der Wirkung	Ca. 6 Wochen.	Mehrere Jahre.
Anwendungsfall	Gabe bei bestehender Infektion.	Präventiv.
Eintritt des Impfschutzes	Sofort.	Ca. nach 2 Wochen, wenn Antikörper gebildet wurden.
Kurvenverlauf	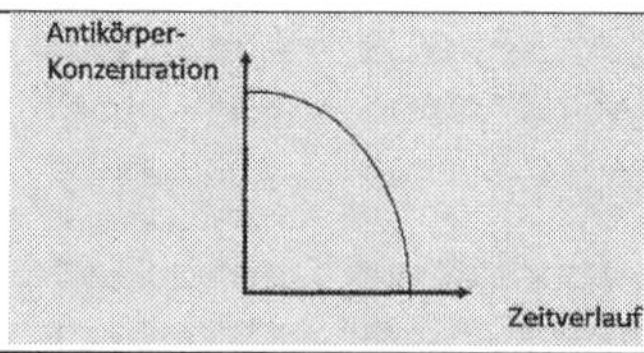	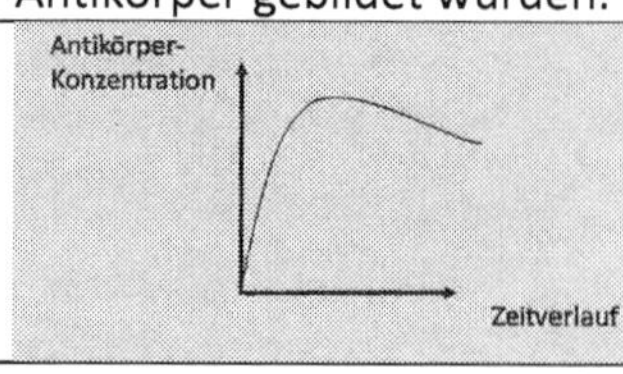

(4)

4.1.4 Zum Beispiel:
Regelmäßiges Händewaschen, Immunsystem stärken (z. B. Vitamin C reiche-Ernährung), Abstand zu erkranken Personen halten, regelmäßiges Lüften von Räumen, im Krankheitsfall zu Hause bleiben und sich auskurieren. (2)

4.2.1 Skizze des Atemtrakts, siehe verwendetes Lehrbuch.

Zum Beispiel:
- Larynx (Kehlkopf)
- Trachea (Luftröhre)
- Bifurkation (Luftröhren Gabelung)
- Alveolen (Lungenbläschen)
- Pulmo (Lunge). (3)

4.2.2 Zum Beispiel:
- Ziel der Temperaturregulation ist es den Istwert der Körpertemperatur auf einem Sollwert um 37 °C konstant zu halten, bei Fieber wird der Sollwert durch fiebererzeugende Stoffe (Pyrogene) erhöht
- Exogene Pyrogene (Erregerbestandteile) werden von Makrophagen phagozytiert. Diese schütten Zytokine und Prostaglandine (unter anderem endogene Pyrogene wie Interleukin und Interferon) aus. Die Zytokine gelangen über den Blutweg ins Gehirn (Hypothalamus) und lösen dort die Fieberreaktion aus
- Um die Abweichung des Istwerts zum plötzlich erhöhten Sollwert auszugleichen wird z. B. die Wärmeproduktion durch Muskelzittern (Schüttelfrost) erhöht (Fieberanstieg). (3)

4.2.3 Zum Beispiel:
Beim Fieberabfall sinkt der Sollwert, sodass der Istwert zu hoch ist und es unter anderem zu verstärkter Hautdurchblutung mit Hitzegefühl und starkem Schwitzen kommt. Wadenwickel/kühle Waschungen wirken unterstützend bei der Senkung der Körpertemperatur durch Verdunstungskälte. Leichte Kleidung/eine leichte Bettdecke verhindern einen Hitzestau. (3)

4.2.4 Zum Beispiel:
Weniger dichtes Gewebe (Lunge im gesunden Zustand) wird von Röntgenstrahlen gut durchdrungen. Der Röntgenfilm wird stark belichtet und erscheint deshalb schwarz. Bei einer Lungenentzündung durchdringen die Röntgenstrahlen aufgrund von z. B. Sekret das Lungengewebe weniger gut (dichtes Gewebe). Daher wird der Röntgenfilm weniger stark belichtet und erscheint heller. (2)

4.2.5 Zum Beispiel:
- Hemmung der Zellwandsynthese von Bakterien:
  Penicillin hemmt die Quervernetzung des Mureins → Schwächung der Zellwand → Lyse → Bakterienzelle wird zerstört
- Hemmung der Proteinbiosynthese:
  Wirkstoff bindet an Bakterien-Ribosomen → Ablesefehler an der m-RNA bzw. Hemmung der Translation.
- Veränderung des Folsäurestoffwechsels:
  Sulfonamide blockieren die Synthese der Folsäure → Hemmung der Synthese von Nukleinsäuren. (3)

4.2.6 Zum Beispiel:

- Die Cpl-1-Therapie greift spezifisch nur bei Pneumokokken an und ist somit weniger belastend für den Organismus. Antibiotika wirken weniger gezielt, daher treten Nebenwirkungen auf z. B. Pilzbefall und Zerstörung der physiologischen Darmflora
- Es gibt in der Antibiotikatherapie eine ausgeprägte Resistenzproblematik. Dies ist beim neuen Therapieansatz noch nicht der Fall. (2)

4.2.7 Zum Beispiel:

- Atemübungen: Auswirkung auf die Lungenbelüftung durch bewusste Atmung; Belüftung verschiedener Lungenareale möglich; Training der Atemhilfsmuskulatur
- Positionierung: Unterschiedliche Belüftung der Lungenareale durch unterschiedliche Positionen des Patienten; Einsatz der Atemhilfsmuskulatur kann gefördert werden.
- Ausreichende Flüssigkeitszufuhr: Verflüssigung des Sekrets und damit leichteres Abhusten. (3)

24. Abitur 2018 – Originalaufgaben mit Lösungen

Aufgabe 1

1.1 Eine ausgeglichene Wasserbilanz ist eine wichtige Voraussetzung für die Aufrechterhaltung der Körperfunktionen. Zwar kann der Körper bis zu einem gewissen Maß einen Wassermangel durch Konzentrationsprozesse ausgleichen, doch dann schadet ein Flüssigkeitsdefizit dem menschlichen Organismus.

1.1.1 Beschreiben Sie zwei Aufgaben von Wasser im menschlichen Körper. (2)

1.1.2 Die Osmose spielt bei Verschiebungen in der Wasserbilanz eine bedeutende Rolle. Erklären Sie den Vorgang der Osmose am Beispiel der Sekundärharnbildung im Tubulussystem. Gehen Sie dabei auf die Anatomie und Vorgänge in der Henle Schleife ein. (4)

1.1.3 Das Volumen des Gesamtkörperwassers ist abhängig vom Gehalt der Natriumionen. Die Resorption von Natriumionen im Dünndarm erfolgt über verschiedene Membrantransportwege.

Folgende Abbildung 1 zeigt einen dieser Resorptionswege.

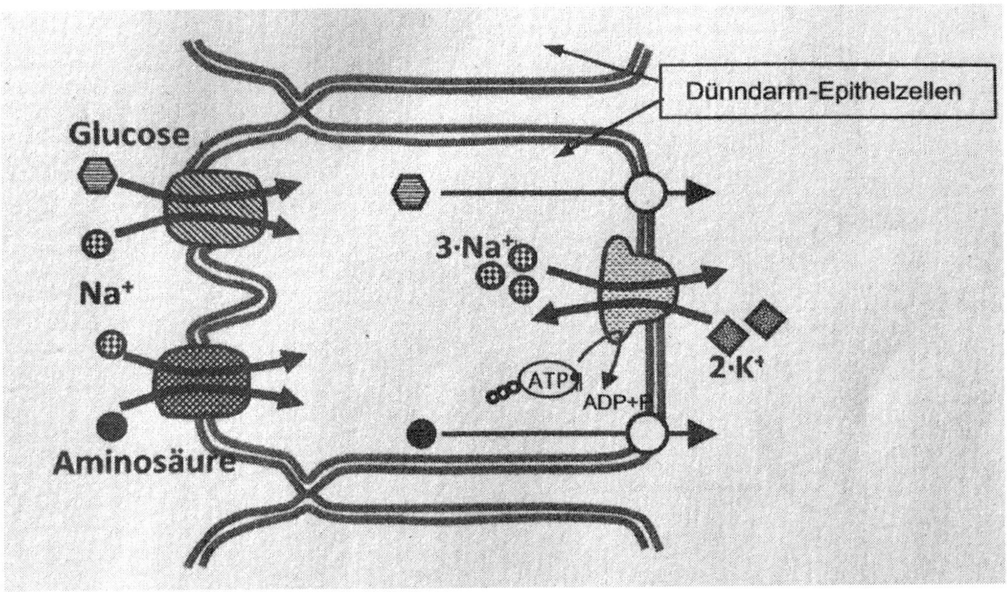

[35]

Erläutern Sie anhand der Abbildung den Resorptionsweg von Natrium. Verwenden Sie dabei die entsprechenden Fachbegriffe. (4)

1.1.4 Zeigen Sie anhand einer beschrifteten Skizze, wie die besonders große Oberfläche des Dünndarms anatomisch ermöglicht wird. Verwenden Sie Fachbegriffe. (3)

[35] In Anlehnung an http://physiologie.cc/IV.8.htm.

1.2 An der Regulation des Wasser- und Elektrolythaushalts sind folgende Hormone beteiligt: Adrenocorticotropes Hormon (ACTH), Antidiuretisches Hormon (ADH), Aldosteron, Angiotensinogen, Calcitonin, Corticotropin Releasing Hormon (CRH), Parathormon, Renin.

1.2.1 Benennen Sie die in der Abbildung gezeigten Drüsen und ordnen Sie diesen die unter 1.2 genannten Hormone zu. Übernehmen Sie dazu die Ziffern 1 – 7 mit Lösung in Ihre Reinschrift. (4)

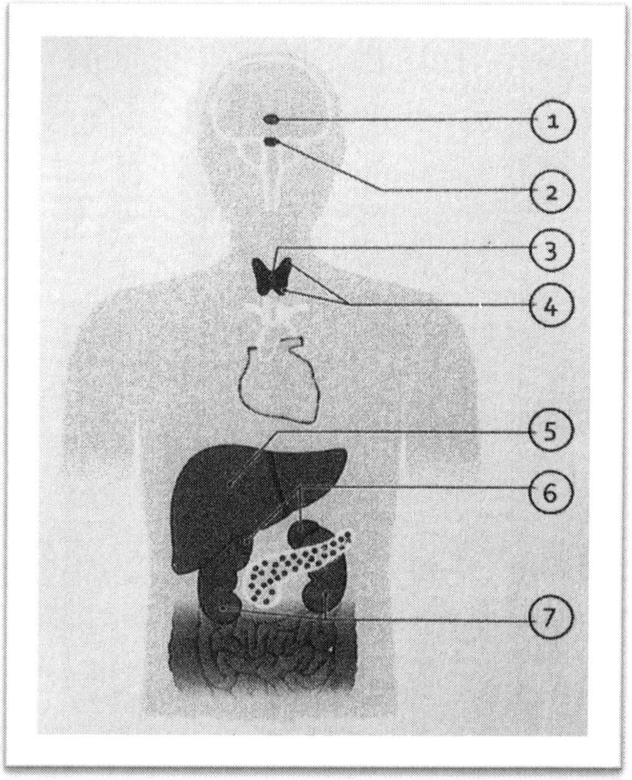

[36]

1.2.2 Die Produktion und Abgabe von Aldosteron wird multifaktoriell kontrolliert. Erläutern Sie eine Möglichkeit der Regulation der Aldosteronsekretion. (3)

[36] In Anlehnung an https://viamedici.thieme.de/lernmodule/histologie/endokrine+organe.

1.2.3 1978 fiel einem Arzt in Großbritannien auf, dass besonders nach Wochenenden mit ausgiebigem Alkoholgenuss junge Männer mit Herzrhythmusstörungen und starkem Durstgefühl ein seiner Notaufnahme erschienen. Er bezeichnete das Phänomen als „Holiday-Heart-Syndrom".
Die Symptome entstehen unter anderem dadurch, dass Alkohol ADH hemmt. Erklären Sie diese Zusammenhänge und begründen Sie die Entstehung der beiden oben genannten Symptome. (4)

1.3 Ein regelmäßiger Alkoholkonsum kann Auswirkungen auf den Körperfettanteil haben. Erklären Sie diesen Zusammenhang. (2)

1.4 Akuter Wassermangel kann lebensbedrohlich werden.

1.4.1 Beschreiben Sie zwei krankheitsbedingte Ursachen für Wassermangel. (2)

1.4.2 Erläutern Sie zwei weitere Gefahren für die Gesundheit, die bei Wassermangel bestehen. (2)

30

Aufgabe 2

2.1 Jährlich erkranken sehr viele Menschen an Erkältung und Influenza(Grippe). Beides sind Infektionskrankheiten des Atmungssystems. Aufgrund der hohen Inzidenzen haben diese volkswirtschaftliche Konsequenzen.

2.1.1 Erklären Sie den Unterschied zwischen Verhaltens- und Verhältnisprävention und erläutern Sie je eine verhaltens- und verhältnispräventive Maßnahme am Beispiel der Erkältung. (3)

2.1.2 Die Abbildung zeigt einen Überblick über das Atmungssystem.

Übertagen Sie die Ziffern 1 – 6 in Ihre Reinschrift und ordnen Sie den Ziffern die zugehörigen deutschen Bezeichnungen der Organe des Atmungssystems zu.

Geben Sie zu vier selbstgewählten Ziffern auch das Fachwort an.

Grenzen Sie die oberen von den unteren Atemwegen ab. (3)

[37]

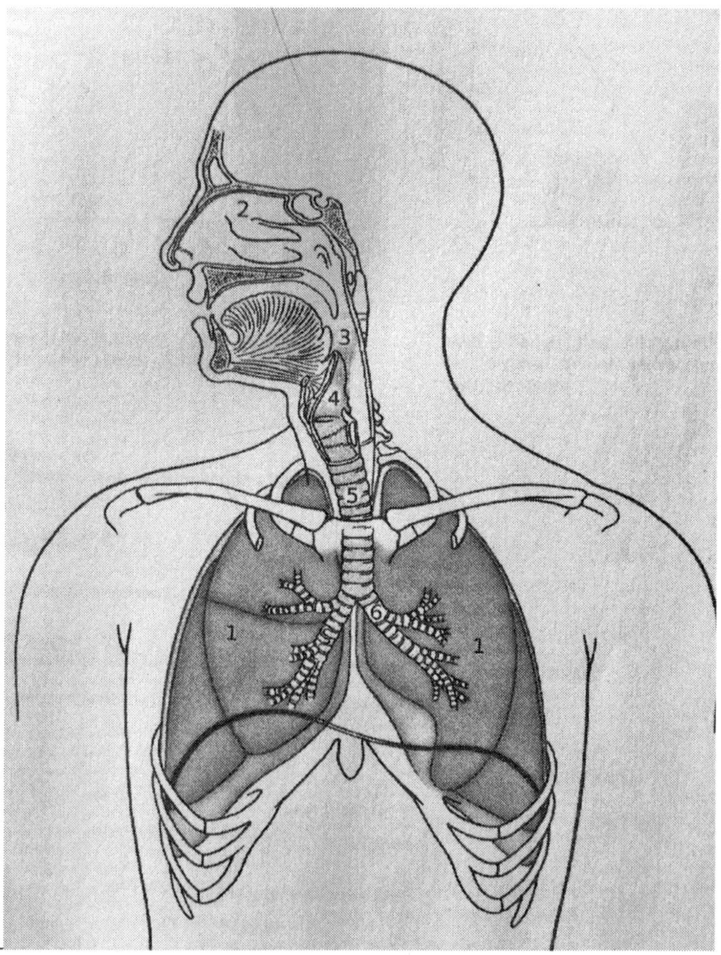

[37] In Anlehnung an Fritsch, H.; Kühnel, W.; Taschenatlas der Anatomie.

2.1.3 Bei der Atmung wird zwischen Mund- und Nasenatmung unterschieden. Die Abbildungen 2 und 3 in Anlage 2 zeigen Untersuchungen von beiden Atemformen.

Ordnen Sie die Kurven bzw. die Säulen 1 und 2 in den Diagrammen begründet Mund- bzw. Nasenatmung zu.

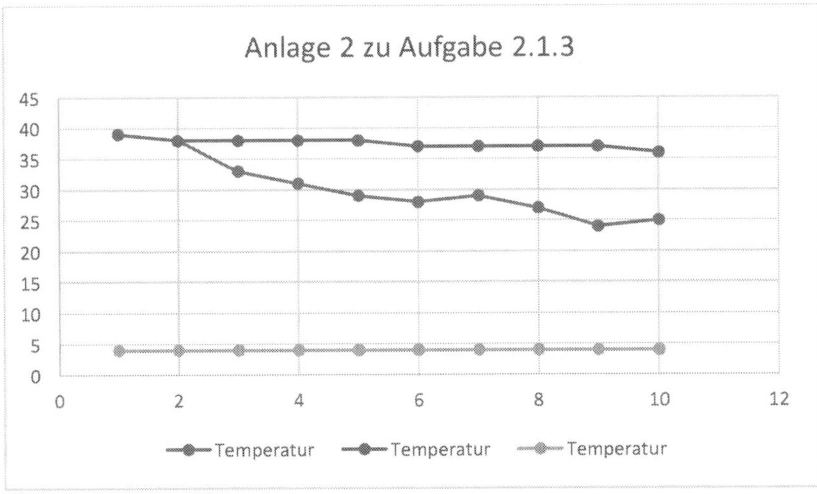

Abb. 2. Temperatur der Außenluft (untere Kurve) sowie der Temperatur der Luft im oberen Teil der Lunge. Obere Kurve (2), mittlere Kurve (1). Die X-Achse gibt Minuten an.

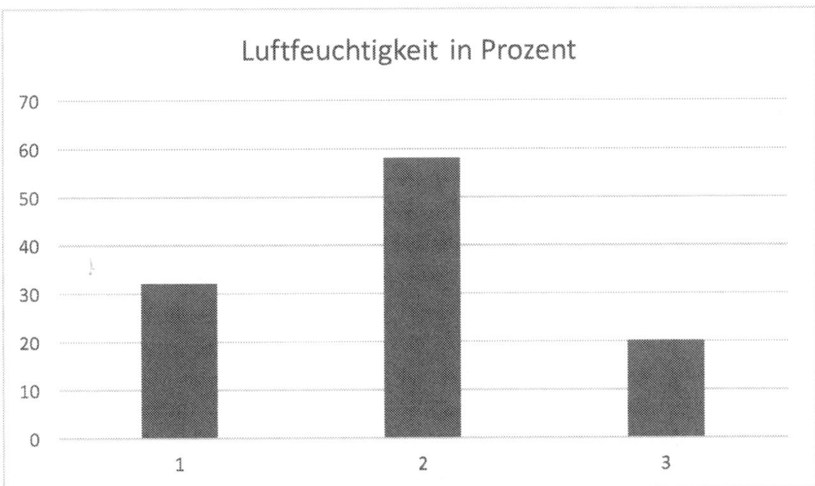

Abb.3 Feuchtigkeit der Außenluft (Säule 3), Feuchtigkeit der Luft im oberen Teil der Lunge nach dem Einatmen. Angaben in Prozent.

Stellen Sie zwei Nachteile der Mundatmung dar. (3)

2.1.4 Die Pleura, welche die Lunge umgibt, spielt bei der Atemmechanik eine sehr wichtige Rolle.

Bei starkem Husten können Rippenfrakturen mit Verletzungen der Pleura auftreten, insbesondere bei osteoporotisch veränderten Knochen.

Stellen Sie eine begründete Hypothese auf, welche Folgen eine Verletzung der Pleura hat. Gehen Sie dabei auf die Anatomie und Physiologie der Pleura ein. (4)

2.2 Die von Mexiko ausgehende Schweinegrippe-Pandemie von 2009 und 2010 wurde durch das Virus H_1N_1 verursacht.

2.2.1 Grenzen Sie die Begriffe Pandemie und Epidemie voneinander ab und erklären Sie Ursachen für die Entstehung einer Pandemie an zwei Aspekten. (3)

2.2.2 Unterscheiden Sie an drei selbstgewählten Kriterien die Krankheitsbilder Erkältung und Influenza (Grippe). Stellen sie Ihre Ergebnisse in Tabellenform dar. (3)

2.3 Eine mögliche akute Komplikation der Influenza ist die Pneumonie mit Fieber und Husten mit eitrigem Auswurf.

Stellen Sie den Zusammenhang zwischen bakteriellen Pneumonie-Erregern und den beiden Symptomen Husten und eitrigem Auswurf her. (2)

2.4 Die Online-Datenbank der Gesundheitsberichterstattung (GBE) des Bundes veröffentlicht regelmäßig Statistiken über die gesundheitliche Lage der Bevölkerung in Deutschland. Dazu zählt auch der Auszug aus der Todesursachenstatistik in Tabelle 1.

2.4.1 Definieren Sie den Begriff krankheitsspezifische Mortalität und geben Sie die Berechnungsformel an.
Berechnen Sie mit den Zahlen aus der Todesursachenstatistik in der Tabelle die krankheitsspezifische Mortalität pro 100.000 Einwohner für Influenza in Deutschland im Jahr 2014. (2)

Tabelle 1: Auszug aus der Todesursachenstatistik der GBE, 014, Deutschland, alle Altersgruppen, beide Geschlechter:

ICD 10	**Krankheiten**	**Sterbefälle**
J00 – J99	Krankheiten des Atmungssystems	58.604
J00 – J06	Akute Infektionen der oberen Atemwege	136
J09 – J18	Grippe und Pneumonie	16.790
J09 – J011	Grippe	79
J12 – J 18	Pneumonie	16.711
J20 – J22	Sonstige akute Infektionen der unteren Atemwege	474
J30 – J39	Sonstige Krankheiten der oberen Atemwege	77
J40 – J47	Chronische Krankheiten der unteren Atemwege	30.488

2.4.2 Erläutern Sie drei verschiedene Einflussfaktoren, die zu einer höheren Mortalitätszahl in einer anderen Grippesaison führen könnten. (3)

2.5 Die Ständige Impfkomission (STIKO) empfiehlt für bestimmte Personengruppen eine Impfung gegen Influenza.
Diskutieren Sie mit je zwei Pro- und Contra - Argumenten aus der Perspektive einer selbstgewählten Personengruppe die Notwendigkeit einer Grippeimpfung. (4)

30

Aufgabe 3

3.1 Eine 80-jährige Frau lebt allein in ihrer Wohnung in der dritten Etage eines Hochhauses. Die Nachbarin unterstützt sie regelmäßig. Nach einem Sturz auf der Treppe wird im Krankenhaus einen Oberschenkelhalsbruch diagnostiziert.

3.1.1 Beschriften Sie die Abschnitte A bis C und die Strukturen 1 - 6 in der Abbildung 1, Querschnitt eines Röhrenknochens, mit Fachbegriffen und geben Sie für vier Strukturen ihrer Wahl die jeweilige Funktion an.

Übernehmen Sie dazu die Buchstaben A bis C und die Ziffern 1 - 6 in ihre Reinschrift. (3)

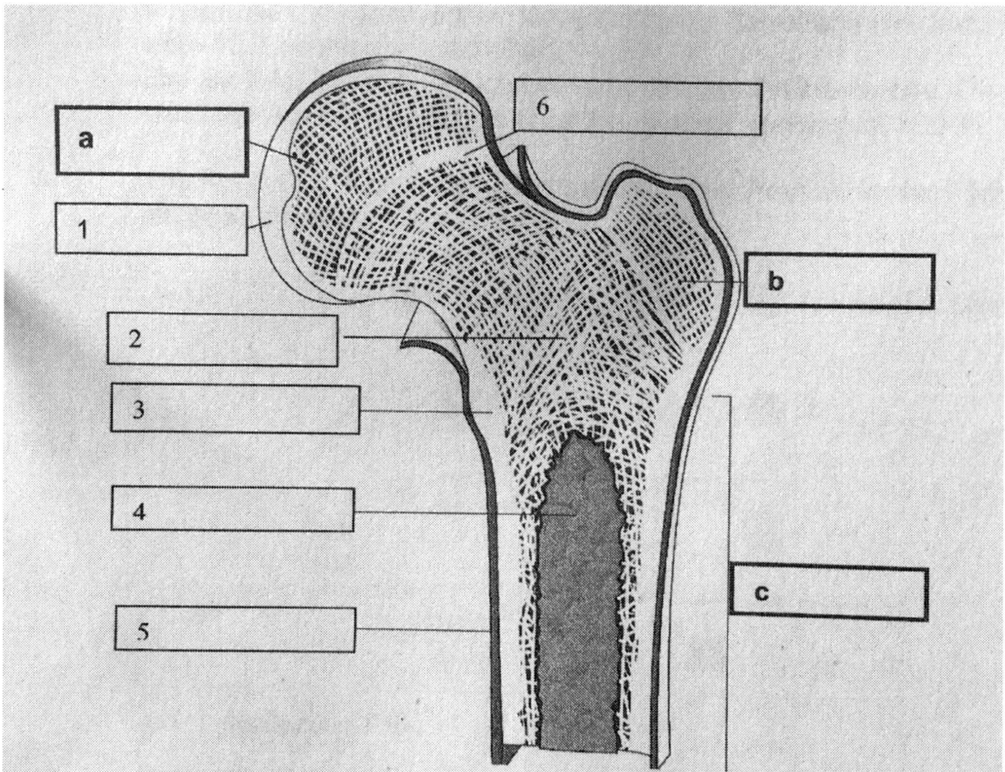

[38]

Abbildung 1: Querschnitt eines Röhrenknochens.

3.1.2 Stellen Sie die Vorgänge der Knochenentwicklung dar. Leiten Sie daraus eine Hypothese für die Vorgänge bei der Knochenbruchheilung ab. (3)

[38] In Anlehnung an Spornitz, U.; Anatomie und Physiologie.

3.1.3 Die folgende Grafik 2 zeigt die Ergebnisse einer Studie mit dem Ziel, die Prävalenz der Osteoporose in Deutschland zu ermitteln. (3)

Interpretieren Sie die Grafik 2 und bewerten Sie begründet das Osteoporoserisiko der oben genannten Patientin.

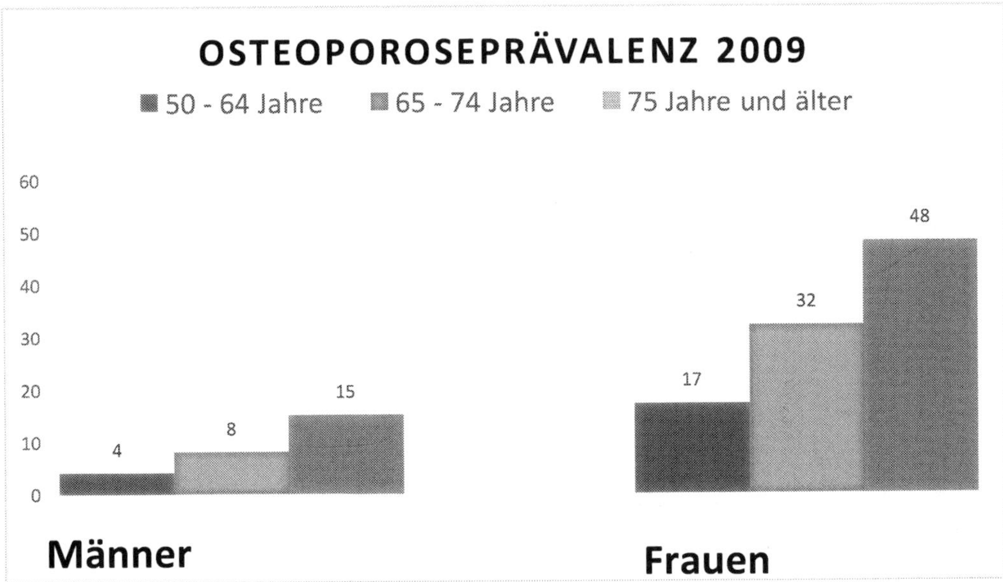

Grafik 2: Prävalenz der Osteoporose in der Patientenpopulation innerhalb des Jahres 2009 bei über 50-jährigen.

3.2 Während der operativen Versorgung des Knochenbruchs hat die Patientin zwei Blutkonserven enthalten. Die Patientin hat die Blutgruppe AB Rh^+.

3.2.1 Erläutern Sie welche Gruppe(n) als Erythrozytenkonzentrate im Notfall in Frage kommen. (3)

3.2.2 Bei geplanten Operationen mit hohen Blutverlustrisiken kommt eine Eigenblutspende in Betracht. Stellen Sie zwei Vorteile dieser Maßnahme begründet dar. (2)

3.3 Bei dieser Patientin entsteht als Komplikation nach der Operation ein kompletter oder teilweiser Verschluss einer Beinvene durch ein Blutgerinnsel. Dieses geschehen wird als Thrombose bezeichnet.
Im Rahmen ihres stationären Aufenthalts erhält die Patienten Maßnahmen der Thromboseprophylaxe.

3.3.1 Formulieren Sie ausgehend von den Eigenschaften des Blutes eine Hypothese zur Entstehung der Thrombose. (2)

3.3.2 Zur Thromboseprophylaxe können gerinnungshemmende Medikamente verordnet werden.

Begründen Sie, warum die Wirkung einiger Medikamente regelmäßig überprüft werden muss. (2)

3.4 Nachuntersuchungen sind häufig mit langen Wartezeiten in der Arztpraxis verbunden. Eine Arztpraxis musst durch die Einführung des Qualitätsmanagements (QM) ständig an der Optimierung der Ablaufprozesse arbeiten.
Dabei finden die Phasen der Qualitätsentwicklung Anwendung.

3.4.1 Erläutern Sie, wie die Wartezeit in einer Arztpraxis durch die Anwendung der als Prozess formulierten Phasen der Qualitätsentwicklung verkürzt werden kann. (4)

3.4.2 Die medizinische Behandlung wird aufgrund des Sozialstaatsgebots finanziert.

Erklären Sie anhand eines Grundprinzips unseres Gesundheits- und Sozialwesens eine Möglichkeit der Finanzierung von medizinischen Leistungen und benennen Sie bezogen auf das ausgewählte Grundprinzip einen möglichen Kostenträger. (3)

3.4.3 Nach der Akutbehandlung des Oberschenkelbruchs wird der Patientin eine Anschlussheilbehandlung verordnet.

Begründen Sie die Notwendigkeit dieser Rehabilitationsmaßnahme jeweils aus der Perspektive der Patientin und der Gesellschaft an je einem Aspekt. (2)

3.4.4 Die Patientin beschließt nach der Rehabilitationsmaßnahme an den Angeboten einer Seniorengymnastikgruppe teilzunehmen.

Bewerten Sie diese Maßnahme unter Berücksichtigung des Biopsychosozialen Modells. (3)

30

Aufgabe 4

Die familiäre adenomatöse Polyposis (FAP) ist eine genetisch bedingte Erkrankung die durch das Auftreten von zahlreichen Adenomen im Kolon und Rektum gekennzeichnet ist. Symptome dieser Erkrankung können Bauchschmerzen, Gewichtsverlust, Durchfälle, Verstopfung und blutiger Stuhl sein. Die Diagnostik erfolgt durch endoskopische Verfahren, histologische Beurteilung der Adenome und eine molekulargenetische Untersuchung. Betroffene werden engmaschig ab etwa dem 10. Lebensjahr kontrolliert.

Bei der FAP handelt es sich um eine obligate Präkanzerose. Die Wahrscheinlichkeit, dass die Adenome maligne entarten, beträgt annähernd 100 %.

4.1.1 Die Abbildung 1 zeigt den Stammbaum einer Familie, in der Fälle von FAP aufgetreten sind:

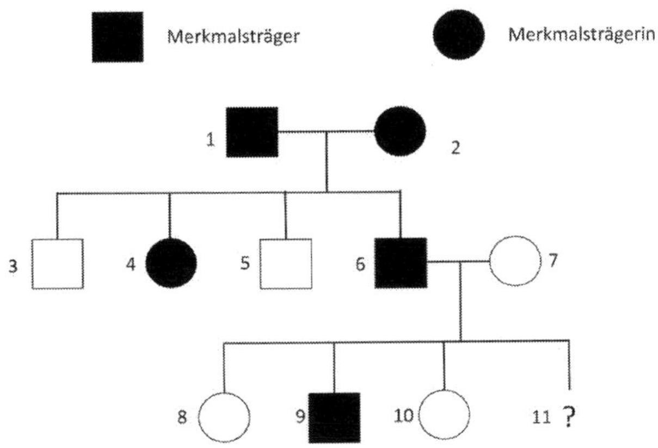

Abb. 1 Stammbaum FAP

Ermitteln Sie den Erbgang, indem Sie nicht mögliche Erbgänge begründet ausschließen. (3)

4.1.2 Geben Sie alle möglichen Genotypen der Personen 1 bis 10 an. (2)

4.1.3 Person 11 ist noch nicht erkrankt. Begründen Sie, mit welcher Wahrscheinlichkeit Person 11 nicht an FAP erkranken wird. (2)

4.2 Die der FAP zugrundeliegenden Mutationen liegen im APC-Tumorsuppressorgen auf Chromosom 5.

4.2.1 Erläutern Sie die Rolle der Tumorsuppressorgene bei Krebserkrankungen. (3)

4.2.2 Die Abbildung 2 zeigt einen Ausschnitt des intakten APC-Gens sowie des mutierten APC-Gens.

Intaktes APC-Gen:

3´-ACG TTA AGC CAT GGC TAA GCA – 5´

Mutiertes APC-Gen:

3´-ACG TTA ACC ATG GCT AAG CA – 5´

ABB.2 Sequenzausschnitt des APC-Gens

Beschreiben Sie die vorliegende Genmutation und erläutern Sie mögliche Auswirkungen auf das Genprodukt. (3)

4.3 Jedes Jahr erkranken zahlreiche Menschen an Krebs.

4.3.1 Begründen Sie anhand von drei Kriterien, weshalb ein Kolonkarzinom gegenüber Adenomen im Kolon eine schlechtere Prognose haben kann. (3)

4.3.2 Erläutern Sie jeweils einen Vor- und Nachteil der Früherkennungsuntersuchungen von Krebserkrankungen und ordnen Sie Früherkennungsuntersuchungen begründet einer Präventionsform nach dem Zeitpunkt zu. (3)

4.4 Die Therapie von Patienten mit FAP besteht unter anderem in der Entfernung betroffener Darmabschnitte. Je nach Lokalisation kann es notwendig werden ein Ileostoma oder Colostoma anzulegen. Hierbei wird operativ das Ileum bzw. das Kolon an die Körperoberfläche geleitet (künstlicher Darmausgang).

4.4.1 Vergleichen Sie ausgehend von der Lokalisation des künstlichen Darmausgangs die jeweilige Konsistenz und Zusammensetzung des Stuhls. (2)

4.4.2 Bei Patienten mit Ileostoma können Blutgerinnungsstörungen auftreten. Erklären Sie diesen Zusammenhang. (3)

4.5 Paul, 15 Jahre alt, erhält die Diagnose einer familiären adenomatösen Polyposis. Aufgrund der vielen Untersuchungen, der ersten Gespräche mit den Ärzten und den traurigen Gesichtern seiner Eltern vermutet Paul, dass er vor besonderen Herausforderungen, die sein Leben beeinflussen, steht.

Leiten Sie begründet die Auswirkungen auf das Leben von Paul nach seiner Diagnose FAP her. (3)

4.6 Menschen mit Lebensbedrohlichen Krankheiten werden sehr häufig palliativ betreut. Erklären Sie ein Ziel und drei Prinzipien der Palliativ Care. (3)

30

Lösungsvorschläge Abitur 2018

Lösungsvorschlag, Aufgabe 1

1.1.1 z. B.

- Wasser ist ein wesentlicher Bestandteil von Körperflüssigkeiten wie Blut und Lymphe. Es dient als Transportmittel und liefert über das Blut jeder einzelnen Zelle des Körpers notwendige Stoffe wie z. B. Nährstoffe und Sauerstoff. Wasser transportiert Stoffe nicht nur innerhalb des Körpers, sondern über Flüssigkeiten auch in den Körper hinein und aus ihm heraus (z. B. Urin, Schweiß)
- Als Bestandteil von Schweiß dient Wasser der Temperaturregulation durch Verdunstung über die Hautoberfläche. (2)

1.1.2 z. B.

- Der auf- und absteigende Teil der Henle-Schleife hat einen parallelen Verlauf mit gegensätzlicher Flussrichtung des Harns
- Der Harn, der im absteigenden Teil der Henle-Schleife ankommt, hat die gleiche Osmolarität wie das Blutplasma
- Im aufsteigenden Teil werden aktiv Natrium-Ionen aus dem Harn ins Gewebe transportiert. Wasser kann nicht folgen, da der aufsteigende Teil für Wasser undurchlässig ist →die Osmolarität steigt, daher strömt Wasser aus dem absteigenden, wasserdurchlässigen Teil der Henle-Schleife, bis ein Konzentrationsausgleich erreicht wird: Osmose. Der Harn wird daher zum Nierenmark hin immer hypertonischer
- Wasser wird über das Blut abtransportiert, indem es aus dem Gewebe zurück in die Kapillaren diffundiert. Dadurch kann die Harnkonzentrierung im Tubulussystem ständig ablaufen. (4)

1.1.3 z. B.

- Die Resorption von Natrium aus dem Darmlumen über die Epithelzellen ins Blut erfolgt nährstoffgekoppelt: Kotransport/Symport mit Glucose (bzw. diversen Aminosäuren)
- Triebkraft für Natrium-Transport ist das Natriumionenkonzentrationsgefälle zwischen Darmlummen und Intrazellulärraum: die Natriumkonzentration ist gering im Inneren der Darmepithelzelle und hoch im Darmlumen
- Dieses Gefälle wird durch die Kalium-Natrium-Pumpe erzeugt: Transport von Natriumionen im Austausch zu Kaliumionen
- Dieser Transportprozess ist energieabhängig (ATP-Verbrauch) → sekundär aktiver Transport. (4)

1.1.4 z. B.

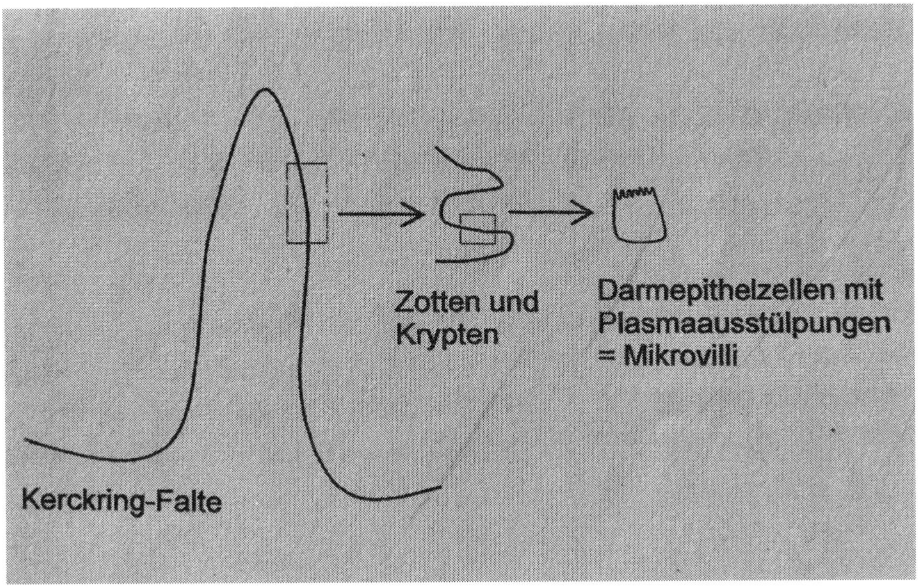

(3)

1.2.1

1 CRH, ADH: Hypothalamus
2 ACTH, (ADH): Hypophyse
3 Calcitonin: Schilddrüse
4 Parathormon: Nebenschilddrüse
5 Angiotensinogen: Leber
6 Aldosteron: Nebennieren
7 Renin: Niere (4)

1.2.2 z. B.

Prinzip der übergeordneten Drüse:

- Hypothalamus (oberste Instanz) bildet das Releasinghormon CRH (Corticotropin Releasing Hormon), das über ein Pfortadersystem zur Hypophyse gelangt und dort die Ausschüttung des glandotropen Hormons ACTH (Adrenocorticotropes Hormon) veranlasst
- ACTH gelangt über das Blut zur Nebennierenrinde und stimuliert dort die Ausschüttung des effektorischen Hormons Aldosteron→wirkt auf Zielzellen. Aldosteron koppelt negativ zurück
- *Weitere Mechanismen sind als Lösung möglich:* z. B. Regulation über Freisetzung von Renin → Erklärung des Renin-Angiotensin-Aldosteron-Systems. (3)

1.2.3 z. B.

- ADH (antidiuretisches Hormon) bewirkt, dass Wasser aus dem Primärharn zurückgewonnen wird → die Menge des ausgeschiedenen Urins nimmt ab. Alkohol hemmt ADH → er wirkt wie ein Diuretikum → der Körper scheidet vermehrt Wasser und Mineralstoffe (Kalium, Magnesium) mit dem Urin aus → es verbleibt eine zu geringe Menge Kalium / Magnesium im Blut → Herzrhythmusstörungen
- viel Alkohol →deutlich erhöhte Urinmenge → Flüssigkeitsverlust → Verringerung des Blutvolumens → der Blutdruck sinkt → Renin wird freigesetzt – aus Angiotensiogen entsteht Angiotensin I → dieses wird durch das ACE zu Angiotensin II → Angiotensin II wirkt auf das Gehirn → der Körper reagiert mit Durstgefühl. (4)

1.3 z. B.

Alkohol hat mit 7 kcal/g einen hohen Energiegehalt (Brennwert). Zudem hemmt Alkohol die natürliche Fettverbrennung im Körper und bewirkt damit eine Fetteinlagerung. (2)

1.4.1 z. B.

- Unbehandelter Diabetes mellitus: Glucose wird bei zu hohem Blutzuckerspiegel (Überschreiten der Nierenschwelle) ausgeschieden; die Wasserausscheidung steigt aus osmotischen Gründen
- Diarrhoe: Wasser, das während des Verdauungsvorgangs dem Nahrungsbrei zugesetzt wird, wird im Dickdarm nicht rückresorbiert
- Bei Volumenmangel durch Blutverlust. (2)

1.4.2 z. B.

- Die Blutviskosität ist erhöht → die Zellen aller Gewebe werden schlechter mit Nährstoffen und Sauerstoff versorgt → die Gehirnleistung und Konzentrationsfähigkeit lassen nach
  - Die Haut und Schleimhäute trocknen aus → Bakterien und Viren haben es dadurch leichter in den Körper einzudringen → die Infektionsgefahr nimmt zu. (2)_____

30

Lösungsvorschlag, Aufgabe 2

2.1.1 z. B.

Die Verhaltensprävention nimmt Einfluss auf das individuelle Gesundheitsverhalten. Durch Aufklärung oder Information, Stärkung der Persönlichkeit oder auch Sanktionen, soll der Einzelne dazu motiviert werden, Risiken zu vermieden und sich gesundheitsförderlich zu verhalten:

- Hygienemaßnahmen wie regelmäßiges Lüften, regelmäßiges gründliches Händewaschen, Hände desinfizieren, nicht mit den Händen ins Gesicht fassen, nur eigene Ess- und Trinkutensilien benutzen, Meiden großer Menschenansammlungen während der Erkältungssaison
- Maßnahmen zur Stärkung der körpereigenen Abwehr bzw. zur Vermeidung einer Schwächung der Abwehr wie vitaminreiche Ernährung, Sport an der frischen Luft, angepasste Kleidung, trockene Schleimhäute vermeiden, Unterkühlung vermeiden.

Die Verhältnisprävention will Einfluss auf die Gesundheit bzw. Krankheit nehmen, indem sie Veränderungen der Lebensbedingungen der Menschen anstrebt (Arbeit, Familie, Freizeit, Umweltbedingungen), um diese möglichst risikoarm zu gestalten, sowie gesundheitsfördernde Arbeitsplätze zur Verfügung zu stellen:

- Bereitstellen von Seifen- und Desinfektionsspendern und Einmaltüchern durch den Arbeitgeber
- Bereitstellen von vitaminreicher Ernährung in der Mensa
- Optimal eingestellte Klimaanlagen, um Erkältungen zu vermeiden
- Erwartung des Arbeitgebers an den Arbeitnehmer bei deiner Erkältung von der Arbeit oder Schule fernzubleiben. (3)

2.1.2 <u>Obere Atemwege:</u>

2– Nasenhöhle / Cavum nasi

3 – Rachen / Pharynx.

<u>Untere Atemwege:</u>

1 – Lunge / Pulmo

4 – Kehlkopf / Larynx

5 – Luftröhre / Trachea

6 – Linker Hauptbronchus / Bronchus principalis sinister. (3)

Hinweis: der Kehlkopf kann, je nach angewendeter Literatur, den oberen oder unteren Luftwegen zugeordnet werden.

2.1.3 1: Mundatmung

2: Nasenatmung: Stärkeres Anwärmen und Anfeuchten der eingeatmeten Luft. Die Schleimhautoberfläche mit Flimmerepithel in der Nasenhöhle, Nasennebenhöhlen und Rachen erwärmen und befeuchten die Luft. Bei der Nasenatmung werden alle genannten Verbesserungen der eingeatmeten Luft genutzt. Das Flimmerepithel befördert Fremdstoffe und Krankheitserreger in Richtung Rachen aus den Atemwegen heraus. Bei Mundatmung kommt kältere, trockenere und fast ungereinigte Luft in die unteren Atemwege. Häufigere Infekte und Husten durch den Kältereiz sind die Folge. (3)

2.1.4 z. B.

Um die Bewegung von Diaphragma und Thorax für die Ventilation nutzbar zu machen muss die Lunge diesen Atembewegungen folgen können. Die Lunge ist von der Pleura umhüllt. Über die Pleura parietalis ist die Lunge mit dem knöchernen Thorax und dem Diaphragma verbunden. Die Pleura viszeralis liegt der Lunge an. Dazwischen befindet sich der Pleuraspalt mit einer dünnen Flüssigkeitsschicht.

Der durch die elastischen Zugkräfte des Lungengewebes entstehende Unterdruck im Pleuraspalt sowie die Adhäsionskraft der serösen Flüssigkeit im Pleuraspalt verhindern ein Kollabieren der Lunge und sorgen dafür, dass die Lunge jeder Bewegung des Thorax folgt. Durch eine Verletzung der Pleura kommt es zwangsläufig zu einem Druckausgleich im Pleuraspalt → Luft strömend in den Pleuraspalt ein →die Haftung der Pleurablätter geht verloren → der Lungenflügel kollabiert → der Patient leidet unter Atemnot. (4)

2.2.1 z. B.

Unter Pandemie versteht man eine länder- und kontinentübergreifende Ausbreitung einer Krankheit, im engeren Sinn einer Infektionskrankheit. Im Gegensatz zur Epidemie ist eine Pandemie somit örtlich nicht beschränkt.

Entstehung:

Zum Beispiel: Damit eine Pandemie entsteht muss es sich um ein Virus handeln, das eine relativ schwere Erkrankung auslöst und gegen welches nur wenige Menschen immun sind. In der heutigen Zeit verbreiten sich Infektionskrankheiten besonders leicht über den Globus. Grund dafür ist die Tatsache, dass Wege der Viren an ihre Wirte gebunden sind. Die vielen Möglichkeiten des interregionalen und internationalen Transports und Verkehrs sind die Basis für die Entstehung einer Pandemie besonders durch:

- hohe weltweite Mobilität durch Reisen, besonders Flugzeuge
- Migration, Flüchtlingsproblematik
- Weltweite Transportwege von Tieren, Lebendtransporte. (3)

2.2.2 z. B. (3)

Kriterium	Gripppe	Erkältung
Krankheitserreger	Influenza Viren	Mehrere verschiedene Erregertypen
Krankheitsbeginn	plötzlich	Allmähliche Verschlechterung des Zustands
Symptome	starke Gliederschmerzen, hohes Fieber	Schwache Symptome, keine bis geringe Temperaturerhöhung
Zeitpunkt des Auftretens der Erkrankung	saisonal	ganzjährig

(3)

2.3 z. B.
Eiter besteht unter anderem aus zu Grunde gegangen Phagozyten, die Erreger aufgenommen haben, Zelltrümmern/ -fragmenten, Bakterien und Blutserum. Bei einer Pneumonie bildet sich der Eiter in den Alveolen und Bronchien und wird dann abgehustet.
(2)

2.4.1
Unter der krankheitsspezifischen Mortalität wird der Anteil von Personen einer bestimmten Population verstanden, die an einer bestimmten Krankheit, hier Grippe, im Beobachtungszeitraum versterben:

Krankheitsspezifische Mortalität =
(Anzahl Verstorbener an Grippe / Gesamtpopulation) x 100.000

(79 / 81.200.000) x 100.000 = 0,1 Sterbefälle pro 100.000 Einwohner

Die Mortalität bei Grippe im Jahr 2014 in Deutschland beträgt 0,1 Sterbefälle pro 100.000 Einwohner (d. H. Ein Strebefall pro 1.000.000 Einwohner). (2)

2.4.2 Zum Beispiel:
Zu einer höheren Mortalität der Grippe führen:
- Subtypen mit höherer Virulenz → höhere Inzidenz von lebensgefährlichen Komplikationen wie Pneumonie
- Höhere Inzidenz wegen Impfmüdigkeit durch ungenügende Aufklärung sowie Ängste vor Komplikationen oder Ähnliches
- Höhere Inzidenz aufgrund von fehlprognostizierten Virussubtypen und somit schlechter wirksamem Impfstoff
- Verbesserte Diagnostik der Todesursache Grippe (da die Grippe als Todesursache häufig nicht erkannt oder gar labordiagnostisch bestätigt wird, ist es internationaler Standard, dass die mit Influenza in Zusammenhang stehenden Todesfälle durch Modellierungen geschätzt werden. (3)

2.5 Zum Beispiel: Für Personen mit erhöhter gesundheitlicher Gefährdung infolge eines Grundleidens wie beispielsweise COPD, Abwehrschwäche:

Pro:

- Schutz vor einer Grippeinfektion ist besonders von Bedeutung, da durch Infektionen Schübe der COPD ausgelöst werden können. Bei Abwehrschwäche könnte es zu schweren Verläufen der Influenza kommen
- Der Zeitpunkt ist selbst wählbar, zu dem man seinen Körper mit neuen Antigenen in Kontakt bringt. Denn man lässt die Impfung zu einem Zeitpunkt durchführen, in dem man in einer körperlich und seelisch guten Verfassung ist
- Herdenimmunität als soziale Verantwortung.

Contra:

- Die Impfung könnte zu leichteren Symptomen führen, da der Körper die Antigene bekämpft
- Weitere Nebenwirkungen des Impfstoffs, zum Beispiel allergische Reaktion
- Es gibt keine Gewissheit für einen sicheren Schutz der Immunisierung gegen Influenza-Viren, da es Unterschiede zwischen Impfstoff und Erreger des Subtyps gibt → eventuell wurde umsonst geimpft, da die neu mutierten Erreger dieser Saison nicht von den spezifischen Antikörpern bekämpft werden → man erkrankt dann noch zusätzlich zur Impfung.

Mögliches Fazit: Für chronisch Erkrankte überwiegen die Argumente für die Impfung, da das Risiko für die Influenza-Infektion für Personen mit erhöhter gesundheitliche Gefährdung infolge eines Grundleidens größer ist als das Risiko der Influenzaimpfung. (4)

Lösungsvorschlag, Aufgabe 3

3.1.1 zum Beispiel:

Bauteil	**Funktion**
a. Epiphyse	Gelenkanteil, Blutzellbildung
b. Metaphyse	
c. Diaphyse (Schaft)	Ort der Markhöhle
1. Gelenkknorpel	Herabsetzung der Reibung zwischen den Knochen
2. Spongiosa (Knochenbälkchen)	Druck- und Zugfestigkeit
3. Kompakta	Knochenstabilität
4. Markhöhle	Reduktion des Knochengewichts
5. Periost (Knochenhaut)	Nährstoffversorgung
6. Epiphysenfuge	Knochenwachstum

(3)

3.1.2 zum Beispiel:

Knochenentwicklung:

Desmale Ossifikation (direkte Verknöcherung): Osteoblasten häufen sich im embryonalen Gewebe an und bilden die Knochensubstanz. Diese Substanz verkalkt vor und teilweise nach der Geburt und es entstehen die Knochenbälkchen. Viele Knochenbälkchen bilden den Geflechtknochen (Bindegewebesknochen).

Chondrale Ossifikation (knorpelige Zwischenstufe): aus embryonalen Bindegewebesträngen entsteht glasartiger hyaliner Knorpel. Dieser Knorpel wird Stück für Stück durch Knochengewebe ersetzt (Ersatzknochen).

Hypothese für die Knochenbildung:

Frakturspalt kann geschlossen werden durch:

- Desmale Knochenbildung → Bindegewebe füllt den Spalt aus, Osteoblasten sorgen für die Bildung neuer Knochenmasse
- Chondrale Knochenbildung → Knorpelgewebe füllt den Spalt aus und Knochenmasse wird durch Osteoblasten erzeugt. (3)

3.1.3

- Säulendiagramm
- Aufgezeigt ist die Prävalenz der an Osteoporose erkrankten in der Stichprobe im Jahr 2009 unterteilt in Männer und Frauen in drei Altersgruppen
- Insgesamt sind weniger Männer als Frauen der über 50-jährigen erkrankt
- Mit zunehmendem Alter steigt die Osteoporose Prävalenz in beiden Altersgruppen
- Höchste Prävalenz zeigt sich bei den über 75-jährigen Frauen.

Begründung:

Geschlecht und Alter der Patientin, postmenopausaler Östrogenmangel → Risikobewertung für die 80-jährige Patientin: hohes Risiko an Osteoporose zu erkranken. (3)

3.2.1

- Patienten mit der Blutgruppe AB Rh^+ haben auf ihrer Erythrozytenoberfläche die Antigene A und B sowie Rhesus-Antigene. Im Plasma befinden sich keinerlei Antikörper gegen Antigene A oder B und gegen Rh^+
- Da die Patientin keine Antikörper gegen A, B, und Rh^+ im Plasma hat, kommt es zu keiner Agglutination mit den Antigenen des Erythrozyten Konzentrats (EK)
- In der Blutkonserve (EK) befinden sich nur Erythrozyten (Antigene) und keine Antikörper, da EKs plasmalos sind. Daher kann es mit den Erythrozyten (Antigenen) der Patientin zu keiner Agglutination kommen. → Somit verträgt sich das Empfängerblut AB Rh^+ mit EKs jeder Blutgruppe. (3)

3.2.2 Eine Eigenblutspende bringt folgende Vorteile:

- Es handelt sich um die eigene Blutgruppe, daher sind die Antigeneigenschaften identisch. Es kann daher zu keinem Transfusionszwischenfall kommen. Eine Agglutination ist ausgeschlossen.
- Bei einer Fremdblutspende kann eine Übertragung von Infektionserregern wie zum Beispiel HIV oder Hepatitis Viren nicht vollständig ausgeschlossen werden. Dieses Risiko wird bei der Eigenblutspende ebenfalls ausgeschlossen.

(2)

3.3.1 Zum Beispiel:
Folgende Eigenschaften des Blutes begünstigen die Entstehung einer Thrombose:
- Blutströmung, Anteil der festen Bestandteile des Blutes, Blutgerinnungsneigung, krankhafte Veränderung der Gefäßwand.

- Verlangsamte Blutströmung, zum Beispiel durch Immobilität des Patienten
- Erhöhung der Gerinnungsneigung
- Gefäßwandschäden, zum Beispiel bei Arteriosklerose (Intimaschäden, entzündliche Veränderungen).

→ Führt zur Thrombozytenaggregation → es entsteht ein Thrombozytenpfropf (Thrombus) → Thrombose. (2)

3.3.2 Überprüfung der Gerinnung (Wirkung der Medikamente) ist notwendig zur Vermeidung von Komplikationen wie zum Beispiel:

- Erhöhte Blutungsneigung durch Überdosierung
- Thrombosegefahr durch Unterdosierung. (2)

3.4.1 Zum Beispiel PTCA-Zyklus
P – Plan: Durch eine Ist-Analyse werden die Wartezeiten innerhalb eines definierten Zeitraumes erfasst. Es werden Ziele formuliert (zum Beispiel Wartezeit kleiner als 30 Minuten) und Überlegungen angestellt, wie dies umgesetzt werden kann (Festlegung von Items).
D - Do: Die geplanten Maßnahmen werden über einen definierten Zeitraum nach den Vorgaben umgesetzt und dokumentiert.
C - Check: Die durchgeführten Maßnahmen werden anhand der vorgegebenen Items überprüft (Wie haben sich die Wartezeiten verändert?).
A - Act: Es erfolgt eine Anpassung der Abläufe zur Verbesserung anhand der gewonnenen Erkenntnisse. Notfalls müssen die Ziele überdacht und angepasst werden. (4)

3.4.2 zum Beispiel:
Solidaritätsprinzip:
- Mitglieder einer Solidargemeinschaft erhalten im Bedarfsfall Leistungen, die durch Beiträge alle Mitglieder finanziert werden - Prinzip der gesetzlichen Krankenkasse
- Solidarität gilt nur innerhalb der Gemeinschaft und Leistungen werden nur Mitgliedern gewährt
- Die Höhe der Beiträge ist für alle festgelegt (derzeit circa 15 % des Bruttoeinkommens) und werden zwischen Arbeitgeber und Arbeitnehmer aufgeteilt
- Aus diesen Beiträgen werden die Leistungen im medizinischen Bedarfsfall nach dem Sachleistungsprinzip gezahlt. Kostenträger sind zum Beispiel gesetzliche Krankenkassen wie AOK, DAK, TKK etc. (3)

3.4.3 Zum Beispiel:
Perspektive der Patientin:
- Zugewinn an Lebensqualität, Erhalt der Selbstständigkeit
- Erhalt der Mobilität, Schmerzfreiheit
- Verbesserung der Teilhabe am Leben in der Gesellschaft.

Perspektive der Gesellschaft:
- Ökonomische Dimension: Einsparung von Kosten für pflegerische Versorgung durch Vermeidung von Pflegebedürftigkeit. (2)

3.3.4 Die Teilnahme an einer Seniorengymnastikgruppe wirkt sich auf allen drei Ebenen, die Einfluss auf die Gesundheit haben, positiv aus (ganzheitlicher Ansatz):
1. Biologisch → Stärkung der Muskulatur, Training der Gelenkbeweglichkeit → Förderung von Heilungsprozessen, Verbesserung der Koordinationsfähigkeit → zum Beispiel Verringerung der Sturzgefahr.
2. Psychisch → das Wohlbefinden der Patientin verbessert sich, Ängste werden reduziert, Vertrauen in die eigene Fähigkeit steigt, die Selbstständigkeit verbessert sich.
3. Sozial → Durch das Training in der Gruppe stärken sich die Teilnehmer gegenseitig, außerdem wird eine regelmäßige Teilnahme gefördert (Motivation steigt), es werden soziale Kontakte gefördert. (3)

———
30

Lösungsvorschlag, Aufgabe 4

4.1.1 Der Erbgang ist autosomal dominant.
FAB kann weder autosomal rezessiv, noch x-chromosomal rezessiv vererbt werden, da die kranken Eltern 1 und 2 gesunde Kinder (3 und 5) haben. Bei einem rezessiven Erbgang können die Eltern 1 und 2 nur kranke Kinder haben.
FAP kann nicht x-chromosomal dominant vererbt werden, da die Töchter 8 und 9 gesund sind. Bei einem x-chromosomal dominanten Erbgang wären sie erkrankt, da sie das mutierte X-Chromosom vom Vater 6 hätten.
Alternativ:
FAP kann nicht x-chromosomal dominant vererbt werden, da Sohn 8 erkrankt ist. Bei einem x-chromosomal dominanten Erbgang wäre Sohn 9 gesund, da er kein mutiertes X-Chromosom von der gesunden Mutter 7 hätte. (3)

4.1.2 A: mutiertes Allel
a: nicht mutiertes Allel

Person	Genotyp	Person	Genotyp
1	Aa	6	Aa
2	Aa	7	aa
3	aa	8	aa
4	AA / Aa	9	Aa
5	aa	10	aa

(2)

4.1.3 Vater 6 ist bezüglich des merkmaltragenden Allels als heterozygot. Die Mutter 7 hat kein merkmaltragendes Allel. Sie ist homozygot gesund. Kind 11 bekommt von der Mutter ein merkmalfreies Allel und mit einer Wahrscheinlichkeit von fünfzig Prozent das merkmalfreie Allel vom Vater. Die Wahrscheinlichkeit, mit der Person 11 gesund sein wird, beträgt somit 50 %. (2)

4.2.1

- Die Genprodukte der Tumorsuppressorgene fungieren als Zellteilungsbremse
- Sie können den Zellzyklus anhalten und Reparatursysteme aktivieren bzw. die Apoptose der betroffenen Zelle einleiten. Eine Entartung und somit eine übermäßige Zellteilung wird damit verhindert.
- Sind beide Allele eines Tumorsuppressorgens ausgefallen, ist die Folge eine vermehrte Zellteilung, da die Hemmung der Zellteilung entfällt, der DNA-Schaden nicht repariert wird und es somit zu übermäßigen Zellteilungen (Krebs) kommt.

Kommen weitere Mutationen in wachstumsregulierenden Genen hinzu, kann die Zelle zur Krebszelle werden. (3)

4.2.2 Bei der Genmutation handelt es sich um eine Deletion. Die Base Guanin im dritten Triplet an Position 2 ist ausgefallen. Dadurch kommt es zu einer Verschiebung des Leserasters (Rastermutation). Die Folge ist entweder ein verfrühter Abbruch der Translation durch ein neu entstandenes Stopp-Codon (Unsinnmutation) oder die Verschiebung des Leserasters, welche zu einer anderen Aminosäurensequenz führt (Fehlsinnmutation). Daraus ergibt sich ein Protein mit einer anderen oder keiner Funktion. (3)

4.3.1 Zum Beispiel:
Adenomatöse Polypen = benigne Tumoren, Kolonkarzinom = maligner Tumor.

Kriterium	**Benigner Tumor**	**Maligner Tumor**
Zellteilungsrate	Niedrig	Hoch
Invasion	Wächst verdrängend und nicht invasiv	Wächst invasiv, zerstört umliegendes Gewebe
Metastasierung	keine	möglich

→ Eine hohe Zellteilungsrate und damit schnelles Wachstum, invasives und zerstörendes Wachstum sowie die Metastasierung führen zu Schädigung, Untergang bzw. Funktionsverlust verschiedener Gewebe und damit zur Organschädigung → lebensbedrohlicher Zustand → schlechtere Prognose bei malignem Tumor. (3)

4.3.2 Zum Beispiel:

- <u>Vorteil:</u>
  Erkennen von Tumoren im frühen Stadium (Präkanzerose) → frühzeitiger Therapiebeginn mit z. B. Entfernung des Tumors. Dadurch kann die Organfunktion erhalten und schwerwiegende Symptome verhindert werden. Dies kann zur Verbesserung der Lebensqualität sowie Lebensverlängerung führen.

- <u>Nachteil:</u>
  Früherkennungsuntersuchungen sind in Bezug auf ihren Nutzen, also eine Senkung der Sterblichkeit bzw. eine Lebensverlängerung umstritten (z. B. Mammographie und PSA-Screening). Dem vermeintlichen Nutzen stehen Ängste sowie Folgeuntersuchungen und dadurch eine Einschränkung der Lebensqualität gegenüber.

Früherkennungsuntersuchungen gehören zur Sekundärprävention. Diese hat das Ziel, bereits eingetretene Krankheiten möglichst früh zu erkennen und zu behandeln. (3)

4.4.1 zum Beispiel:

Kriterien	Ileostoma	Colostoma
Zusammensetzung und Konsistenz	- Dünnflüssiger Stuhlgang, da die Rückresorption von Wasser im Dickdarm entfällt → vermehrt Wasser - z. T. unverdaute Speisereste, nichtresorbierte Vitamine, Elektrolyte und Spurenelemente, vermehrt Gallensäuren.	- dickflüssiger Stuhlgang (je distaler das Colostoma, desto dickflüssiger der Stuhl) - eingedickte, unverdaute Speisereste.

(2)

4.4.2 zum Beispiel:

- Bei Ileostoma fehlen die Dickdarmbakterien, welche die Oberfläche der Dickdarmschleimhaut besiedeln
- Endogene Vitamin K Produktion durch Darmbakterien entfällt
- Gestörte Blutgerinnung, da Vitamin K für die Synthese von Blutgerinnungsfaktoren in der Leber eine wichtige Rolle spielt. (3)

4.5

- FAP ist eine obligate Präkanzerose. Mit einer Wahrscheinlichkeit von fast 100 % entwickelt sich Krebs. Die Angst Krebs zu bekommen und gegebenenfalls sogar sterben zu können, stellt für Paul eine hohe psychische Belastung dar. Es ist, als sitze er auf einem Pulverfass. Er sieht sich einer Gefahr ausgesetzt, mit der er in seinem Alter noch nicht gerechnet hat.
- Die prophylaktische Entfernung des Dickdarms ist eine notwendige therapeutische Maßnahme. Möglicherweise bekommt er einen künstlichen Darmausgang. Die Tatsache stellt ihn vor große Probleme: Wird er von seinen Schulkameraden gehänselt, wenn sie nach dem Schulsport in der Umkleidekabine sehen, dass er einen künstlichen Darmausgang hat? Kann er jemals eine Freundin haben oder wird sie den künstlichen Darmausgang als „eklig“ empfinden?
- FAP wird autosomal dominant vererbt. Für Paul bedeutet es, dass wenn er Kinder haben möchte, diese mit einer Wahrscheinlichkeit von 50 % ebenfalls von der FAP betroffen sind. Auch wenn Paul in seinem Alter noch nicht an Kinder denkt, könnte er irgendwann mit dieser Frage konfrontiert werden. (3)

4.6 Zum Beispiel:

Ziel nach WHO:

Verbesserung der Lebensqualität von Patienten und deren Familien durch Vorbeugung und Linderung von Schmerzen und anderen belasten Beschwerden (körperlicher, psychosozialer und spiritueller Art).

Prinzipien:

- Ein erfahrenes, multidisziplinäres und professionelles Team steht dem Patienten zur Verfügung (z. B. Onkologe, Schmerztherapeut, Pflegekraft, Seelsorger, Psychologe, Sozialarbeiter)
- Ständige Weiterbildung des Teams → evidenzbasierte Erkenntnisse der Therapie und Pflege sind gewährleistet (z. B. Schmerztherapie)
- „High person, low technology“ - die menschliche Betreuung steht vor dem medizinischen technischen Aufwand. (3)

30

25. Abitur 2019 – Originalaufgaben mit Lösungen

Aufgabe 1

1. Die heutige Lebensweise in den Industrieländern ist geprägt von Überernährung und Bewegungsmangel. Dies kann dauerhaft zu Stoffwechselstörungen und Krankheiten führen. Besonders verbreitet ist das metabolische Syndrom. Je nach zugrundeliegender Definition sind 19 - 31 % der deutschen Bevölkerung betroffen.

1.1 Das metabolische Syndrom ist eine Sammelbezeichnung für mehrere Komponenten, von denen nach der Weltgesundheitsorganisation (WHO) ein erhöhter Blutglukosespiegel im Vordergrund steht.

Nennen Sie zwei weitere Komponenten des metabolischen Syndroms. (1)

1.2 Beschreiben Sie die Verdauung des Polysaccharids Stärke zu Glukosemolekülen unter Nennung der beteiligten Abschnitte des Verdauungstrakts des Menschen sowie die Bildungsorte und Wirkungen der beteiligten Verdauungsenzyme.
Fertigen Sie hierzu eine Tabelle an. (3)

1.3 Der Glukosestoffwechsel wird hormonell gesteuert. Die Abbildung zeigt die Glukoseaufnahme in die Körperzelle.

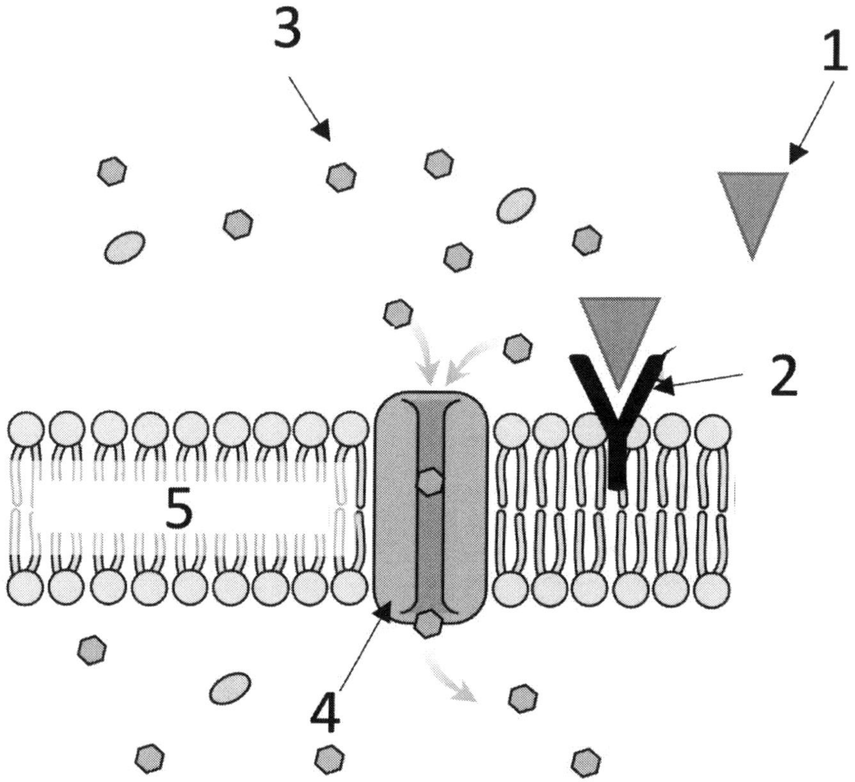

1.3.1 Benennen Sie die in der Abbildung gekennzeichneten Strukturen. Übernehmen Sie dazu die Ziffern in Ihre Reinschrift. (2)

1.3.2 Beschreiben Sie die in der Abbildung dargestellte hormonelle Steuerung der Glukoseaufnahme in die Körperzelle. (3)

1.4 Eine stark zuckerhaltige Ernährung erhöht das Risiko an Wohlstandskrankheiten, wie dem metabolischen Syndrom zu erkranken. Die WHO hat im März 2015 neue Empfehlungen zum Zuckerkonsum herausgegeben. Kinder und Erwachsene sollen täglich weniger als 10 % ihrer Energie in Form von Zucker aufnehmen.
Wer es schafft, seinen Zuckerkonsum auf weniger als 5 % täglich zu reduzieren, das sind 25 g oder sechs Teelöffel Zucker, unterstützt seine Gesundheit nachhaltig.
2018 hat Großbritannien aus diesem Grund die Zuckersteuer für Softdrinks eingeführt. 5 g Zucker in 100 ml Getränk kosten künftig 18 Pence Steuer, bei mehr als 8 g sind es sogar 24 Pence.

1.4.1 Erklären Sie den pathologischen Zusammenhang zwischen stark zuckerhaltiger Ernährung und pathologisch erhöhtem Blutzuckerspiegel bei Diabetes mellitus Typ 2 als Komponente des Metabolischen Syndroms. (3)

1.4.2 Beurteilen Sie die mögliche Einführung der Zuckersteuer für Getränke in Deutschland als Präventionsmaßnahme, indem Sie jeweils zwei Chancen und Grenzen mit einbeziehen. (3)

1.5 Die Nephropathie ist eine der häufigsten Folgeerkrankungen des Diabetes mellitus. Einer Studie aus dem Jahr 2014 zur Folge haben 10 % der Typ 2 Diabetiker in Deutschland eine Nephropathie. Wird zu spät oder nicht behandelt, versagen im schlimmsten Fall irgendwann die Nieren. Im fortgeschrittenen Stadium hilft nur noch eine lebenslange regelmäßige Dialyse oder die Transplantation einer Spenderniere.

1.5.1 Fertigen Sie eine Skizze einer Niere im Längsschnitt an und beschriften Sie fünf makroskopisch sichtbare Strukturen. (3)

1.5.2 In der Harnuntersuchung eines Diabetikers wurde Albumin nachgewiesen. Erklären Sie die Bedeutung des Befundes in Bezug auf die Nierenfunktion. (2)

1.6 Bei fortgeschrittener Niereninsuffizienz kann es zu einer beschleunigten und vertieften Atmung kommen. Dies ist ein wichtiger Kompensationsmechanismus des Körpers.

1.6.1 Beschreiben Sie den Unterschied zwischen äußerer und innerer Atmung. (2)

1.6.2 Erklären Sie den physiologischen Zusammenhang zwischen fortgeschrittener Niereninsuffizienz und einer beschleunigten und vertieften Atmung. (3)

1.7 Bei einer unzureichend behandelten Niereninsuffizienz könnte es langfristig zu gehäuften Frakturen (Knochenbrüchen) kommen. Stellen Sie den Zusammenhang dar (2)

1.8 Eine Therapieform bei chronischer Niereninsuffizienz ist die Hämodialyse. Erläutern Sie das Prinzip der Hämodialyse. (3)

30

Aufgabe 2

2. Die AIDS-Erkrankung (Aquired Immunodeficiency Syndrome) ist die Folge einer Infektion mit dem Humanen Immundefizienz-Virus (HIV). Nach Angaben der Deutschen Aidshilfe haben sich seit Beginn der HIV-Epidemie mehr als 60 Millionen Menschen weltweit mit dem HIV infiziert.

2.1 Im Kampf gegen das HI-Virus verfolgen die Vereinigten Nationen einen ehrgeizigen Plan: Gemäß der „90-90-90-Ziele" sollen bis zum Jahr 2020 90 % der HIV-Infizierten ihren Status kennen, 90 % davon Zugang zur Behandlung haben, und bei 90 % der Behandelten soll das Virus nicht mehr nachweisbar sein.

Erklären Sie zwei präventive Maßnahmen auf der Ebene der Verhältnisprävention, um das Ziel zu erreichen, dass 90 % der HIV-Infizierten ihren Status kennen. (2)

2.2 Das HI-Virus befällt vor allem die T-Helferzellen des menschlichen Immunsystems, vermehrt sich in ihnen und zerstört sie. Die daraus folgende Immunschwäche kann schwere Infektionen und bösartige Tumore hervorrufen.

Stellen Sie ausgehend von den physiologischen Abläufen der zellulären Immunabwehr mithilfe von beschrifteten Skizzen dar, wie der Befall von T-Helferzellen durch das HI-Virus zur Bildung von bösartigen Tumoren führen kann. (5)

2.3 Eine HIV-Infektion kann durch unterschiedliche Tests nachgewiesen werden. Neben einem immunologischen Nachweis von Antikörpern gegen HIV kann auch die Polymerase Kettenreaktion (PCR) zum Einsatz kommen.

2.3.1 Begründen Sie den Einsatz der PCR als Nachweisverfahren für die HIV-Infektion. (2)

2.3.2 Bei HIV-Tests können sogenannte Suchtests und Bestätigungstests unterschieden werden. Die Güte eines diagnostischen Tests wird hauptsächlich durch die beiden Kriterien Sensitivität und Spezifität bestimmt.
Die Anforderungen an den jeweiligen Tests sind unterschiedlich: Während der Suchtest eine hohe Sensitivität erfordert, benötigt der im Anschluss vorgeschriebene Bestätigungstest eine höhere Spezifität.

Begründen Sie die Anforderung an den jeweiligen Test unter Berücksichtigung der Bedeutung von Sensitivität und Spezifität. (4)

2.4 Die Therapie für HIV-Infizierte richtet sich gegen die Vermehrung der HI-Viren. Die sogenannte Viruslast im Körper wird dadurch gesenkt.
Ein Ausbruch der Erkrankung AIDS kann so verhindert werden und die Lebenserwartung von HIV-positiven Menschen ist daher in Ländern, in denen diese Therapie zur Verfügung steht, nahezu nicht verkürzt.
Erstellen Sie eine Hypothese über den Wirkungsmechanismus des Medikaments, das die HIV-Vermehrung hemmt. (3)

2.5 Das lymphatische System ist Teil des Immunsystems und schützt vor Infektionen. Es spielt daher auch bei einer HIV-Infektion eine wichtige Rolle.

2.5.1 Die folgende Abbildung zeigt einen Überblick über die lymphatischen Organe. Beschriften Sie die Strukturen 1 - 9, indem Sie die Ziffern in ihre Reinschrift übernehmen. (2) [39]

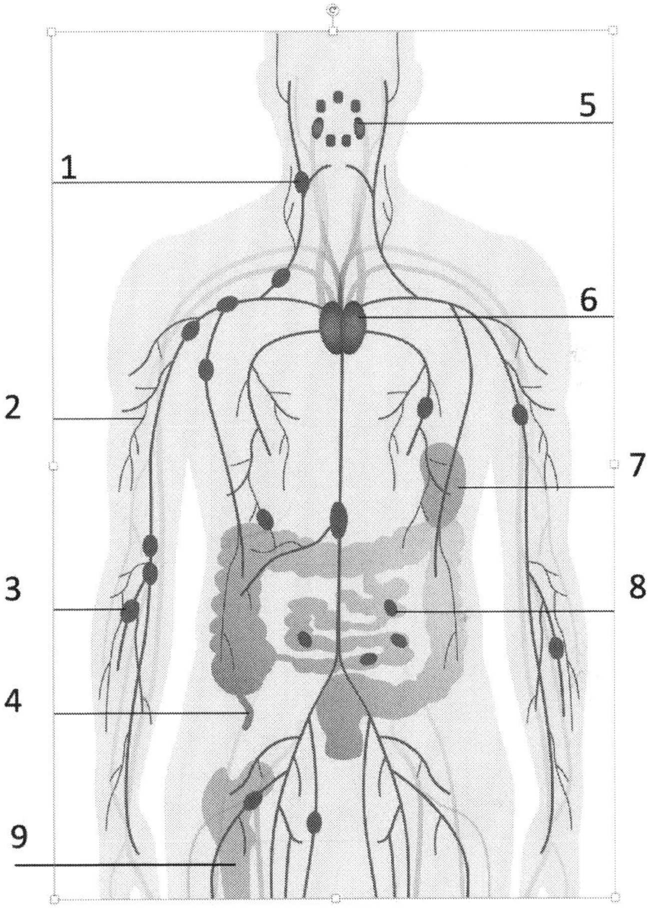

[39] Verändert nach: https://browse.startpage.com/do/show_picture.pl?l=deutsch&rais=1&oiu=https%3A%2F%2Fiframes.b-ms.de%2Fbms%2Fimg%2FP_Aufbau-und-Funktion-des-lymphatischen-Systems_03.jpg&sp=ae365605c23f70deeada6bdd58c62d58&t=default.

2.5.2 Ordnen Sie je eines der in 2.5.1 beschrifteten Organe den primären beziehungsweise sekundären lymphatischen Organe zu und beschreiben Sie deren Funktion. (2)

2.6 Eine Impfung gegen Aids ist zurzeit noch nicht möglich.

Erläutern Sie einen möglichen Grund für diese Tatsache. (2)

2.7 Das Infektionsschutzgesetz umfasst die gesetzlichen Regelungen zur Verhütung und Bekämpfung von Infektionskrankheiten bei Menschen.

Beschreiben Sie zwei Inhalte dieses Gesetzes. (2)

2.8 Zeigen Sie am Beispiel einer an AIDS erkrankten Person die Bedeutung des Salutogenetischen Modells zur Erklärung von Gesundheit und Krankheit auf. Gehen Sie dabei auf drei Kernaussagen des Modells ein. (4)

2.9 Die deutsche Aidshilfe berichtet, dass HIV-Infizierte Personen beziehungsweise an AIDS erkrankte Personen einem höheren Armutsrisiko ausgesetzt sind.

Begründen Sie diesen Sachverhalt an zwei Aspekten. (2)

30

Aufgabe 3

3. Durch Umknicken des Fußes, mit und ohne äußere Gewalteinwirkung, können die Bänder der Sprunggelenke überdehnt werden oder sogar reißen. Häufig kommt es im Rahmen von sportlichen Aktivitäten zu solchen Verletzungen. Besonders gefährlich für die Bandstrukturen des Sprunggelenks sind Sportarten mit häufigen schnellen Richtungswechseln und Sprüngen sowie Kontakt mit Gegenspielern, zum Beispiel Fußball, Basketball und Volleyball.
   Das Risiko einer erneuten Sprunggelenksverletzung ist erhöht. Innerhalb von drei Jahren erleidet circa ein Drittel der Patienten ein Rezidiv, bei Sportlern sind es sogar bis zu 73 % der Fälle. Auch zu späteren Zeitpunkten klagen noch viele Patienten über ein leichtes nachgeben des Sprunggelenks, Schmerzen beim Gehen und Laufen, leichte Schwellungen und eine leichte Instabilität des Sprunggelenks.

3.1 Skizzieren Sie ein Gelenk (Diarthrose) und beschriften Sie sechs relevante anatomische Strukturen. (3)

3.2 Sprunggelenksverletzungen sind typischerweise mit Ödemen verbunden.

3.2.1 Stellen Sie die Entstehung eines Ödems bei dieser Verletzung im Pfeilschema dar. (3)

3.2.2 Erklären Sie die Wirkungsweise einer Pflegemaßnahme zur Reduktion der Ödembildung bei einer Sprunggelenksverletzung. (3)

3.2.3 Zusätzlich zu einem Ödem tritt häufig ein Hämatom (Bluterguss) am verletzten Gelenk auf.
Vergleichen Sie die Lymphflüssigkeit und das Blut anhand von folgenden Kriterien: Zusammensetzung, Bildungsort und Funktionen. Stellen Sie Ihre Ergebnisse tabellarisch dar. (3)

3.3 Orthesen sind orthopädische Hilfsmittel, die der Unterstützung und Stabilisierung verletzter Gelenke dienen. Ihr Einsatz zur Prävention von rezidivierenden Sprunggelenksverletzungen ist in der Sportmedizin umstritten.

3.3.1 Entwickeln Sie eine begründete Hypothese weshalb Orthesen bei Sprunggelenksverletzungen umstritten sind. (3)

3.3.2 Ordnen Sie den Einsatz von Orthesen begründet einer Präventionsart nach dem Zeitpunkt zu. (2)

3.4 Nach einer Sprunggelenksverletzung werden Patienten therapeutisch versorgt. Zwischen 30 und 70 % der Patienten leiden über einen Zeitraum von bis zu sieben Jahren unter den Folgen der Sprunggelenksverletzung. Viele Ärzte verschreiben ihren Patienten deshalb eine Physiotherapie.

Eine große randomisierte kontrollierte Studie von 2016 mit 503 Patienten im Alter von 16 - 79 Jahren ergab, dass eine Physiotherapie nach einem Trauma durch Umknicken des Sprunggelenks die Heilung nur unwesentlich beschleunigt. Laut der Publikation erholen sich in den ersten sechs Monaten weniger als die Hälfte von ihrer Verletzung.

Stellen Sie das Studiendesign dieser Studie schematisch dar. (3)

3.5 Sprunggelenksverletzungen werden häufig ambulant versorgt.
„Ambulant vor stationär" ist ein wichtiger Leitsatz der deutschen Gesundheitspolitik.

Diskutieren Sie diesen Leitsatz anhand von je zwei Pro- und Kontra-Argumenten aus Sicht der Leistungsempfänger. (5)

3.6 Ein Abiturient spielt in der Landesliga Fußball und hatte vor längerer Zeit eine Sprunggelenksverletzung. Der Orthopäde rät wegen einer Rezidivgefahr dringend vom Fußballspielen ab.

Zeigen Sie mithilfe des Modells der gesundheitlichen Überzeugung (Health-Belief-Modell) auf, welche Bedingungen dazu führen, dass der Abiturient sein Gesundheitsverhalten ändert und das Fußballspielen aufgibt. (5)

30

Aufgabe 4

4. Vor circa 60 Jahren kam der Wirkstoff Thalidomid als angeblich unbedenkliches Schlafmittel mit dem Handelsnamen Contergan® auf den Markt. Es wurde auch von vielen Schwangeren eingenommen. In den folgenden Jahren stellte sich jedoch heraus, dass bereits eine einzige Tablette ausreichen konnte, um schwerwiegende Folgen beim Ungeborenen hervorzurufen. Die teratogene Wirkung von Thalidomid ist vor allem auf die Hemmung von Wachstumsfaktoren wie VEGF-A (Vascular Endothelial Growth Factor A) zurückzuführen. Thalidomid kann damit eine Angiogenese (Ausbildung von Blutgefäßen) hemmen.

4.1 Formulieren Sie eine Definition für den Begriff „Teratogen“. (1)

4.2 Nennen Sie ein weiteres Teratogen mit zwei möglichen Folgen. (1)

4.3 Analysieren Sie die Abbildung hinsichtlich der Schädigung durch Teratogene. Gehen Sie dabei insbesondere auf die Schädigung durch Thalidomid ein und leiten Sie die Folgen für das Ungeborene bei der mütterlichen Einnahme von Thalidomid ab. (4)

Blasto-genese	**Embryogenese**			**Fetalperiode**			
1. -2. Woche	3. – 4. W.	5. – 6. Woche	7. – 8. Woche	9. – 15. Woche	16. – 19. Woche	20. – 36. Woche	38. Woche
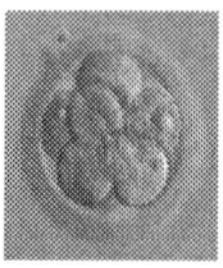				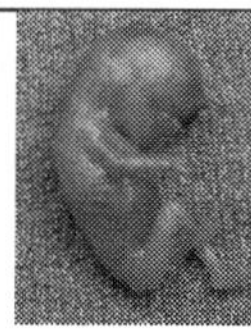		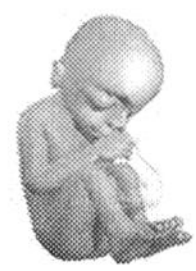	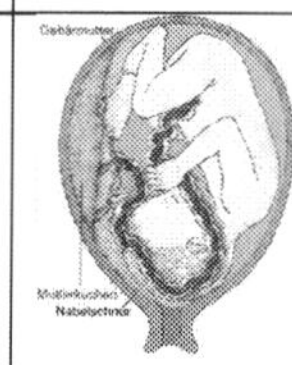
	ZNS Herz	*Beine Arme Augen*	*Ohren Zähne Gaumen*	*Äußere Genitalien*	*Gehirn*	*Gehirn*	*Gehirn*
				Zentralnervensystem			
				Herz			
				Arme			
				Augen			
				Beine			
					Zähne		
					Gaumen		
					äußere Genitalien		
					Ohren		
	Schädigung durch Thalidomid						
Pränataler Tod	**Grobe morphologische Defekte**			**Geistiger u. körperlicher Entwicklungsrückstand Kleinere morphologische[40] Defekte**			

	Phasen höchster Sensibilität		Phasen geringer Sensibilität	*Kursiv gedruckt*	*Häufige Wirkstellen von Teratogenen*

Abb.: Schädigung durch Teratogene beim Ungeborenen gemäß den Schwangerschaftswochen (SSW) nach Befruchtung.

Abbildungsnachweis: Wikimedia Commons.

[40] Die äußere Form oder Gestalt betreffend.

4.4 Beschreiben Sie den Weg und die Entwicklung einer Eizelle vom Eisprung über die Befruchtung bis zur Einnistung. (2)

4.5 Beschreiben Sie ein Prinzip der pränatalen Diagnostik und seine Funktionsweise, welches dazu geeignet ist, morphologische Fehlbildungen zu erkennen. (2)

4.6 Seit 2008 ist Thalidomid in der EU als Medikament gegen das multiple Myelom zugelassen. Beim multiplen Myelom handelt es sich um eine besonders bösartige Krebserkrankung des blutbildenden Systems.

4.6.1 Begründen Sie den Einsatz von Thalidomid in der Krebstherapie. (3)

4.6.2 2016 wurden laut deutschem Ärzteblatt 6500 neue Erkrankungsfälle an multiplem Myelom in Deutschland (Einwohnerzahl 82,52 Millionen) diagnostiziert.

Definieren und berechnen Sie die abzuleitende epidemiologische Maßzahl. (2)

4.6.3 Analysieren Sie den vorliegenden Ausschnitt des kleinen Blutbildes und leiten Sie begründet drei mögliche Symptome des multiplen Myeloms ab. (3)

Hämatologie EDTA-Blut	**Referenzbereich**	**Befund**	**Einheit**
Leukozyten	4,23 – 9,07	1,9	Tsd./µl
Erythrozyten	4,63 – 6,08	2,44	Mio./ µl
Hämoglobin	13,7 – 17,5	8,1	g/dl
Hämatokrit	40,1 – 51,0	26	%
Thrombozyten	160 - 370	200	Tsd./ µl

4.6.4 Leiten Sie begründet aus der Erythrozytenzahl in der Tabelle zwei symptomatische Therapiemöglichkeiten ab und beurteilen Sie deren Gefahren. (5)

4.7 Die 10-Jahres-Überlebensrate bei multiplem Myelom liegt bei circa 30 %.

4.7.1 Eine 71-jährige Patientin wird palliativ betreut. Ihre ungünstige Prognose macht sie hoffnungslos. Sie fertigt ihr Testament an. Da sie vermögend ist und bedauert, kinderlos geblieben zu sein, möchte sie einen Teil ihres Besitzes an das deutsche Kinderhilfswerk spenden. Des weiteren telefoniert sie mit ihrer Cousine, mit der sie seit Jahren keinen Kontakt mehr hatte.

Verschiedene Modelle beschreiben den Sterbeprozess in Phrasen.

Benennen Sie die Sterbephasen nach einem selbst gewählten Modell und ordnen Sie begründet zu, in welcher Phase sich die Patientin derzeit befindet. (3)

4.7.2 Die Schmerzen der Patientin werden immer stärker und unerträglicher. Das Leben wird ihr zu Last und sie wünscht sich den Tod, den sie als Erlösung sieht. Sie bespricht den Wunsch zu sterben mit ihrem Mann.

Diskutieren Sie je zwei Argumente für und gegen die aktive Sterbehilfe aus ethischer Sicht. (4)

Abitur 2019: Lösungsvorschlag der Herausgeberin, Aufgabe 1

1.1 Zum Beispiel:
- abdominelle Adipositas
- arterielle Hypertonie
- Fettstoffwechselstörung: erhöhte Blutfettspiegel (Triglyzeride und/oder Cholesterin) (LDL erhöht, HDL erniedrigt).

(1)

1.2

Beteiligte Abschnitte des Verdauungstrakts	**Beteiligte Verdauungsenzyme / Bildungsort**	**Wirkungen der Verdauungsenzyme**
Mundhöhle	Amylase/ Mundspeicheldrüsen	Spaltung des Polysaccharids Stärke in Kohlenhydratbruchstücke (bei langer Einwirkdauer auch in Disaccharide: Maltose)
Duodenum / weiterführender Dünndarm	Amylase / Pankreas	Spaltung der Kohlenhydratbruchstücke in Disaccharide: Maltose
	Maltase / Dünndarmepithel	Spaltung der Maltose in Monosaccharide: Glucose

(3)

1.3.1 Zum Beispiel:

1 Insulin
2 Insulin Rezeptor
3 Glukose
4 Glukosetransporter
5 Zellmembran

(2)

1.3.2 Dargestellt ist die Insulinwirkung an einer Körperzelle:
Insulin (aus den B-Zellen der Langerhans-Inseln des Pankreas) → Bindung an Insulinrezeptoren in der Zellmembran der Körperzellen → intrazelluläre Signalreduktion: Aktivierung von intrazellulären Botenstoffen (second messenger) → Ausschüttung von Vesikeln (vom ER), in denen Membran Glukosetransporter (transmembranäre Transportproteine) enthalten sind → Verschmelzung der Vesikel mit der Zellmembran → Steigerung der Durchlässigkeit der Zellmembran für Glukose: vermehrte Aufnahme von Glukose durch erleichterte Diffusion.

(3)

1.4.1 Zum Beispiel:
Zuckerhaltige Nahrung mit resorbierbarer Glukose → rascher und hoher Anstieg des Blutglukosespiegels (Blutzucker, BZ) → Insulinausschüttung (aus den B-Zellen der Langerhans Inseln des Pankreas) → Einschleusung der Glukose innerhalb von

Minuten in die Zelle → Insulin verbleibt wegen seiner längeren Halbwertszeit in der Blutbahn → schnelles Absinken des Blutzuckerspiegels → kein langanhaltendes Sättigungsgefühl → erneute zuckerreiche Mahlzeiten → erneuter Anstieg von Blutzucker und Insulinspiegel im Serum→ Hyperinsulinämie → auf Dauer reagieren die Insulinrezeptoren nicht mehr auf das Insulin: Insulinresistenz.
Zuckerhaltige Nahrung mit hoher Energiedichte → Adipositas → bewirkt über verschiedene Mediatoren die Insulinresistenz.

Die Insulinresistenz führt zu einem erhöhten Blutglukosespiegel. Wenn die ausgeschüttete Insulinmenge nicht ausreicht, um den Blutglukosespiegel in den Normbereich abzusenken entsteht ein relativer Insulinmangel.

(3)

1.4.2 Zum Beispiel:

Die Zuckersteuer hat eine Verteuerung zuckerreicher Getränke zur Folge.

Chancen:

- Zuckersteuer gilt für die ganze Gesellschaft: Verhältnisprävention
- Preis regelt Konsumverhalten. Teure Lebensmittel werden weniger gekauft, Zuckerkonsum sinkt
- Besonders einkommensteuerschwache Familien werden erreicht
- Schon Kinder werden an einen geringen Zuckerkonsum gewöhnt
- Aufklärung / öffentliche Diskussion zur Bedeutung eines zu hohen Glukosekonsums bei Einführung der Zuckersteuer.

Grenzen:

- Nicht durchsetzbar gegen Widerstand der Lebensmittelindustrie
- Begrenzte Auswirkung, wenn nur Getränke besteuert werden
- Wenig Einfluss auf gesundheitliche Überzeugungen.

Beurteilung:
Zum Beispiel:

- Befürwortung der Zuckersteuer wegen voraussichtlich positiver Auswirkung auf die Gesundheit der Gesellschaft, Prävalenz des metabolischen Syndroms wird eventuell sinken.
- Stärkung der Verhältnisprävention wäre wünschenswert: Bewusste Entscheidung für einen niedrigen Zuckerkonsum aus gesundheitlicher Überzeugung, bezogen auf sämtliche zuckerreiche Lebensmittel, nachhaltige Verhaltensänderung wird bewirkt.

(3)

1.5.1 Skizze mit korrekter Beschriftung und von zum Beispiel: (3)

- Nierenkapsel - 1
- Nierenrinde - 2
- Nierenmark - alle Pyramiden und zwischenliegende Strukturen
- Nierenpyramide mit Papille - 4,5
- Nierenkelche - 6
- Nierenbecken - 7

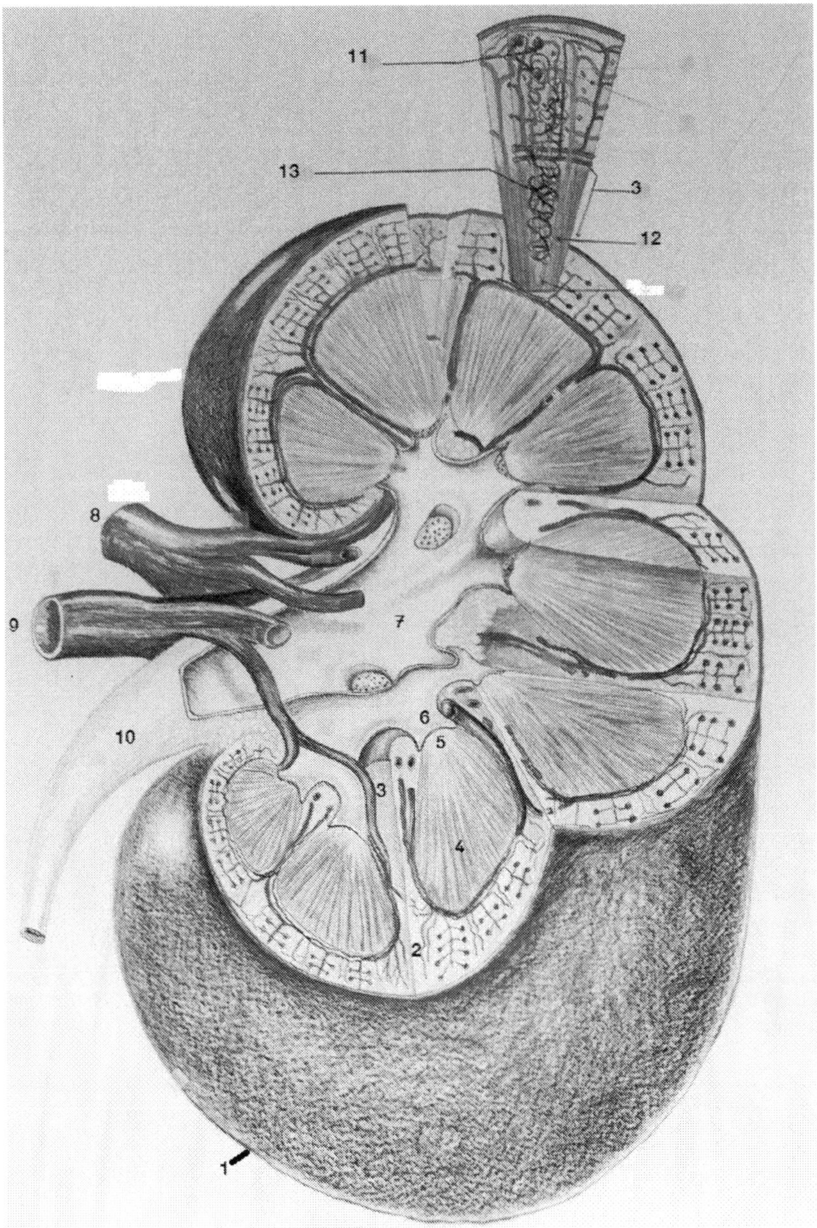

1.5.2 In einer gesunden Niere werden Proteine, wie Albumin, nicht gefiltert, gelangen also nicht in den Primärharn. Ist Albumin nachweisbar, kann das an einer erhöhten Durchlässigkeit der Glomeruluskapillaren liegen. Diese tritt bei einem Mikroangiopathie mit Folgeerkrankung des Diabetes mellitus auf. (Diabetische Nephropathie).

(2)

1.6

1.6.1 Zum Beispiel:

Äußere Atmung / Respiration: In- und Exspiration von Luft und Gasaustausch an den Alveolen der Lunge: Aufnahme von Sauerstoff in das Blut und Abgabe von Kohlendioxid vom Blut in die Alveole.

Innere Atmung / Zellatmung: Verbrennung (Oxidation) von Nährstoffen mithilfe von Sauerstoff zur Energiegewinnung (ATP und Wärme) in den Zellen.

(2)

1.6.2 Zum Beispiel:

Bei fortgeschrittener Niereninsuffizienz kann eine verminderte Ausscheidung von Protonen bzw. eine verminderte Rückresorption der Pufferbase Bikarbonat (bei einer Restnierenfunktion) zu einer metabolischen Azidose mit pH-Werten < 7,35 im Blut führen. Alle Stoffwechselreaktionen sind pH-abhängig. Deshalb sind schwere Azidosen lebensgefährlich. (3)

Carboanhydrase-Reaktion: $HCO_3 + H^+ \leftrightarrow H_2CO_3 \leftrightarrow CO_2 + H_2O$

Durch verstärkte Abatmung von Kohlendioxid kann der Körper den pH-Wert anheben. (3)

1.7 Bei einer fortgeschrittenen Niereninsuffizienz stellt die Niere auch die Bildung von Hormonen ein: Fehlende Bildung von wirksamen Vitamin D Hormon in der Niere → verminderte Resorption von Nahrungskalzium aus dem Darm und erhöhte Ausscheidung von Kalzium in der Niere (bei einer Restnierenfunktion). → Osteoblastenaktivität vermindert, Osteoklastenaktivität erhöht, Abbau kalziumhaltiger Knochensubstanz und damit verminderte Knochenstabilität (renale Osteopathie / Osteomalazie) → gehäufte Frakturen. (2)

1.8 Bei der Hämodialyse wird das Blut extracorporal mit Hilfe einer semipermeablen Membran und einer Spülflüssigkeit (Dialysat) von harnpflichtigen Substanzen gereinigt. Die semipermeable Membran ist für mittelgroße und kleine Moleküle durchlässig. Blutzellen und große Moleküle können nicht vom Blut in das Dialysat diffundieren. Das Blut strömend mit Überdruck in Gegenstromrichtung am Dialysat vorbei. Membrangängige Stoffe werden von Blut entsprechend Ihres Konzentratgefälles in das Dialysat filtriert. Haftpflichtige Substanzen treten durch Diffusion in das Dialysat über und werden somit dem Blut entzogen. Lebensnotwendige Stoffe (z. B. Elektrolyte) können dem Dialysat zugesetzt werden und ins Blut diffundieren. Außerdem wird dem Blut Wasser entzogen. (3)

Lösungsvorschlag der Herausgeberin, Aufgabe 2

2.1 Verhältnisprävention:
z. B.

- Aufklärungsarbeit in Schulen, Medien, durch Multiplikatoren und Kampagnen der Aidshilfe am Welt-AIDS-Tag → mehr Wissen über das Krankheitsbild und Schaffung von mehr Akzeptanz. Verhinderung von Stigmatisierung und Diskriminierung von HIV-Infizierten
- Bezahlbarkeit / Finanzierung von freiwilligen und anonymen Test sowie Zugang zu medizinischen Versorgungseinrichtungen
- Einführung verpflichtender Tests, zum Beispiel im Rahmen von betriebsärztlichen Untersuchungen, mit dem Ziel, dass bei möglichst vielen Menschen ein HIV-Test durchgeführt wird.

(2)

2.2 Beschriftete Skizzen zu folgenden Abläufen:

- Makrophage aktiviert die T-Helferzelle durch Andocken
- T-Helferzelle schüttet Zytokine aus und aktiviert ruhende zytotoxische T-Zellen
- Aktivierte zytotoxische T-Zelle zerstört durch die Ausschüttung von Perforinen die entartete Körperzelle.

T-Helferzellen sind in ihrer Anzahl vermindert

- Wirkung und Aufgabe sind reduziert
- Verminderte Aktivierung der T-Helferzellen durch Bindung an Makrophagen
- Ruhende zytotoxische T-Zellen können nicht mehr durch Zytokine der T-Helferzellen aktiviert werden
- Es entstehen weniger aktivierte zytotoxische T-Zellen, so dass die entarteten Zellen nicht mehr durch Perforinausschüttung zerstört werden können
- Die Tumorzelle kann sich weiter teilen
- Ein Tumor kann entstehen.

(5)

2.3.1 Das Virus beinhaltet eine Nukleinsäure (virales Erbgut). Die PCR kann kleinste Mengen von spezifischen virale Nukleinsäuresequenzen vervielfältigen und so eindeutig nachweisen.

(2)

Hinweis: Im Beantwortungsumfang dieser Frage wird die Umwandlung der RNA in DNA durch die Reverse Transkriptase des Retrovirus nicht erwartet.

2.3.2 Das Ziel eines Suchtests ist es, möglichst alle infizierten Person zu erkennen. Eine hohe Sensitivität des Suchtests bedeutet, dass ein hoher Anteil der HIV-positiven Personen einen richtig positiven Befund erhält, d.h. als infiziert erkannt werden.

Dabei wird zunächst akzeptiert, dass Nichtinfizierte evtl. falsch positiv getestet werden, also gesunde Menschen die Diagnose „AIDS“ erhalten. Das höhere Ziel ist zuerst alle Krankheitsfälle aufzuspüren.

Um gesunden Menschen die richtige Diagnose zu stellen, folgt der zweite Test.
Das Ziel eines Bestätigungstests ist es, einen möglicherweise falsch positiven Befund aus dem vorherigen Suchtest zu revidieren. Kein Gesunder soll eine falsch positive Diagnose bekommen. Eine hohe Spezifität wird angestrebt, um eine HIV-Infektion mit großer Sicherheit zu bestätigen.

(4)

2.4 Ohne Wirtszellen findet keine Vermehrung der HI-Viren statt.

Zum Beispiel:

- Medikament zur Tarnung der Antigene (Rezeptoren) auf der Oberfläche der T-Helferzellen (Wirtszellen), an dem das Virus andockt
- Antikörper als Medikament gegen Antigene des Virus → die Verschmelzung der Virushülle mit der Zellmembran der Wirtszelle wird durch diese Inhibitoren verhindert → die Aufnahme über rezeptorvermittelte Endozytose wird verhindert.

oder

- Medikament zur Verhinderung der Genexpression (Transkriptionen und Translation) von virusspezifischen Proteinen in der Wirtszelle (z. B. durch Hemmung von Enzymen, welche für die Virusvermehrung notwendig sind) → keine Bildung von Virusbestandteilen → keine Bildung neuer Viruspartikel in der Wirtszelle → keine Exozytose in den Körper.

(3)

Anmerkung zu der Behauptung, dass die Lebenszeit HIV-infizierter Personen nahezu nicht verkürzt sei:

AIDS ist heute immernoch eine tödliche Krankheit!

Das Frohlocken der deutschen Aidshilfe halte ich für geschönt.[41]
Retrovir® ist das älteste Medikament (1987) gegen AIDS und heute noch die Grundsäule der Behandlung. Außerdem: Medikamente haben Nebenwirkungen.

[41] https://www.aidshilfe.de/hiv-behandlung.

2.5.1

1. Halslymphknoten
2. Periphere Lymphgefäße
3. Peripherer Lymphknoten
4. Appendix vermiformis
5. Mandeln, lymphatischer Rachenring
6. Thymus
7. Milz
8. Peyer´sche Plaques
9. Knochenmark

(2)

2.5.2 Primäres lympathisches Organ ist das Knochenmark.
Funktion: Bildung und Reifung von B-Lymphozyten

Sekundäres lympathisches Organ ist z. B. die Milz.
Funktion: Antigenerkennung und weitere Vermehrung von Lymphozyten. Immunabwehr.

(2)

2.6 Zum Beispiel:

- Das Virusgenom zeigt eine hohe Mutationsrate auf → Oberflächenantigene des Virus verändern sich rasch und häufig. Die durch eine aktive Immunisierung gebildeten Antikörper fänden daher kein passendes Antigen und wären deshalb wirkungslos. Das Prinzip ähnelt der Grippeimpfung, welche jährlich mit einem neuen Impfstoff durchgeführt werden muss. Da das HI-Virus persistiert ist die Problematik bei AIDS komplexer.

- Die Impfstoff-Forschung findet in den Pharmafirmen statt. Ziel hierbei ist eine Gewinnmaximierung → gewinnbringendere Forschungsprojekte werden evtl. vorrangig finanziert.

(2)

2.7 Zum Beispiel:

- Das Infektionsschutzgesetz regelt welche Krankheiten bei Verdacht, Erkrankung oder Tod meldepflichtig sind
- Das Infektionsschutzgesetz regelt welche Krankheiten bei labordiagnostischen Nachweisen von Erregern meldepflichtig sind
- Das Gesetz legt fest welche Angaben von den Meldepflichtigen gemacht werden müssen und welche dieser Angaben vom Gesundheitsamt weiter übermittelt werden dürfen
- Das Infektionsschutzgesetz beschreibt Maßnahmen zur Verhütung und Bekämpfung von übertragbaren Krankheiten.

(2)

2.8 Schüler – individuelle Ausführung in Bezug auf drei Kernaussagen:

- Gesundheits-Krankheits-Kontinuum
- Kohärenzgefühl
- Stressoren und Spannungszustände
- Generalisierende Widerstandsressourcen.

(4)

2.9 Zum Beispiel:

- häufig sind junge Erwachsene von HIV-Infektionen betroffen → frühzeitige Arbeitsunfähigkeit → noch keine langen Rentenanwartschaften erworben → daher geringe Rentenansprüche → finanziell auf staatliche Hilfe angewiesen
- Insbesondere alleinerziehende Mütter finden aufgrund von Lücken im Lebenslauf schwierig in den Beruf zurück. Sie haben zudem erhöhte Ausgaben z. B. bei Zuzahlungen zu Hilfsmitteln und Zuzahlungen zu Medikamenten.

(2)

Lösungsvorschlag der Herausgeberin, Aufgabe 3

3.1 Gelenk:[42]

(3)

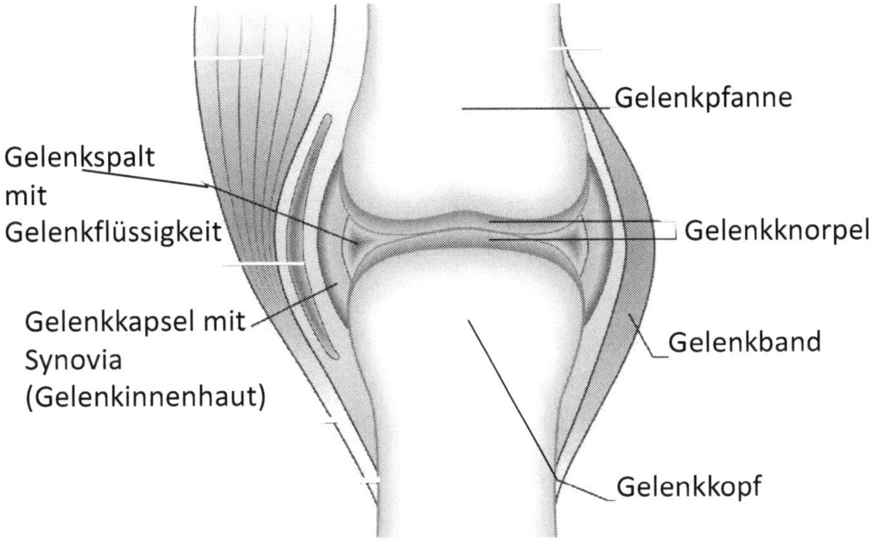

3.2.1 Zum Beispiel:
Trauma → Gewebeverletzungen → Ausschüttung von Entzündungsmediatoren, z. B. Histamin und Prostaglandin:

a) → Vasodilatation → Hyperämie (verstärkte Durchblutung) → Überwärmung
b) Kapillarpermeabilität steigt → erhöhte Diffusion ins Gewebe bei unzureichender Reabsorption → Entstehung eines Ödems = Flüssigkeitsansammlung im Gewebe.

(3)

3.2.2 Zum Beispiel:
Hochlagerung des Beines zur Förderung des venösen Rückflusses, durch Ausschaltung der Schwerkraft → der intravasale Druck in den Beinvenen nimmt ab → folglich sinkt der hydrostatische Druck in den Kapillaren → die ausgetretene Gewebsflüssigkeit diffundiert in das Gefäßsystem zurück → das Ödem lässt nach.

(3)

[42] Wikimedia Commons.

3.2.3 Zum Beispiel:

Kriterien	Blut	Lymphflüssigkeit
Zusammensetzung	Feste Bestandteile (Zellen) und Plasma	Wie Blutplasma, aber mit weniger Proteinen
Bildungsort	Rotes Knochenmark	Gewebe
Funktionen	Stofftransport, z. B. Glucose, Sauerstoff, Hormone, harnpflichtige Substanzen. Wärmeregulation. Immunabwehr. Gerinnung. Puffer.	Immunabwehr Stofftransport, z. B. Fettsäuren Regulation der Gewebsflüssigkeit

(3)

3.3.1 Zum Beispiel:

Orthesen schränken die Beweglichkeit im Sprunggelenk ein → Immobilität des Gelenks → Atrophie des Muskel-Band-Apparates → Schwächung der muskulären Gelenkstütze.

a) Instabilität des Gelenks → Rezidiv der Sprunggelenksverletzung.
b) Verkürzung der Sehnen und Bänder → Kontraktur des Sprunggelenks → eingeschränkte Mobilität → Fortsetzung der Beschwerden im Knie und Hüftgelenk (vertikale Muskelkette) → eingeschränkte Lebensqualität und erhöhte volkswirtschaftliche Kosten.

(3)

3.3.2 Zum Beispiel:

Tertiärprävention, d. h. die Sprunggelenksverletzung ist bereits eingetreten. Die Krankheit soll nicht mehr fortschreiten oder sich verschlimmern.

(2)

3.4 Zum Beispiel:

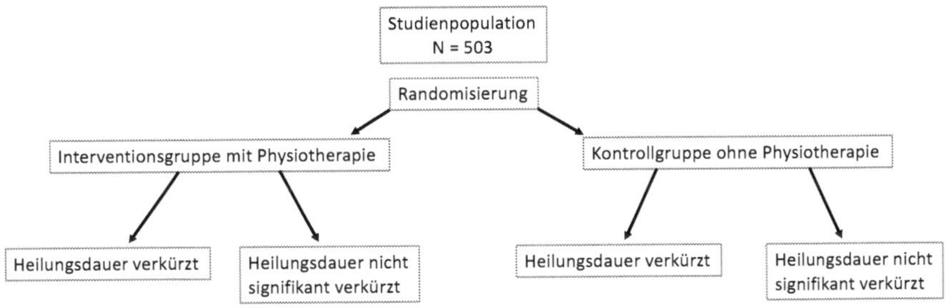

Ergebnis: Die Heilungsdauer bei der Interventionsgruppe mit Physiotherapie ist nicht signifikant verkürzt.

(3)

3.5 Zum Beispiel:

Pro-Argumente:

- Patient ist zu Hause selbstbestimmt, z. B. in Bezug auf seine Aufstehzeit und die Einnahme der Mahlzeiten → höhere Lebensqualität
- Patient hat zu Hause sein soziales Netz aus Familie und Freunden → psychische Faktoren beeinflussen die Genesung positiv
- Keine Gefahr der Krankenhausinfektionen → gewünschter Heilungsprozess ohne zusätzliche Komplikationen möglich → schnelle Rekonvaleszenz → schnellere Erwerbsfähigkeit.

Kontra-Argumente:

- Gefahren der Selbst- und Laienpflege, professionelles Wissen fehlt den Beteiligten, körperliche und psychische Überforderung der Leistungsempfänger und Angehörigen möglich
- Gefahren der Selbst- und Laienpflege, professionelles Wissen fehlt den Beteiligten → Gefahren von Folgeerkrankungen, z. B.: Kontrakturen, Thrombose, Lungenembolie oder Druckstellen beim Patienten
- Bei Multimobilität: professionelles Wissen fehlt den Angehörigen → Gefahr, dass sich der Gesundheitszustand des Patienten verschlechtert.

Fazit:

Für gesunde und junge Menschen hat eine ambulante Versorgung größere Vorteile als eine stationäre Versorgung. Für Multimorbide Menschen überwiegen die Vorteile einer stationären Versorgung.

(5)

3.6 Zum Beispiel:

- Wahrgenommene Gefährlichkeit
- Wahrgenommene Eigengefährdung
- Wahrgenommene Kosten der Maßnahme
- Wahrgenommener Nutzen der Maßnahme
- Selbstwirksamkeit.

(5)

Lösungsvorschlag der Herausgeberin, Aufgabe 4

4.1 Definition: Teratogene sind biologische, chemische und physikalische Einflussfaktoren, die beim Ungeborenen Fehlbildungen verursachen können.

(1)

4.2 Weiteres Teratogen: zum Beispiel Alkohol:
Folgen:

- Minderentwicklung des Kopfes. Schädigung des zentralen Nervensystems
- Fehlentwicklung innerer Organe
- Wachstumsverzögerung
- Fehlgeburten.

(1)

4.3 Die Abbildung zeigt die Phasen einer Schwangerschaft nach Schwangerschaftswochen und den jeweiligen Zeitraum für mögliche Schädigungen des Ungeborenen durch Teratogene. Dabei wird genauer auf die Schädigung von Thalidomid eingegangen.

Schädigungen:

- Während der Blastogenese →Zellen gehen zu Grunde → pränataler Tod oder Zellen können repariert werden (Alles-oder-Nichts-Prinzip)
- Während der Embryogenese → schwerwiegende morphologische Defekte
- Während der Fetalperiode → geistiger und körperlicher Entwicklungsrückstand und kleinere morphologische Defekte. Betroffen sind hier noch das ZNS, die Augen, Ohren, Zähne, Gaumen und äußere Genitalien.

Unterschieden wird in Phasen höchster und geringster Sensibilität. Dabei ist ersichtlich, dass die Phasen höchster Sensibilität in der Embryogenese liegen, da hier die Organe und Extremitäten angelegt werden. Dies ist genau der Zeitraum, in dem Thalidomid wirkt. Phasen geringer Sensibilität liegen in der Fetalperiode, da die Organe hier bereits vorhanden sind und lediglich wachsen und sich weiterentwickeln.

→ Schädigung durch Thalidomid nur bei Einnahme während der Embryogenese, genauer zwischen der dritten und achten Schwangerschaftswoche nach Befruchtung.

Folgen der Thalidomid Einnahme . . .

- In der vierten Schwangerschaftswoche nach Befruchtung sind morphologische defekte von ZNS, Herz, Arme, Beine, Ohren und Augen
- In der fünften und sechsten Schwangerschaftswoche nach Befruchtung sind morphologische Defekte von ZNS, Herz, Extremitäten, Ohren, Augen, Zähnen und Gaumen
- In der siebten Schwangerschaftswoche nach Befruchtung sind morphologische Defekte von: Extremitäten, Ohren und Augen, Gaumen und Zähne und der äußeren Genitalien.

(4)

4.4

- Eierstock: Eisprung, Entlassung der Eizelle in den Eileiter
- Eileiter: Befruchtung der Eizelle
- Weg vom Eileiter zur Gebärmutter: Wanderung der befruchteten Eizelle (Zygote) → Furchungsteilung → Zweizellstadium, Vierzellstadium →Achtzellstadium → Morula →Blastozyste
- Gebärmutterschleimhaut: Einnistung der Blastozyste (Nidation).

(2)

4.5 Beispiel
Sonographie:
Der Schallkopf des Sonographiegerätes sendet Ultraschallwellen aus, die von verschiedenen Körpergeweben unterschiedlich stark reflektiert werden.
So können Fehlbildungen in unterschiedlichen Graustufen (Hell-Dunkel-Kontrast) auf einem Monitor sichtbar gemacht werden.
(Ein Schallkopf kann in der Frühschwangerschaft in die Vagina eingeführt oder bei fortgeschrittener Schwangerschaft über die Bauchdecke bewegt werden.)

(2)

4.6.1 Zum Beispiel:
Tumorzellen haben eine spezielle Eigenschaft der Tumorangiogenese (Gefäßneubildung bei Krebs).
Thalidomid hat antiangiogene Wirkung, indem es Wachstumsfaktoren wie zum Beispiel VEGF-A hemmt. → Hemmung der Neubildung von Blutgefäßen → Tumorzellen werden nicht mehr ausreichend mit Blut versorgt → keine ausreichende Versorgung mit der Nährstoffen und Sauerstoff → Hemmung von Wachstum und Vermehrung der Tumorzellen → absterben der Tumorzellen.

(3)

4.6.2 Definition: Inzidenz bedeutet Zahl der Neuerkrankungen an einer bestimmten Erkrankung in einem definierten Zeitraum, bezogen auf eine definierte Population.

Rechnung: 6500 / 82.520.000 = 0,00007877

→ Circa 0,008 %
→ Acht Fälle auf 100.000 Einwohner

2016 betrug die Inzidenz des multiplen Myeloms acht Fälle auf 100.000 Einwohner beziehungsweise 0,008 %.

(2)

4.6.3 Die Tabelle zeigt das Ergebnis eines kleinen Blutbildes mit den dazugehörigen Referenzbereichen.

- Die Thrombozytenzahl liegt im Normbereich
- Die Erythrozytenzahl ist zu niedrig → Hämoglobin und der Hämatokrit sind zu niedrig → es besteht eine Anämie.
  Symptome der Anämie sind Blässe der Haut und Müdigkeit.
  a) Durch Erythrozytenmangel bzw. Hämoglobinmangel fehlt es an rotem Blutfarbstoff, der die Haut rosig aussehen lässt.
  b) Aufgrund der verminderten Sauerstoffbindungskapazität es Blutes bei Anämie kommt es zu Müdigkeit, Leistungsminderung, Konzentrationsschwäche, Schwindel und erschwerter Atmung.
- Die Leukozytenzahl ist zu niedrig → geschwächtes Immunsystem → Infektanfälligkeit → häufige Erkältungen.

(3)

4.6.4 Therapiemöglichkeit 1:
Hb und Erythrozyten sind zu niedrig → Gabe von Erythropoetin (EPO) und Eisenpräparaten zur verstärkten Blutbildung von Erythrozyten aus den hämatopoetischen Stammzellen des Knochenmarks. → Steigerung des Hb als Sauerstoffträger.
Gefahr: bei EPO-Gabe steigt der Hämatokrit. Liegt dieser über dem Normbereich, steigt die Viskosität des Blutes mit der Gefahr für eine Thrombose und nachfolgende Embolie.

Therapiemöglichkeit 2:
Der Hb-Wert und die Erythrozytenzahl sind zu niedrig → Transfusion eines Erythrozytenkonzentrats → sofortige Bereitstellung von einer größeren Anzahl an Erythrozyten und damit Erhöhung des Hb-Werts → folglich Erhöhung der Sauerstofftransportkapazität des Blutes.
Gefahr: Bei einer Transfusion kann es zur Infektion mit Hepatitis B- oder C-Viren, oder HI-Viren kommen. Außerdem Gefahr eines Transfusionszwischenfalls.

4.7.1 Zum Beispiel:
Sterbephasen nach Elisabeth Kübler Ross:

- Verneinung / Verleugnung
- Zorn / Protest
- Verhandeln
- Depression
- Einwilligung / Zustimmung.

Die Patientin befindet sich in der Phase der Depression:

- Hoffnungslosigkeit und Bedauern von Versäumnissen, z. B. keine eigenen Kinder zu haben
- Regelung des Nachlasses (Spenden an das Deutsche Kinderhilfswerk)
- Scheint Konflikte bereinigen zu wollen (Telefonat mit Cousine, mit der sie seit Jahren nicht gesprochen hat).

4.7.3 Zum Beispiel:

Pro-Argumente:

- Kein Leben um jeden Preis: Bei schweren Erkrankungen, die sicher zeitnah zum Tod führen, muss man Menschen nicht unnötig leiden lassen.
- Selbstbestimmung: Wer nach gründlicher Überlegung und im Angesicht des Todes sterben möchte, soll selbst darüber bestimmen können.
- Absicherung: Durch einheitliche Kriterien, nach denen der Todeswunsch und die Erkrankung umfassend beurteilt worden sind, lässt sich Missbrauch weitestgehend ausschließen.

Kontra-Argumente:

- Patient ist beeinflussbar und kann in seinem Sterbewunsch bewusst und unbewusst manipuliert werden. Evtl. will der Patient seinen Angehörigen nicht zur Last fallen und entscheidet sich deshalb für die aktive Sterbehilfe.
- Psychische Erkrankungen: In einigen Ländern, wie etwa der Schweiz, ist auch Sterbehilfe bei psychischen Erkrankungen wie schweren Depression möglich. Der Todeswunsch ist aber Folge der Depression und evtl. behandelbar. Damit schickt man Menschen unnötigerweise in den Tod.
- Bei Schwerkranken lässt sich selten genau vorhersagen, wie lange sie noch leben. Wenn sie lange genug leben, gibt es vielleicht Chancen mit neuen Medikamenten, die sie heilen oder zumindest ein erträgliches Leben ermöglichen können. (Aus Sicht der Herausgeberin ist dies ein schwaches Argument)
- Moderne Medikamente: Durch heutige Medikamente muss man bei schweren Krankheiten nur noch sehr selten leiden. Der natürliche Tod ist deshalb die bessere Alternative. (Aus medizinischer Erfahrung der Herausgeberin stimmt dieses Argument nicht grundsätzlich.) [43]

Fazit: Konflikt zwischen dem Recht auf einen menschenwürdigen Tod und dem Recht auf Leben, mit individueller Schülerbegründung.

(4)

Viel Erfolg!

[43] https://www.prüfung-ratgeber.de/2019/01/die-sterbehilfe-pro-und-contra-argumente/.

Printed in Poland
by Amazon Fulfillment
Poland Sp. z o.o., Wrocław

50089134R00157